高等学校经济与工商管理系列教材

基础会计学
同步辅导教程

（修订本）

李远慧　主编

清 华 大 学 出 版 社
北京交通大学出版社
·北京·

内容简介

本书是《基础会计学》一书的同步辅导教材,共分为13章,每章主要由复习提要、练习题和练习题答案3部分组成。复习提要中的重点、难点突出,练习题内容丰富,答案翔实,便于读者自学。

本书封面贴有清华大学出版社防伪标签,无标签者不得销售。
版权所有,侵权必究。侵权举报电话：010 – 62782989 13501256678 13801310933

图书在版编目（CIP）数据

基础会计学同步辅导教程/李远慧主编. —修订本. —北京：清华大学出版社；北京交通大学出版社,2007.3（2023.8重印）
（高等学校经济与工商管理系列教材）
ISBN 978 – 7 – 81082 – 266 – 4

Ⅰ. 基… Ⅱ. 李… Ⅲ. 会计学 – 高等学校 – 自学参考教材 Ⅳ. F230

中国版本图书馆 CIP 数据核字（2007）第 021130 号

责任编辑：孙秀翠
出版发行：清华大学出版社　　邮编：100084　　电话：010 – 62776969
　　　　　北京交通大学出版社　邮编：100044　　电话：010 – 51686414
印 刷 者：北京虎彩文化传播有限公司
经　　销：全国新华书店
开　　本：185×230　印张：16.5　字数：364 千字
版　　次：2004 年 1 月第 1 版　2007 年 3 月第 1 次修订　2023 年 8 月第 13 次印刷
书　　号：ISBN 978 – 7 – 81082 – 266 – 4/F · 29
印　　数：33 001～33 500 册　定价：38.00 元

本书如有质量问题,请向北京交通大学出版社质监组反映。对您的意见和批评,我们表示欢迎和感谢。
投诉电话：010 – 51686043,51686008；传真：010 – 62225406；E-mail：press@bjtu.edu.cn。

修订本前言

教材的生命力在于与时俱进，以适应环境的持续变化、满足读者的需要为使命。《基础会计学同步辅导教程》出版以来，深受读者的好评和厚爱。为了适应会计改革发展的需要，实现我国企业商业语言的国际趋同，为我国企业顺利地走向国际化打开通道，2006年，财政部颁布了新的企业会计准则体系，并于2007年1月1日在上市公司全面实施。该套体系由《企业会计准则》和《企业会计准则——应用指南》组成，我们据此对教材进行了全面的修改和完善，旨在为读者认真学习、消化、吸收新企业会计准则体系的理念、原则和方法奠定基础。

本书是《基础会计学》一书的同步辅导教材，主要目的是在配合教学需要的同时方便读者自学，具有学习指导和提供实务训练的作用。为了让读者更好地理解基础会计课程中高度抽象的理论问题，书中以复习提要的形式对《基础会计学》每一章节的重点、难点内容进行了高度浓缩和通俗易懂的总结；此外，本书对应《基础会计学》每一章节编写了各种类型的练习题，使读者能够巩固自己所学的知识，并在此基础上进一步提高实践操作能力。

本书紧扣最新的会计法规制度，理论联系实际，通俗易懂，题型丰富，能够进一步加深对应掌握内容的学习和理解。特别是书中的部分题目需要读者自主思考并利用丰富的网络资源展开讨论，这将会极大地提高读者学习的兴趣，培养他们独立分析问题、解决问题的能力，具备这种能力将对他们今后的工作大有裨益。

本书由北京交通大学李远慧老师主编。其中第1、2章由李玉菊老师编写；第3章由于国红老师编写；第4、5、13章由郭雪萌老师编写；第6、7、8章由郝宇欣老师编写；第9、11章由李远慧老师编写；第10、12章由范铁燕老师编写。

我们期待修订版能够继续得到广大读者的再次认可，也期待热心读者提出宝贵的批评意见，以便为读者提供更好的服务。

编　者
2007年3月

目 录

第1章 总论 ·· (1)
   1.1 会计与会计学概述 ··· (1)
   1.2 会计对象与会计要素 ·· (4)
   1.3 会计准则 ·· (6)
   1.4 会计的方法 ·· (8)
   练习题 ·· (10)
   练习题答案 ··· (13)

第2章 会计科目与账户 ·· (21)
   2.1 会计恒等式 ··· (21)
   2.2 会计科目 ·· (24)
   2.3 账户 ··· (25)
   练习题 ·· (26)
   练习题答案 ··· (30)

第3章 复式记账 ··· (35)
   3.1 记账方法 ·· (35)
   3.2 借贷记账法 ··· (35)
   练习题 ·· (37)
   练习题答案 ··· (42)

第4章 企业基本业务的核算 ··· (50)
   4.1 资金筹集的核算 ·· (50)
   4.2 供应过程核算及成本计算 ··· (52)
   4.3 生产过程核算及成本计算 ··· (56)
   4.4 销售过程核算及成本计算 ··· (63)
   4.5 财务成果的核算 ·· (65)
   4.6 资金退出企业的核算 ··· (68)

练习题 …………………………………………………………………………… (68)
练习题答案 ………………………………………………………………………… (77)

第5章 账户的分类 …………………………………………………………… (94)
5.1 账户分类的意义和原则 …………………………………………………… (94)
5.2 账户按经济内容的分类 …………………………………………………… (95)
5.3 账户按用途和结构分类 …………………………………………………… (96)
5.4 账户按提供指标的详细程度分类 ………………………………………… (99)
练习题 …………………………………………………………………………… (99)
练习题答案 ………………………………………………………………………… (103)

第6章 会计凭证 ……………………………………………………………… (107)
6.1 会计凭证的概念和作用 …………………………………………………… (107)
6.2 原始凭证 …………………………………………………………………… (108)
6.3 记账凭证 …………………………………………………………………… (110)
6.4 会计凭证的简化、传递和保管 …………………………………………… (112)
练习题 …………………………………………………………………………… (113)
练习题答案 ………………………………………………………………………… (118)

第7章 会计账簿 ……………………………………………………………… (131)
7.1 会计账簿的意义和种类 …………………………………………………… (131)
7.2 会计账簿的格式和登记 …………………………………………………… (133)
7.3 对账和结账 ………………………………………………………………… (136)
7.4 查错和改错 ………………………………………………………………… (137)
7.5 账簿的更换和保管 ………………………………………………………… (138)
练习题 …………………………………………………………………………… (139)
练习题答案 ………………………………………………………………………… (144)

第8章 会计核算组织程序 …………………………………………………… (154)
8.1 会计核算组织程序概述 …………………………………………………… (154)
8.2 各种会计核算组织程序的记账程序 ……………………………………… (155)
练习题 …………………………………………………………………………… (157)
练习题答案 ………………………………………………………………………… (161)

第9章 财产清查 (170)
9.1 财产清查的意义和种类 (170)
9.2 财产清查的方法 (171)
9.3 财产清查结果的账务处理 (174)
练习题 (176)
练习题答案 (182)

第10章 会计循环与期末账项调整 (188)
10.1 会计循环 (188)
10.2 账项调整 (189)
练习题 (194)
练习题答案 (201)

第11章 财务会计报告 (209)
11.1 财务会计报告概述 (209)
11.2 资产负债表 (210)
11.3 利润表 (212)
11.4 现金流量表 (213)
11.5 财务报表分析 (214)
练习题 (216)
练习题答案 (222)

第12章 会计工作组织 (231)
12.1 组织会计工作的必要性和原则 (231)
12.2 会计机构和会计人员 (232)
12.3 会计档案与会计工作交接 (235)
练习题 (236)
练习题答案 (239)

第13章 会计电算化概述 (245)
13.1 会计电算化的意义及其发展 (245)
13.2 会计电算化基础 (246)
13.3 会计软件 (247)
练习题 (248)
练习题答案 (250)

第1章 总论

复习提要

1. 了解会计存在的原因、会计的产生与发展、会计环境及会计学科体系;
2. 理解会计的基本概念、职能、目标、对象及核算方法;
3. 掌握会计要素及基本准则的含义。

1.1 会计与会计学概述

1. 会计及其存在的原因

(1) 会计的含义

会计是以货币为主要量度并辅之以其他量度,通过一系列的专门方法对各单位经济活动进行核算和监督的一种管理活动,是经济管理的重要组成部分,是向信息使用者提供对决策有用的会计信息的信息系统。会计的特点是进行价值管理,主要是对经济活动中所占用的财产物资、劳动消耗和劳动成果等进行计量、计算、记录,提供对决策有用的会计信息,并利用这些信息对经济活动进行监督、分析和控制,促使人们不断改善经营管理,提高决策的正确性,提高经济效益。以货币计量为主,并以其他量度为辅,是会计的主要特点。对经济活动进行核算和监督,是会计的基本职能。

(2) 会计存在的原因

会计存在的最根本的原因是为了适应人们不断提高经济效益的需要。由于资源的有限性、理性经济人的存在,人们具有不断追求经济效益的客观需要。会计通过对经济活动的核算和监督,为利益相关者提供会计信息,提高其决策的有效性,从而实现经济效益最大化的目标。对现代企业来说,其一,企业管理当局需要利用会计提供的财务会计报告资料作出决策,不断挖掘潜力,改善管理,增强竞争力,提高经济效益;其二,由于管理权和经营权的分离,委托代理关系的存在,管理当局为了向委托人(投资者)报告受托责任履行情况,需要会计对外提供财务会计报告,以满足其决策需要;其三,为了吸引潜在的投资者及满足债权人、供应商、客户和税务等政府部门利益相关者的决策需要，企业必须对外披露财务会计报告。

2. 会计的产生发展概况

会计是社会生产发展的产物，它是为了适应人类不断提高经济效益的客观需要而产生的。人类要生存，就要消耗一定的生活资料，而生活资料的生产又离不开生产资料的生产。人们在生产活动中总是希望以最少的投入，获得最多的产出。为此，人们在生产的同时，就需要对生产耗费和生产成果进行记录和计算，并将所耗和所得进行比较。于是，作为管理组成部分的会计就应运而生了。会计最初只是生产职能的附带部分，在生产时间之外附带地把收支、支付日等记载下来。后来由于人们管理生产过程的客观需要，会计才从生产职能中分离出来，成为一项由专职人员从事的管理工作。所以说，会计是随着生产的发展而产生和发展的，是社会经济发展到一定阶段的产物，也是为适应人们组织和管理生产的需要而产生并不断发展的。它的核算方法和技术是随着社会生产力的不断发展和经济管理的需要，逐渐由低级到高级，由粗到细，由简单到完善，经历了一个漫长的发展过程。

3. 会计环境

会计环境是指与会计产生和发展密切相关，并对会计理论和会计实务的发展具有影响和制约作用的客观历史条件。某一历史阶段会计的发展状况，始终受这一历史阶段会计环境的影响和制约。会计的发展，特别是会计实务的发展，既不可能超越它所处的社会经济环境，也绝不会任凭落后的会计理论来指导新的历史阶段的会计实务。可见，环境对会计起着明显的作用。历史上每一次会计的重大变革，都是以特定环境变化为背景的。

影响会计的环境因素有5个，包括经济因素、科技因素、政治和法律因素、社会文化和教育因素、相关学科发展的影响等，这些因素相互联系、相互作用，共同构成了会计环境的基本要素。从这些要素与会计的相关程度看，有的直接相关，有的间接相关；从影响作用看，有的是正面影响因素，对会计发展起促进作用，有的是负面影响因素，会在一定程度上制约会计的发展。

在影响会计的所有环境因素中，经济因素最为重要，它不但对会计产生重要的、甚至决定性的影响，而且还通过对其他环境因素的影响来间接地发挥作用。其中，对会计产生直接影响的经济因素有：经济发展水平、经济体制、企业组织形式及其规模、经济管理要求等；此外，经济成分、分配制度、经济政策、经济资源的稀缺程度等也会对会计产生一定的影响。

4. 会计的职能

会计的职能是指会计在经济管理中，客观上所具有的功能或能够发挥的作用。会计的基本职能可概括为核算与监督职能。

（1）会计核算

会计核算是会计的首要职能，是整个会计工作的基础。会计核算是利用货币量度，对经济活动进行确认、计量、记录、报告，提供真实、正确、可靠的会计信息，以满足管理需要。会计核算职能有以下3个方面的特点：

① 会计核算主要是利用货币量度并辅之以其他非货币量度和文字说明，从价值方面反映各单位的经济活动的过程及结果；

② 会计核算具有完整性、连续性和系统性；

③ 既进行事中和事后核算，也要进行事前核算。

（2）会计监督

会计监督是会计的另一基本职能。主要是利用会计核算资料及有关资料，对经济活动进行审查、控制和指导，使之按规定的要求运行，达到预期的目的并保证会计目标的顺利实现。会计监督具有以下特点：

① 会计监督主要是以国家的财经政策、财经制度和财经纪律为准绳，通过价值指标来进行监督；

② 既进行事后监督，又进行事中和事前监督。

通过会计监督应达到合理性、合法性和有效性的要求。合理性，要求各项经济活动必须符合客观经济规律及经营管理方面的要求，在经济上可行。合法性，要求会计核算必须符合国家颁布的法令、法规。有效性，要求会计资料必须真实、正确并符合国家统一规定的计量口径和报告口径。

会计的核算与监督职能密切联系，相辅相成。会计核算是执行会计监督的前提，只有在对经济活动进行正确核算的基础上才能为监督提供可靠依据。同时也只有加强监督，保证经济业务按规定的要求进行，并达到预期的目的，才能发挥核算的作用。核算和监督是会计最基本的职能，每一职能发挥作用的深度和广度都不是一成不变的，随着社会经济的发展和经济管理要求等会计环境的变化，会计职能的内涵和外延将会发生变化。例如会计界提出的会计多功能论（认为会计职能包括预测、计划、核算、控制、决策、分析、考核等），可以认为是从会计核算和监督两个基本职能中派生出来的。

5. 会计目标

会计目标是指在一定的社会经济条件下，在会计职能范围内会计工作所要达到的目的和要求。会计目标受制于会计环境。会计目标集中体现了会计工作的宗旨，是会计最基本的概念，会计理论和会计实务都是建立在它的基础之上的。会计目标包括总目标和具体目标两个层次。会计目标是经济管理总目标下的子目标。经济管理的总目标是提高经济效益，所以会计工作也应以提高经济效益为最终目标。在此目标下，其具体目标是提供决策有用信息。

6. 会计学和会计学科体系

会计学是社会科学的一个分支，属于经济管理科学。它主要是运用现代管理科学和数学方法，研究会计的基本理论，以及如何建立和运用各种会计方法对再生产过程中的经济活动进行核算和监督的规律性的一门学科。

我国传统会计学科体系是建国初期学习前苏联经验的基础上建立起来的，是与高度集中的计划经济体制相适应的。随着社会主义市场经济体制的确立,通过借鉴西方先进的会计理论和方法,并结合我国的实际情况,我国对会计进行了一系列的改革,新会计学科体系的主要内容如图 1-1 所示。

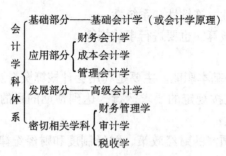

图 1-1 会计学科体系构成图

此外,会计学科体系还包括"比较会计学"、"会计理论"及"会计史"等。

会计学科体系还可按其在空间领域的运行情况分为宏观会计学与微观会计学。微观会计学按其服务主体的经营性质又可分为赢利组织会计与非赢利组织会计。

1.2 会计对象与会计要素

1. 会计对象的总体分析

会计对象的一般含义是指企业、事业、行政单位在社会再生产过程中的资金运动。由于各单位的工作性质不同,其经济活动的内容不同,因而其资金运动各具特点,会计具体对象也不一致。根据各单位资金运动的特点,可将会计对象分为两大类:赢利组织会计对象和非赢利组织会计对象。赢利组织的会计对象是指工业、商业、农业、交通运输等企业的资金运动。其资金运动的最大特点是随着生产经营活动的进行资金能够实现循环。资金运动过程较复杂。非赢利组织的会计对象是指事业、行政等单位的资金运动。其资金运动特点是只表现预算资金的收支,不能实现资金的循环,资金运动过程较为简单。

2. 会计对象的具体化——会计要素

会计要素是对会计对象按其经济内容所作的分类。由于赢利组织和非赢利组织的会计对象不同,因而会计要素也有差异。企业的会计要素通常分为资产、负债、所有者权益、收入、费用和利润六要素。其中,资产、负债和所有者权益是企业资金运动的静态表现,即财务状况的静态反映,称为静态要素,也称为资产负债表要素;收入、费用和利润是企业资金运动的动态表现,即从动态方面反映企业的经营成果,称为动态要素,也称为损益表(或利润表)要素。

(1)资产

资产是指企业过去的交易或者事项形成的、企业拥有或者控制的、预期会给企业带来经济利益的资源。某一项目要确认为资产必须符合资产定义，并同时满足两个条件：① 与该资源有关的经济利益很可能流入企业；② 该资源的成本或者价值能够可靠地计量。

资产具有以下三个基本特征：

第一，资产是由过去的交易或事项所形成的；

第二，资产是企业拥有或者控制的；

第三，资产预期会给企业带来经济利益。

资产按其流动性可分为流动资产、长期股权投资、固定资产、无形资产及其他资产。

（2）负债

负债是指企业过去的交易或者事项形成的、预期会导致经济利益流出企业的现时义务。某一项目要确认为负债必须符合负债定义，并同时满足两个条件：① 与该义务有关的经济利益很可能流出企业；② 未来流出的经济利益的金额能够可靠地计量。负债具有以下四个基本特征：

第一，负债是由于过去的交易或事项而产生的；

第二，负债是企业承担的现实义务；

第三，现实义务的履行通常会导致企业放弃含有经济利益的资产，以满足对方的要求；

第四，负债不能无条件取消，只有在偿还或债权人自动放弃时才能消失。

负债按其偿还期限的长短可分为流动负债和非流动负债。

（3）所有者权益

所有者权益是指企业资产扣除负债后由所有者享有的剩余权益。公司的所有者权益又称为股东权益。其特征是：所有者权益与企业具体资产项目不发生一一对应关系，只是在整体上与企业资产保持一定的数量关系。

所有者权益由实收资本（或股本）、资本公积、盈余公积和未分配利润等构成。

（4）收入

收入是指企业在日常活动中形成的、会导致所有者权益增加的、与所有者投入资本无关的经济利益的总流入。

收入只有在经济利益很可能流入从而导致企业资产增加或者负债减少、且经济利益的流入额能够可靠计量时才能予以确认。收入具有以下三个特征：

第一，收入产生于企业的日常活动，而不是从偶发的交易或事项中产生；

第二，收入可表现为企业资产的增加（如增加银行存款、应收账款等），也可能表现为企业负债的减少；

第三，收入只包括本企业经济利益的流入，不包括为第三方或客户代收的款项。

收入按其性质可分为销售商品收入、提供劳务收入和让渡资产使用权所取得的收入。按企业经营业务的主次可分为主营业务收入和其他业务收入。

（5）费用

费用是指企业在日常活动中发生的、会导致所有者权益减少的、与向所有者分配利润无关的经济利益的总流出。费用只有在经济利益很可能流出从而导致企业资产减少或者负债增加、且经济利益的流出额能够可靠计量时才能予以确认。

费用具有以下两个基本特征：

第一，费用最终将会减少企业资源；

第二，费用最终会减少企业的所有者权益。

费用按经济内容分为外购材料、外购燃料、外购动力、工资、提取的职工福利费、折旧费、利息支出、税金及其他费用等9项；按经济用途不同分为直接费用、间接费用和期间费用三大类。

(6) 利润

利润是企业在一定会计期间的经营成果。利润总额是企业在一定会计期间内实现的收入减去费用后的余额（负数为亏损总额）。主要由营业利润和计入当期利润的利得和损失等构成。利润总额减去所得税后的余额称为净利润。

① 营业利润是指营业收入减去营业成本和营业税金及附加，减去销售费用、管理费财务费用、资产减值损失加上公允价值变动损益和投资收益后的余额。

② 计入当期利润的利得和损失，是指应当计入当期损益、会导致所有者权益发生增减变动的、与所有者投入资本或者向所有者分配利润无关的利得或者损失，即营业外收入和营业外支出。

1.3 会计准则

会计准则是指进行会计核算应遵守的规范或规则。它是会计实践的总结，是会计理论的体现，是制定会计制度的依据，是评价会计信息质量的标准。许多国家都有统一的会计准则，有的由政府机构制定，有的由民间职业团体制定。我国会计准则由财政部制定。我国会计准则体系由基本准则和具体准则两个层次组成。基本准则主要是对会计核算的基本内容做出原则性的规定，主要包括5个方面的内容：会计核算的基本前提、会计信息质量要求、会计要素、会计要素的确认与计量及财务会计报告等内容。具体会计准则是根据基本准则的要求，就会计核算业务做出的具体规定。

1. 会计的基本前提

进行会计工作需要具备一定的前提条件，会计的基本前提也称会计假设，是指对会计核算的主体、对象和环境等做出的基本规定，反映了对会计活动的制约。目前会计界公认的会计前提有4个：会计主体、持续经营、会计分期、货币计量。

(1) 会计主体

会计核算应当以本会计主体发生的各项交易或事项为对象，记录和反映会计主体本身的各项生产经营活动。会计主体又称为会计实体或会计个体，是指会计所服务的特定单位，它为会计工作规定了活动的空间范围。

(2) 持续经营

会计核算应当以企业持续、正常的生产经营活动为前提。持续经营又称继续经营或经营连续性，是指企业在可以预见的将来，不会面临破产清算，而是持续不断地经营下去。

(3) 会计分期

会计核算应当划分会计期间分期结算账目和编制财务会计报告。会计分期又称为会计期间，是将会计主体连续不断的经营活动人为地划分为若干个连续、等分期间（年度、半年度、季度、月度）。会计分期是从持续经营前提引申出来的，它是持续经营前提和及时提供会计信息的客观要求。

(4) 货币计量

我国规定，企业会计核算以人民币为记账本位币。一般企业的会计核算以人民币为记账本位币。业务收支以外币业务为主的企业，也可选定某种外币为记账本位币，但编制财务会计报告时，应折算为人民币。在境外设立的中国企业向国内有关部门报送的财务会计报告，应折算为人民币。

2. 会计处理基础

企业应当以权责发生制为基础进行会计确认、计量和报告。

3. 会计信息质量要求

会计信息质量要求是开展会计工作应遵循的基本规则，它是建立在会计核算基本前提基础上的，是进行会计处理的依据和准绳。为了规范企业的会计核算行为，提高会计信息质量，我国会计准则规定了以下 8 项会计信息质量要求。

(1) 客观性原则

该原则又称为真实性原则，是指会计核算应当以实际发生的交易或事项为依据，如实反映企业的财务状况、经营成果和现金流量。企业提供会计信息的目的是为了满足会计信息使用者的决策需要，应做到内容真实、数字准确、反映完整、资料可靠。

(2) 相关性原则

该原则又称为有用性原则，是指企业提供的会计信息应当能够反映企业的财务状况、经营成果和现金流量，以满足会计信息使用者的需要。这就要求在收集、处理、和提供会计信息的过程中，要充分考虑不同信息使用者对会计信息的需求。

(3) 明晰性原则

该原则又称为清晰性原则，是指企业的会计核算和编制的财务会计报告应当清晰明了，便于理解和利用。即会计记录应当准确、清晰，凭证填制和账簿登记必须做到依据合法、账户对应关系清楚、各项要素完整；会计报表的编制必须做到勾稽关系清楚、项目完整、数字准确。清晰性原则对于会计信息的使用者来说至关重要，为了避免信息使用者因为模糊不清或误解而导致决策失误，应尽量使会计信息通俗易懂，简单明了。

(4) 可比性原则

同一企业不同时期发生的相同或者相似的交易或事项，应当采用一致的会计政策，不得随意变更。确需变更的，应当在附注中说明。

不同企业发生的相同或者相似的交易或者事项，应当采用规定的会计政策，确保会计信息口径一致、相互可比。

（5）实质重于形式原则

它是指会计应当按照交易或事项的经济实质为依据，而不应仅仅按照它们的法律形式作为会计核算的依据。

（6）重要性原则

该原则是指在会计核算中，对交易或事项应当区别其重要程度，采用不同的核算方式。对资产、负债、损益等有较大影响，并进而影响财务会计报告使用者据以做出合理判断的重要会计事项，必须按照规定的会计方法和程序处理，并在财务会计报告中予以充分、准确地披露；对于次要的会计事项，在不影响会计信息真实性和不至于误导财务会计报告使用者做出正确判断的前提下，可适当简化，合并反映。

（7）谨慎性原则

该原则也称为稳健性原则或保守主义原则，是指企业在进行会计核算时，应持谨慎态度，不得多计资产或收益、少计负债或费用，但不得设置秘密准备。要求企业在面临不确定因素的情况下做出职业判断时，应当持谨慎态度，不高估资产或收益，也不低估负债或费用。

（8）及时性原则

该原则是指企业的会计核算应当及时进行，不得提前或延后。

要求做到以下三点：一是要求及时收集会计信息，即在经济业务发生后，会计人员要及时收集整理各种原始凭证；二是及时处理会计信息，即要求会计人员根据收集的各种原始凭证及时进行编制记账凭证、登记账簿等账务处理；三是在国家统一的会计制度规定的时限内，编制出财务会计报告并及时传递给其使用者。

随着市场的经济发展，会计环境发生变化，出现了"虚拟企业"、衍生金融工具、企业兼并重组活动等，会计假设和会计信息质量要求面临挑战，要求对此做出相应的修正。

4. 会计计量

会计计量的属性主要包括：历史成本、重置成本、可变现净值、现值、公允价值。

1.4　会计的方法

1. 会计方法

会计方法是用来核算和监督会计对象，完成会计任务的手段。

会计方法由会计核算、会计分析、会计检查、会计预测及会计决策方法组成。各种方法之间彼此独立，又相互联系，共同构成有机统一的会计方法体系。

2. 会计核算方法

会计核算方法，是依照会计准则的规定，以货币为主要计量单位，对企业经济活动进行确认、计量和报告所应用的一种会计方法。通过会计核算能提供完整、连续、系统的核算资料。会计核算方法是会计的主要方法，是其他各种方法的基础。会计核算方法主要包括7种专门方法：① 设置会计科目及账户；② 复式记账；③ 填制与审核凭证；④ 登记账簿；⑤ 成本计算；⑥ 财产清查；⑦ 编制会计报表。

会计核算的7种专门方法相互联系，密切配合，构成一个完整的会计核算方法体系。正确掌握和有效运用这些方法，对于做好会计核算工作，提高会计信息质量起着重要的保证作用。

在会计核算方法体系中，填制和审核凭证，登记账簿及编制会计报表是整个会计核算方法体系的中心环节。在一个会计期间内发生的所有经济业务，都要通过这三个环节进行核算。从第一个环节到第三个环节，表明本会计期间的会计核算工作已经完成，然后按上述程序进入下一会计期间，如此循环往复。会计上通常将从凭证→账簿→报表的过程称为会计循环。在会计循环中会用到其他会计核算方法。会计循环的具体内容如下。

企业经济业务发生时，都必须由经办人员填制或取得原始凭证，并经会计人员按有关制度、法规的规定进行审核后，根据所设置的会计科目和账户，运用复式记账法，编制记账凭证。然后根据审核无误的记账凭证登记各种账簿，对于生产经营过程中发生的费用，应按规定的成本计算对象进行成本计算。会计期末，对账项进行调整和结算，同时通过财产清查对财产物资的账面金额和实际金额进行核对，经调整使账实一致后进行结账，并编制试算平衡表，在保证账证、账账、账实一致的基础上编制会计报表。这标志着一个会计期间的会计核算工作程序已经结束，然后按照同样的程序开始下一会计期间的核算工作，周而复始地进行循环。会计核算的工作程序如图1-2所示。

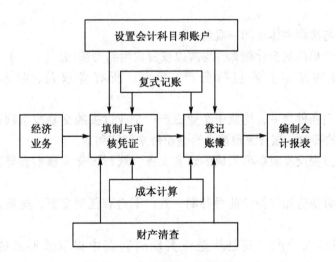

图1-2　会计核算工作程序图

☞ 练习题

一、名词解释
1. 会计 2. 会计环境 3. 会计对象
4. 会计要素 5. 会计准则 6. 会计主体
7. 权责发生制 8. 会计核算方法 9. 会计循环

二、填空题
1. "四柱结算法"的基本公式是_____。
2. 会计是适应_____和_____而不断发展和完善的。
3. 会计职能有多项，但其基本职能是_____和_____。
4. 企业会计的基本要素有_____、_____、_____、_____、_____、_____。
5. 我国会计准则体系由_____和_____两个层次组成。基本准则主要包括6个方面的内容：_____、_____、_____、_____、_____和_____。
6. 会计的基本假设有_____、_____、_____、_____。
7. 利润是企业在一定会计期间的经营成果。利润总额是企业在一定会计期间内实现的收入减去费用后的余额（负数为亏损总额）。主要由_____构成。
8. 企业在进行会计核算时，应当持谨慎态度，不得多计资产或收益、少计负债或费用，且不得设置秘密准备，这就是_____，也称为_____。

三、判断题
1. 会计主体与法律主体是同一概念。（   ）
2. 企业、事业单位的会计核算，均应以权责发生制为基础。（   ）
3. 企业会计的基本要素包括资产、负债、所有者权益、收入、费用和利润6项。（   ）
4. 凡符合下列条件之一，均属于企业资产：企业过去的交易或事项形成的资源并由企业拥有或者控制的资源，该资源预期会给企业带来经济利益。（   ）
5. 负债是指过去交易或事项形成的现实义务，履行该义务预期会导致经济利益流出企业。（   ）
6. 会计处理方法应始终保持前后各期一致，不得有任何变更，这就是会计核算的一贯性原则。（   ）
7. 盈余公积和未分配利润是从企业实现的利润中提取或形成的，又称为留存收益。（   ）
8. 只有在持续经营假设条件下，才能以历史成本作为企业资产计价的基础。（   ）
9. 实质重于形式原则是指会计应当按照交易或事项的经济实质为依据，而不应仅仅按

照它们的法律形式作为会计核算的依据。（　　）

四、单项选择题

1. 会计假设包括会计主体、持续经营、会计分期、_____。
   A. 历史成本　　　　　　　B. 会计准则
   C. 货币计量　　　　　　　D. 可比性原则
2. 会计的基本职能是_____。
   A. 计划与控制　　　　　　B. 分析与考核
   C. 预测与控制　　　　　　D. 核算与监督
3. 会计主体与法律主体是_____。
   A. 一致的　　　　　　　　B. 有区别的
   C. 不相关的　　　　　　　D. 相互可替代的
4. "四柱结算法"产生于_____。
   A. 明朝初期　　　　　　　B. 唐宋年间
   C. 清朝初期　　　　　　　D. 西周时期
5. 计提资产减值准备体现了_____原则的要求。
   A. 相关性　　　　　　　　B. 及时性
   C. 可比性　　　　　　　　D. 谨慎性
6. 会计的基本方法是_____。
   A. 会计核算方法　　　　　B. 会计分析方法
   C. 会计预测方法　　　　　D. 会计决策方法
7. 企业不得任意改变会计处理方法是_____原则的要求。
   A. 相关性　　　　　　　　B. 客观性
   C. 可比性　　　　　　　　D. 重要性
8. 会计应当按照交易或事项的经济实质为依据，而不应仅仅按照它们的法律形式作为会计核算的依据，是_____原则的要求。
   A. 谨慎性　　　　　　　　B. 客观性
   C. 实质重于形式　　　　　D. 可比性
9. 收入是指企业在日常活动中形成的、会导致所有者权益增加的、与所有者投入资本无关的_____。
   A. 经济利益的总流入　　　B. 现金流入
   C. 其他业务收入　　　　　D. 主营业务收入

五、多项选择题

1. 会计的基本职能是_____。
   A. 核算　　　　　　　　　B. 监督
   C. 预测　　　　　　　　　D. 决策

E. 控制

2. 影响会计环境的主要因素是_____。
   A. 经济因素   B. 科技因素
   C. 政治和法律因素   D. 社会文化和教育因素
   E. 相关学科发展的影响

3. 会计假设包括_____。
   A. 会计主体   B. 持续经营
   C. 会计分期   D. 货币计量
   E. 自负盈亏

4. 会计的方法包括_____。
   A. 会计核算方法   B. 会计分析方法
   C. 会计检查方法   D. 会计预测方法
   E. 会计决策方法

5. 留存收益包括_____。
   A. 实收资本   B. 资本公积
   C. 盈余公积   D. 未分配利润

6. 下列做法中体现谨慎原则的是_____。
   A. 提取固定资产减值准备 B. 提取无形资产减值准备
   C. 提取坏账准备   D. 采用加速折旧法提取固定资产折旧
   E. 提取投资减值准备

7. 资产具有以下特征_____。
   A. 资产是由过去的交易或事项所形成的
   B. 资产是企业拥有或者控制的
   C. 资产是未来交易或事项所可能产生的结果
   D. 资产预期会给企业带来经济利益

8. 负债具有以下特征_____。
   A. 负债是由于过去的交易或事项而产生的
   B. 负债是正在筹划的未来交易或事项产生的
   C. 负债是企业承担的现实义务
   D. 偿还负债预期会导致经济利益流出企业
   E. 负债不能无条件取消,只有在偿还或债权人自动放弃时才能消失

9. 下列费用中计入产品成本的费用有_____。
   A. 管理费用   B. 直接材料费用
   C. 直接人工费用   D. 其他直接费用
   E. 制造费用   F. 销售费用

六、简答题

1. 什么是会计环境？影响会计环境的因素有哪些？
2. 什么是会计职能？会计的基本职能有哪些？
3. 什么是会计核算？简述其特点。
4. 什么是会计监督？简述其特点。
5. 什么是会计要素？简述其主要内容。
6. 会计的基本假设有哪些？简述其主要内容。
7. 什么是会计准则？我国会计准则由哪两个层次组成？我国会计信息质量有哪些要求？
8. 什么是会计目标？我国会计核算的具体目标的构成有哪些？
9. 什么是会计核算方法？它由哪些专门方法构成？会计核算方法之间有何联系？
10. 为什么会计应以货币计量为主，非货币计量为辅？
11. 什么是权责发生制？什么是收付实现制？它们的适用范围是什么？
12. 什么是谨慎原则？
13. 什么是资产？资产有哪些特征？资产按流动性怎样进行分类？什么是流动资产？流动资产主要由哪些项目构成？
14. 什么是负债？负债有哪些特征？负债按流动性怎样进行分类？什么是流动负债？流动负债主要由哪些项目构成？什么是所有者权益？它由哪些项目构成？什么是留存收益？
15. 什么是收入？收入有哪些特征？收入怎样进行分类？什么是费用？费用有哪些特征？费用按经济用途分为哪几类？其具体内容是什么？

七、讨论及网络题

随着市场经济的发展，会计环境的变化，出现了"虚拟企业"、衍生金融工具、企业兼并重组活动等，对会计假设和会计原则形成怎样的冲击？如何对此做出修正？

练习题答案

一、名词解释

1. 会计是以货币为主要量度并辅之以其他量度，通过一系列的专门方法对各单位经济活动进行核算和监督的一种管理活动，是经济管理的重要组成部分，是向信息使用者提供对决策有用的会计信息的信息系统。

2. 会计环境是指与会计产生和发展密切相关，并对会计理论和会计实务的发展具有一定影响和制约作用的客观历史条件。

3. 会计对象是会计核算和监督的内容。抽象地说，是各单位在社会再生产过程中的资金运动，具体细分为各会计要素。

4. 会计要素是对会计对象按其经济内容所做的分类，是构成会计报表的基本要素。

5. 会计准则是指进行会计核算应遵守的规范或规则。

6. 会计主体又称为会计实体或会计个体，是指会计所服务的特定单位，它为会计工作规定了活动的空间范围。

7. 权责发生制又称为应计制或应收应付制，是指企业的会计核算必须以权责发生制为基础。凡是当期已经实现的收入和已经发生或应当承担的费用，不论款项是否收付，都应作为当期的收入和费用；反之，凡不属于当期的收入和费用，即使款项在当期收付，也不应当作为当期的收入和费用。

8. 会计核算方法是依照会计准则的规定，以货币为主要计量单位，对企业经济活动进行确认、计量、分类和汇总所应用的一种会计方法。会计核算方法是其他各种会计方法的基础，它包括7种专门方法。

9. 会计循环是指一个会计期间从填制凭证到登记账簿，编制出会计报表，其会计核算工作即告结束，然后按照上述程序进入新的会计期间，如此循环往复。习惯上，人们将从凭证到账簿到报表的会计核算工作程序称为会计循环。

二、填空题
1. 旧管 + 新收 – 开除 = 实在
2. 社会经济的发展　　管理的需要
3. 核算　　监督
4. 资产　　负债　　所有者权益　　收入　　费用　　利润
5. 基本准则　　具体准则　　会计目标　　会计核算的基本前提　　会计信息质量标准　　会计要素　　会计要素的确认与计量　　财务会计报告
6. 会计主体　　持续经营　　会计分期　　货币计量
7. 营业利润　　营业外收支净额
8. 谨慎性原则　　稳健性原则

三、判断题
1. ×　　2. ×　　3. √　　4. ×　　5. √
6. ×　　7. √　　8. √　　9. √

四、单项选择题
1. C　　2. D　　3. B　　4. A　　5. D
6. A　　7. C　　8. C　　9. A

五、多项选择题
1. A B　　2. A B C D E　　3. A B C D
4. A B C D E　　5. C D　　6. A B C D E
7. A B D　　8. A C D E　　9. B C D E

六、简答题
1. 会计环境是指与会计产生和发展密切相关的，并对会计理论和会计实务的发展具有影响和制约作用的客观历史条件。环境对会计起着明显的作用。历史上每一次会计的重大变革，都是以特定环境变化为背景的。

影响会计的环境因素有5个：包括经济因素、科技因素、政治和法律因素、社会文化和教育因素、相关学科发展的影响，这些因素相互联系、相互作用，共同构成了会计环境的基本要素。在影响会计的所有环境因素中，经济因素最为重要，它不但对会计产生重要的、甚至决定性的影响，而且还通过对其他环境因素的影响来间接地发挥作用。

2. 会计的职能是指会计在经济管理中客观上所具有的功能或能够发挥的作用。会计职能有多项，其基本职能可概括为核算与监督职能。会计核算是会计的首要职能，是整个会计工作的基础。会计核算是利用货币量度，对经济活动进行确认、计量、记录、报告，提供真实、正确、可靠的会计信息，以满足管理需要。会计监督是会计的另一基本职能。主要是利用会计核算资料及有关资料，对经济活动进行审查、控制和指导，使之按规定的要求运行，达到预期的目的并保证会计目标的顺利实现。

3. 会计核算是会计的首要职能，是整个会计工作的基础。会计核算是利用货币量度对经济活动进行确认、计量、记录、报告，提供真实、正确、可靠的会计信息，以满足管理需要。会计核算职能有以下3个方面的特点：

① 会计核算主要是利用货币量度并辅之以非货币量度和文字说明，从价值方面反映各单位的经济活动的过程及结果；② 会计核算具有完整性、连续性和系统性；③ 既进行事中、事后核算，同时要为预测未来提供信息。

4. 会计监督是会计的基本职能之一。主要是利用会计核算资料及有关资料，对经济活动进行审查、控制和指导，使之按规定的要求运行，达到预期的目的并保证会计目标的顺利实现。会计监督具有以下特点：

① 会计监督主要是以国家的财经政策、财经制度和财经纪律为准绳，通过价值指标来进行监督；② 既进行事后监督，又进行事中和事前监督。通过会计监督应达到合理性、合法性和有效性的要求。

5. 会计要素是对会计对象按其经济内容所作的分类。由于盈利组织和非盈利组织的会计对象不同，因而会计要素也有差异。企业的会计要素通常分为资产、负债、所有者权益、收入、费用和利润六要素。

资产是指企业过去的交易或者事项形成的、企业拥有或者控制的、预期会给企业带来经济利益的资源。资产按其流动性可分为流动资产、长期股权投资、固定资产、无形资产及其他资产。负债是指企业过去的交易或者事项形成的、预期会导致经济利益流出企业的现时义务。负债按其偿还期限的长短可分为流动负债和非流动负债。所有者权益是指所有者权益是指企业资产扣除负债后由所有者享有的剩余权益。所有者权益由实收资本（或股本）、资本公积、盈余公积和未分配利润等构成。收入是指企业在日常活动中形成的、会导致所有者权益增加的、与所有者投入资本无关的经济利益的总流入。收入按其性质可分为销售商品收入、提供劳务收入和让渡资产使用权所取得的收入。按企业经营业务的主次可分为主营业务收入和其他业务收入。费用是指企业在日常活动中发生的、会导致所有者权益减少的、与向所有者分配利润无关的经济利益的总流出。费用按经济用途不同分为直接费用、间接费用和期间费用三大类。利润是企业在一定会计期间的经营成果。利润总额是企业在一定会计期间内实现的收入减去费用后的余额（负数为亏损总额）。主要由营业利润、计入当期利润的利得和损失等构成。

6. 会计假设也称会计的基本前提。是指对会计核算的主体、对象和环境等做出的基本规定，反映了对会计活动的制约。承认并指明会计工作是在一定前提条件下进行的，绝不会降低会计信息的科学性及决策作用，反而有助于信息使用者确切掌握、正确使用会计信息。目前我国的会计前提有4个：会计主体、持续经营、会计分期、货币计量。

会计主体又称为会计实体或会计个体，是指会计所服务的特定单位，它为会计工作规定了活动的空间范围。会计核算应当以本会计主体发生的各项交易或事项为对象，记录和反映会计主体本身的各项生产经营活动。

持续经营又称继续经营或经营连续性，是指企业在可以预见的将来，不会面临破产清算，而是持续不断地经营下去。会计核算应当以持续、正常的生产经营活动为前提。

会计分期又称为会计期间，是将会计主体连续不断的经营活动人为地划分为若干个连续、等分期间（年度、半年度、季度、月度）。会计核算应当划分会计期间，分期结算账目和编制财务会计报告。

货币计量是指会计核算以货币为主要计量单位。我国规定一般企业的会计核算以人民币为记账本位币。业务收支以外币业务为主的企业，也可选定某种外币为记账本位币，但编制财务会计报告时，应折算为人民币。在境外设立的中国企业向国内有关部门报送的财务会计报告，应折算为人民币。

7. 会计准则是指进行会计核算应遵守的规范或规则。我国会计准则体系由基本准则和具体准则两个层次组成。基本准则主要是对会计核算的基本内容做出原则性的规定。我国的基本准则相当于国外的财务会计概念框架，主要包括会计目标、会计核算的基本前提、会计信息质量标准、会计要素、会计要素的确认与计量及财务会计报告等内容。

会计信息质量要求有8项：分别是客观性原则、相关性原则、明晰性原则、可比性原则、实质重于形式原则、谨慎性原则、重要性原则、及时性原则。

8. 会计目标是在一定的社会经济条件下，在会计职能范围内会计工作所要达到的目的和要求。会计目标受制于会计环境。会计目标集中体现了会计工作的宗旨，是会计最基本的概念，会计理论和会计实务都是建立在它的基础之上的。会计目标包括总目标和具体目标两个层次。会计目标是经济管理总目标下的子目标。经济管理的总目标是提高经济效益，所以会计工作也应以提高经济效益为最终目标。在此目标下，可将我国会计核算的具体目标归纳为以下4项：

① 为国家宏观调控提供决策信息；
② 为与企业有经济利益关系的单位或个人提供决策信息；
③ 为企业内部经营管理提供决策信息；

④ 实行会计监督，保证会计信息的真实性、正确性、合理性、合法性，保证财产的安全完整及国家有关方针政策、法规制度的贯彻执行。

9. 会计核算方法是依照会计准则的规定，以货币为主要计量单位，对企业经济活动进行确认、计量、记录、报告所应用的一种会计方法。通过会计核算能提供完整、连续、系统的核算资料。会计核算方法是会计的主要方法，是其他各种方法的基础。会计核算方法主要包括7种专门方法：① 设置会计科目及账户；② 复式记账；③ 填制与审核凭证；④ 登记账簿；⑤ 成本计算；⑥ 财产清查；⑦ 编制会计报表。会计核算的7种专门方法相互联系，密切配合，构成一个完整的会计核算方法体系。

会计核算方法之间的联系具体表现为：当经济业务发生时，首先应填制和审核凭证；然后按照设置的账户，采取复式记账的方法，登记有关账簿；定期根据账簿记录计算成本，进行财产清查；最后在账实相符的基础上，编制会计报表。

10. 由于经济活动错综复杂，人们不可能简单地对不同类型的经济业务进行计量、汇总，必须通过专门的会计核算方法进行加工处理，才能从数量方面反映经济活动的全貌。计量尺度有三类：一类是实物量度，如吨、件等；一类是劳动量度，如工时、工日等；一类是货币量度，如元、万元等。实物量度和劳动量度都只能对同类财产物资或劳动消耗进行计量和汇总，提供个别数据资料，而不能对不同类别的经济业务进行综合反映。货币是商品的一般等价物，具有价值尺度、流通手段、储藏手段和支付手段的特点，是衡量一般商品价值的共同尺度。用货币作为计量手段，能以价值形式综合反映经济活动的过程及结果。因此，在会计核算中，应以货币计量为主要形式，同时以实物量度和劳动量度等其他非货币量度为辅助形式。

11. 权责发生制又称为应计制或应收应付制，是指企业的会计核算必须以权责发生制为基础。凡是当期已经实现的收入和已经发生或应当承担的费用，不论款项是否收付，都应作为当期的收入和费用；反之，凡不属于当期的收入和费用，即使款项在当期收付，也不应当作为当期的收入和费用。

收付实现制是与权责发生制相对应的确认基础，它是以款项的实际收付作为确认收入和费用的依据。

企业在会计核算中一般以权责发生制为基础。行政单位一般采用收付实现制，事业单位除经营业务采用权责发生制外，其他业务也采用收付实现制。

12. 谨慎性原则也称为稳健性原则或保守主义，是指企业在进行会计核算时，应持谨慎态度，不得多计资产或收益、少计负债或费用，且不得设置秘密准备。

13. 资产是指企业过去的交易或者事项形成的、企业拥有或者控制的、预期会给企业带来经济利益的资源。某一项目要确认为资产必须符合资产定义，并同时满足两个条件：① 与该资源有关的经济利益很可能流入企业；② 该资源的成本或者价值能够可靠地计量。

资产具有以下三个基本特征：

第一，资产是由过去的交易或事项所形成的。即资产必须是现实的资产，而不是预期的资产,是企业过去已经发生的交易或事项所产生的结果。至于未来交易或事项所可能产生的结果,则不属于现实的资产,不能作为资产确认。

第二,资产是企业拥有或者控制的。一般来讲,一项资源要确认为企业资产,企业应该拥有此项资源的所有权,可以按照自己的意愿进行使用或处置,其他企业或个人未经同意,不能擅自使用。但在某些情况下,对于一些特殊方式形成的资源,企业虽然对其不具有所有权,但能够实际控制,按照实质重于形式的原则,也应当确认为企业资产,如融资租入固定资产。

第三,资产预期会给企业带来经济利益。这是资产最重要的特征。所谓带来未来经济利益,是指直接或间接地增加流入企业的现金和现金等价物的潜力。若预期不能为企业带来经济利益,则不能确认为企业资产。企业已经取得的某项资产,如果其内涵的未来经济利益已经不存在,就应该将其剔除。

综上所述,某一项目要确认为企业资产必须符合资产的定义,否则会夸大资产、虚增利润,造成会计信息失真。

资产按其流动性可分为流动资产、长期股权投资、固定资产、无形资产及其他资产。

流动资产是指在一年或超过一年的一个营业周期内变现或耗用的资产,主要包括库存现金、银行存款、应收及预付款项、待摊费用、存货等。

14. 负债是指企业过去的交易或者事项形成的、预期会导致经济利益流出企业的现时义务。某一项目要确认为负债必须符合负债定义,并同时满足两个条件:① 与该义务有关的经济利益很可能流出企业;② 未来流出的经济利益的金额能够可靠地计量。负债具有以下四个基本特征。

第一,负债是由于过去的交易或事项而产生的。即导致负债的交易或事项必须已经发生,例如,采用赊购方式购买材料会产生应付账款,接受银行贷款则会产生偿还贷款的义务。对于这些已经发生的交易或事项,会计上才能确认为负债。正在筹划的未来交易或事项,如企业的业务计划,不会产生负债。

第二,负债是企业承担的现实义务。现实义务有两种类型:一种是合同或法律要求强制执行的,如购买货物或接受劳务供应而发生的应付款项,即属于此类;另一种是非强制执行的,为了保持良好的信誉,若企业制定出一条方针,即使产品在保修期满以后才出现缺陷也要予以免费修理,则企业对已经售出的产品预计将会发生的修理费就应确认为企业负债。应当注意,"现实义务"不等同于"未来承诺",如只是管理层决定今后某一时间购买某项资产,其本身并不产生现实义务。一般情况下,只有在资产已经获得时,才产生义务。

第三,现实义务的履行通常会导致企业放弃含有经济利益的资产,以满足对方的要求。履行现实义务可采取多种方式,例如:支付现金;提供劳务;转让其他资产;以其他义务替换该项义务;将该项义务转换为所有者权益等。

第四,负债不能无条件取消,只有在偿还或债权人自动放弃时才能消失。

负债按其偿还期限的长短可分为流动负债和非流动负债。

流动负债是指将在一年（含一年）或超过一年的一个营业周期内偿还的债务。包括短期借款、应付票据、应付账款、预收账款、应付职工薪酬、应付股利、应交税费、其他应付款、预提费用和一年内到期的长期借款等。

非流动负债是指偿还期限在一年或超过一年的一个营业周期以上的债务，包括长期借款、应付债券、长期应付款等。

所有者权益是指所有者权益是指企业资产扣除负债后由所有者享有的剩余权益。公司的所有者权益又称为股东权益。其特征是：所有者权益与企业具体资产项目不发生一一对应关系，只是在整体上与企业资产保持一定的数量关系。例如，一定数额的所有者权益并不代表相应数额的货币资产或固定资产。

所有者权益由实收资本（或股本）、资本公积、盈余公积和未分配利润等构成。

15. 收入是指企业在日常活动中形成的、会导致所有者权益增加的、与所有者投入资本无关的经济利益的总流入。收入只有在经济利益很可能流入从而导致企业资产增加或者负债减少、且经济利益的流入额能够可靠计量时才能予以确认。收入具有以下三个特征。

第一，收入产生于企业的日常活动，而不是从偶发的交易或事项中产生。例如，制造企业的收入是从其销售产品、提供工业性劳务等日常活动中产生的，而不是从出售固定资产等非正常活动中产生的。

第二，收入可表现为企业资产的增加（如增加银行存款、应收账款等），也可能表现为企业负债的减少（如以商品或劳务抵偿债务），最终会导致企业所有者权益增加。

第三，收入只包括本企业经济利益的流入，不包括为第三方或客户代收的款项，如企业代国家收取的增值税等。代收的款项，一方面增加企业资产，另一方面会增加企业负债，最终不会导致企业所有者权益的增加，不属于企业的经济利益。因此，不能确认为企业收入。

收入按其性质可分为销售商品收入、提供劳务收入和让渡资产使用权所取得的收入。按企业经营业务的主次可分为主营业务收入和其他业务收入。主营业务收入一般占企业收入的比重较大。其他业务收入主要包括包装物出租收入等，一般占企业收入的比重较小。

费用是指企业在日常活动中发生的、会导致所有者权益减少的、与向所有者分配利润无关的经济利益的总流出。费用只有在经济利益很可能流出从而导致企业资产减少或者负债增加、且经济利益的流出额能够可靠计量时才能予以确认。

费用具有以下两个基本特征。

第一，费用最终将会减少企业资源。费用是为取得收入而付出的代价，表现为资产的减少或负债的增加。费用一定要与收入配比才能确定，不是为收入而导致的各项资产的减少或负债的增加就不能确认为费用。

第二，费用最终会减少企业的所有者权益。正好与资产流入企业所形成的收入相反。费用按经济用途不同分为直接费用、间接费用和期间费用三大类。直接费用是指企业为生产产品或提供劳务而发生的各项费用，包括直接材料、直接人工和其他直接费用，当费用发生时直接计入产品成本或劳务成本。间接费用是指企业为生产产品或提供劳务而发生的不能直接计入产品成本的各项费用。包括车间管理人员工资和福利费、折旧费、修理费、办公费、水电费、物料消耗等。亦称为制造费用，应按一定的标准分配计入产品成本或劳务成本。直接费用和间接费用构成了产品的制造成本。期间费用是指企业当期发生的，必须从当期收入中得到补偿的费用。由于它仅与当期实现的收入相关，必须计入当期损益，故称为期间费用。主要包括行政管理部门为组织管理整个企业的生产经营活动而发生的管理费用；为筹集资金而发生的财务费用；为销售产品而发生的营业费用。期间费用不计入产品或劳务成本，而是直接冲减当期损益。

七、讨论及网络题（略）。

第2章 会计科目与账户

复习提要

1. 了解经济业务的类型及会计科目;
2. 理解会计恒等式及经济业务的规律性;
3. 掌握账户的基本结构。

2.1 会计恒等式

1. 会计恒等式概述

一个企业要进行正常的生产经营活动,必须拥有一定数量和一定结构的资产,而资产具有一定的来源渠道,不同的来源渠道形成不同的权益,即资产和权益是同一事物的两个不同方面,两者之间是相互依存的。有一定数额的资产,必定有相应数额的权益;反之亦然。从数量上看两者总额之间存在着平衡相等的关系,可用数学公式表示为:

$$资产 = 权益 \qquad (2-1)$$

由于企业资产来源于债权人和所有者两个渠道,相应地权益也由债权人权益和所有者权益两部分构成,而债权人权益通常又称为负债,故等式(2-1)又可表示为:

$$资产 = 负债 + 所有者权益$$

这一等式称为会计恒等式,简称会计等式,亦称会计方程式。它不仅反映了企业某一时点上会计静态要素(资产、负债与所有者权益)之间的基本数量关系,而且还反映了动态要素(收入、成本、利润)的变化。

企业在会计期间内,销售产品或提供劳务会取得收入,而相应地为获得收入需要支付费用。企业的总收入减去总费用后的差额是利润(或亏损)。因此,在未结账前,会计恒等式转化为:

$$资产 = 负债 + 所有者权益 + (收入 - 费用) \qquad (2-2)$$

由于收入减去费用后的差额是利润(或亏损),所以等式(2-2)可写为:

$$资产 = 负债 + 所有者权益 + 利润（-亏损）$$

会计期末，企业按规定的程序对实现的利润进行分配（或弥补亏损），结账后，会计恒等式又变为：

$$资产 = 负债 + 所有者权益$$

由此可见，会计恒等式不仅反映了会计要素之间的关系，而且是设置会计科目和账户、进行复式记账和编制会计报表的理论依据。

2. 经济业务及其规律性

企业在生产经营过程中进行的各项经济活动会引起会计要素发生变化。这些能用货币计量并能引起会计要素增减变化的经济活动，会计上称为"经济业务"或"会计事项"。按经济业务对会计要素的影响不同可分为两大类：一类是涉及资产、负债及所有者权益的经济业务；另一类是涉及收入和费用的经济业务。

（1）只涉及资产、负债及所有者权益的经济业务

对于只涉及资产、负债及所有者权益的经济业务，无论对会计要素发生任何影响，都不会破坏"资产 = 负债 + 所有者权益"这一会计恒等式的平衡关系。这类经济业务可划分为以下9类。

① 资产与所有者权益同增。经济业务的发生，引起资产与所有者权益同时增加，会计恒等式左右双方同时等额增加，会计恒等式仍然保持平衡。

② 资产与负债同增。经济业务的发生，引起资产与负债同时增加，会计恒等式左右双方同时等额增加，会计恒等式仍然保持平衡。

③ 资产与所有者权益同减。经济业务的发生，引起资产与所有者权益同时减少，会计恒等式左右双方同时等额减少，会计恒等式仍然保持平衡。

④ 资产与负债同减。经济业务的发生，引起资产与负债同时减少，会计恒等式左右双方同时等额减少，会计恒等式仍然保持平衡。

⑤ 资产内部此增彼减。经济业务的发生，引起一项资产增加，另一项资产减少。这时，仅是会计恒等式左方资产内部的增减变动，且增减的金额相等，资产总额不变，所以会计恒等式并未变化，仍然保持平衡。

⑥ 负债内部此增彼减。经济业务的发生，引起一项负债增加，另一项负债减少。这时，仅是会计恒等式右方负债内部的增减变动，且增减的金额相等，负债总额不变，所以会计恒等式并未变化，仍然保持平衡。

⑦ 所有者权益内部此增彼减。经济业务的发生，引起一项所有者增加，另一项所有者权益减少。这时，仅是会计恒等式右方所有者权益内部的增减变动，且增减的金额相等，所有者权益总额不变，所以会计恒等式并未变化，仍然保持平衡。

⑧ 负债减少、所有者权益增加。经济业务的发生，引起一项负债减少，一项所有者权益增加。这时，仅是会计恒等式右方内部的增减变动，且增减的金额相等，负债及所有者权益总额不变，所以会计恒等式并未变化，仍然保持平衡。

⑨ 负债增加、所有者权益减少。经济业务的发生,引起一项负债增加,一项所有者权益减少。这时,仅是会计恒等式右方内部的增减变动,且增减的金额相等,负债及所有者权益总额不变,所以会计恒等式并未变化,仍然保持平衡。

上述9类经济业务对会计要素的影响如表2-1所示。

表2-1 9类经济业务对会计要素的影响

业务类型	资产 = 负债 + 所有者权益		
①	+	+	
②	+		+
③	−	−	
④	−		−
⑤	+ −		
⑥		+ −	
⑦			+ −
⑧		−	+
⑨		+	−

因为负债、所有者权益都属于权益,上述9类经济业务按其对资产、权益的影响可进一步归纳为4类:

① 资产与权益同增。(上述分类中的①、②)
② 资产与权益同减。(上述分类中的③、④)
③ 资产内部此增彼减。(上述分类中的⑤)
④ 权益内部此增彼减。(上述分类中的⑥、⑦、⑧、⑨)

以上4类经济业务对资产、权益的影响,可用表2-2表示如下。

表2-2 4类经济业务对资产、权益的影响

业务类型	资产 = 权益	
①	+	+
②	−	−
③	+ −	
④		+ −

从上述分析可知,企业在生产经营活动中涉及资产、负债及所有者权益的任何经济业务的发生,均不会破坏会计恒等式的平衡关系。

(2) 涉及收入与费用的经济业务

企业在一定的会计期间内所取得的收入大于所发生的费用,其差额即为利润,反之则为亏损。企业实现的利润归所有者享有,发生的亏损也要由所有者承担。因此,企业的利润实质上是所有者权益的增加,亏损则是所有者权益的减少。根据收入、费用和利润之间的关

系，从理论上说，可将收入、费用直接作为所有者权益的增加或减少。但为了清晰地反映收入、费用和利润的情况，必须对它们进行单独核算。

企业在某一会计期间取得收入和发生的费用，使会计恒等式变为：资产＝负债＋所有者权益＋（收入－费用），期末结账后，收入减费用后的利润（或亏损）额列入所有者权益中，会计恒等式又回到原来的形式：资产＝负债＋所有者权益。即企业在生产经营活动中涉及收入和费用的任何经济业务的发生均不会破坏会计恒等式的平衡关系。

综上所述，资产与负债及所有者权益之间的平衡关系是永恒的，任何经济业务的发生，都不会破坏这一平衡关系。掌握经济业务的规律性，才能更好地反映经济业务引起会计要素的增减变动及其结果。

2.2 会计科目

1. 会计科目的概念

会计科目是对会计对象的具体内容进行分类核算的项目。企业在生产经营过程中，会发生许多不同类型的经济业务，对于涉及同一会计要素的经济业务，也往往具有不同的内容，其管理要求也不同。所以，仅按会计要素分类还不能完整地、系统地、分类地对经济业务进行核算和监督，还必须对会计要素的具体内容进行分类。通过设置会计科目，将纷繁复杂的经济业务加以科学归类，为编制会计凭证、设置和登记账簿、编制会计报表奠定基础，以提供全面、统一的会计信息满足信息使用者的需要。

2. 设置会计科目的原则

（1）适用性原则

会计科目是为了满足提供信息的需要而设置的，因此必须能全面而概括地反映企业生产经营活动情况，符合国家宏观经济管理的要求；符合企业内部经营管理的要求；符合与企业有经济利害关系的团体或个人了解企业财务状况和经营成果的要求。

（2）统一性与灵活性相结合原则

即提供的资料既要便于会计报表指标的汇总和对外提供统一的财务报告，又要考虑各单位经济活动的特点，做到统一性和灵活性相结合。在财政部统一规定会计科目的基础上，企业可根据自身特点做必要的归并或增补。

（3）名称简单明了，内容确切，并保持相对稳定原则

3. 会计科目的分类

（1）按反映的经济内容分类

会计科目按反映的经济内容不同，可分为资产类、负债类、所有者权益类、成本类和损益类科目。这种分类便于明确应当设置哪些会计科目来核算和监督经济活动，也便于编制会计报表。

（2）按反映经济业务的详细程度分类

会计科目按反映经济业务的详细程度可分为总分类科目和明细分类科目。总分类科目是对经济业务进行总括分类的科目，又称为总账科目或一级科目。明细分类科目是对总分类科目进一步分类的科目，又称为明细科目。有些总分类科目所统驭的明细分类科目数量较多，可设置二级科目，二级科目是介于总分类科目和明细分类科目之间的科目。这种分类是为了满足不同信息使用者对会计信息的不同需求。

(3) 按与资产负债表的关系分类

会计科目按其与资产负债表的关系可分为表内科目与表外科目。包括在资产负债表内的会计科目称为表内科目；不包括在资产负债表内，而用补充资料或用表外项目方式反映的会计科目称为表外科目。

(4) 按反映资金运动的情况分类

会计科目按反映资金运动的情况，可分为静态类科目和动态类科目。静态类科目包括资产类、负债类、所有者权益类科目，动态类科目包括损益类科目。

4. 会计科目的编号

为了适应会计电算化的需要，便于编制凭证、记账、查账，提高账务处理效率，会计科目都规定有统一的编号。如我国在企业会计制度中对总分类科目规定了四位数编号，第一位数字表示资产、负债、所有者权益、成本、损益科目等大类；其余数码表示会计科目的小类及其顺序号。在某些小类会计科目编号之间预留一定的空号，以便增补新的科目。这种编号方法具有清晰明了和灵活性强的优点。

2.3 账户

1. 账户的概念

账户是根据会计科目开设的，具有一定的结构，用来连续、分类、系统地记录各项经济业务的一种工具。会计科目名称就是账户名称。通过账户的设置和登记，可核算和监督各项经济业务引起会计要素具体项目的增减变动及其结果，为企业日常管理提供资料并为编制会计报表提供依据。

2. 账户的分类

账户是根据会计科目开设的，有一个科目就必须开设一个相应的账户。

(1) 按账户性质（或按反映的经济内容）分类

账户的经济内容即是账户的性质。账户按其性质不同可分为资产类账户、负债类账户、所有者权益类账户、成本类账户和损益类账户等五大类。这是账户最基本的分类。通过这种分类，可以掌握每一账户的性质特征，明确账户间的区别，以便在经济业务发生时能迅速判断应使用的账户。

(2) 按账户提供指标详细程度的分类

按账户提供指标的详细程度分为总分类账户和明细分类账户。总分类账户简称总账或一级账户，它是根据一级会计科目开设的，用来提供总括分类核算资料的账户。明细分类账户简称明细账，它是根据明细科目开设的，用来提供详细具体核算资料的账户。有些总分类账户所统驭的明细分类账户数量较多，可根据二级科目设置二级账户，二级账户是介于总分类账户和明细分类账户之间的账户。经济业务通过总分类账户进行的核算称为总分类核算，通过明细分类账户进行的核算称为明细分类核算。

（3）按账户与资产负债表的关系分类

按账户与资产负债表的关系分为表内账户与表外账户。

（4）按账户用途结构的分类

账户按用途结构可分为盘存账户、结算账户、资本账户、集合分配账户、跨期摊提账户、成本计算账户、期间账户、财务成果账户、调整账户等9类。

3. 账户的基本结构

企业的经济业务引起各会计要素的变动，虽然错综复杂，但从数量上看，不外乎有增加和减少两种情况。因此账户的基本结构也应分为左方和右方两个基本部分，通常用简化的"丁"字式账户表示。一方记录增加额，另一方记录减少额。增加额和减少额的差额为账户余额。余额按其表现的时间不同分为期初余额和期末余额。上述4项指标之间的关系可用下列等式表示：

$$期末余额 = 期初余额 + 本期增加额 - 本期减少额$$

在账户的左右两方中，究竟哪一方记增加额，哪一方记减少额取决于记账方法和账户本身的性质。账户的余额一般与记录的增加额在同一方向。

4. 账户与会计科目的关系

会计科目与账户是既有联系又有区别的两个不同概念。两者的联系是：账户是根据会计科目开设的，会计科目名称就是账户名称；会计科目所包括的经济业务内容也就是账户核算和监督的内容。两者的区别是：会计科目只是会计要素的具体分类名称，没有具体结构；而账户既有名称，又有一定结构，而且不同性质的账户具有不同结构，具有对会计要素增减变动及结果进行日常核算和监督的独特作用。但在实务中，往往将两个概念相互混用。

☞ 练习题

一、名词解释

1. 经济业务
2. 会计恒等式
3. 会计科目
4. 账户
5. 本期增加发生额
6. 本期减少发生额
7. 期末余额
8. 账户的基本结构
9. 总分类账户
10. 明细分类账户

二、填空题

1. 会计恒等式反映了会计要素之间的关系，可用公式表示为：_____。
2. 账户左右两方记录的主要内容是：_____、_____、_____、_____。
3. 期初余额、本期增加额、本期减少额与期末余额之间的关系是：_____。
4. 会计科目按其反映的经济内容可分为：_____科目、_____科目、_____科目、_____科目和_____科目。
5. 会计科目按其反映经济内容的详细程度可分为：_____和_____。
6. 账户按其反映的经济内容可分为：_____账户、_____账户、_____账户、_____账户和_____账户。
7. 账户按其提供指标的详细程度可分为：_____和_____。
8. 总分类账户是根据_____科目开的，用来提供_____资料的账户。
9. 明细分类账户是根据_____科目开设的，用来提供_____资料的账户。
10. 通过总分类账户进行的核算称为_____，通过明细分类账户进行的核算称为_____。

三、判断题

1. 企业所有经济业务的发生都会引起会计恒等式两边发生增减变化。（　　）
2. 企业任何经济业务的发生都不会破坏会计恒等式的平衡。（　　）
3. 无论企业发生任何经济业务，会计恒等式两边的数额始终保持不变。（　　）
4. 会计科目与账户是同义词，两者之间没有什么区别。（　　）
5. 会计科目是对会计对象的具体内容进行分类核算的项目。（　　）
6. 所有账户都是根据会计科目开设的。（　　）
7. 所有账户右方均记录增加额，左方均记录减少额。（　　）
8. 账户名称与会计科目名称相同。（　　）
9. "资产＝负债＋所有者权益"这一会计等式是暂时的，某些经济业务的发生会打破会计恒等式的平衡。（　　）
10. 总分类账户是根据明细科目开设的，提供总括分类核算资料的账户。（　　）

四、单项选择题

1. 下列经济业务中只涉及资产项目增减变动的是_____。
   A. 取得短期借款存入银行　　B. 收到某企业投资
   C. 收到某企业所欠货款存入银行　　D. 用银行存款缴纳应交税费
2. 下列经济业务中只涉及负债项目增减变动的是_____。
   A. 从银行提取现金备用　　B. 收到某企业所欠货款存入银行
   C. 用银行存款购入材料　　D. 企业借入短期借款直接用以归还所欠材料款
3. 下列经济业务中不影响会计恒等式总额的是_____。
   A. 收到某企业投资　　B. 从银行提取现金备用

C. 用银行存款缴纳应交税费 D. 取得短期借款存入银行

4. 会计科目必须反映_____的特点。
   A. 会计职能 B. 会计对象
   C. 会计方法 D. 会计定义

5. 当一笔业务只涉及负债及所有者权益有关项目之间的增减变动，则会计恒等式两边的金额_____。
   A. 同增 B. 同减
   C. 保持不变 D. 一方增加，一方减少

6. 账户的基本结构一般分为_____。
   A. 发生额和余额两部分 B. 前后两部分
   C. 期初余额和期末余额两部分 D. 左右两方

7. 账户是根据_____开设的。
   A. 会计科目 B. 财务状况
   C. 报表项目 D. 资金运动

8. 总分类账户是根据_____开设的，提供总括分类核算资料的账户。
   A. 报表项目 B. 总分类科目
   C. 明细分类科目 D. 会计科目

9. 明细分类账户是根据_____开设的，提供详细具体分类核算资料的账户。
   A. 会计科目 B. 总分类科目
   C. 报表项目 D. 明细分类科目

10. 下列经济业务中同时涉及会计恒等式两边的业务是_____。
    A. 收到某企业投入设备一台 B. 收到某公司前欠货款，存入银行
    C. 企业借入短期借款直接用以归还所欠材料款
    D. 将现金存入银行

五、多项选择题

1. 下列经济业务中仅涉及资产类项目增减变动的业务有_____。
   A. 取得短期借款存入银行 B. 从银行提取现金备用
   C. 收到某单位前欠货款，存入银行 D. 用银行存款购买设备一台

2. 下列项目中，属于国家规定的会计科目有_____。
   A. 库存现金 B. 收到投资人投资
   C. 原材料 D. 固定资产
   E. 存入银行的款项

3. 下列经济业务中使会计恒等式两边同增的业务有_____。
   A. 收到企业投入资金存入银行 B. 用银行存款归还短期借款
   C. 收到某单位前欠货款，存入银行 D. 取得长期借款存入银行

E. 购买材料，货款未付
4. 下列会计科目中属于资产类科目的有_____。
   A. 应收账款　　　　　　　　B. 预付账款
   C. 其他应收款　　　　　　　D. 预收账款
   E. 应付账款
5. 下列会计科目中属于负债类科目的有_____。
   A. 应付账款　　　　　　　　B. 预收账款
   C. 预付账款　　　　　　　　D. 应付票据
   E. 应交税费
6. 下列会计科目中属于所有者权益类科目的有_____。
   A. 实收资本　　　　　　　　B. 固定资产
   C. 长期投资　　　　　　　　D. 资本公积
   E. 盈余公积
7. 下列会计科目中属于损益类科目的有_____。
   A. 营业外支出　　　　　　　B. 主营业务成本
   C. 制造费用　　　　　　　　D. 生产成本
   E. 其他业务成本
8. 会计科目与账户之间的关系是_____。
   A. 会计科目是根据账户设置的　　B. 账户是根据会计科目设置的
   C. 会计科目就是账户　　　　　　D. 会计科目名称与账户名称相同
   E. 会计科目和账户都有一定的结构
9. 账户的基本要素有_____。
   A. 账户名称　　　　　　　　B. 日期和摘要
   C. 凭证号数　　　　　　　　D. 增加或减少金额
10. 账户中期初余额、本期增加额、本期减少额、期末余额之间的关系可表示为_____。
   A. 期初余额 = 期末余额 + 本期增加额 − 本期减少额
   B. 期末余额 = 期初余额 + 本期增加额 − 本期减少额
   C. 期末余额 + 本期减少额 = 期初余额 + 本期增加额
   D. 期初余额 = 期末余额

六、简答题
1. 什么是会计科目？设置会计科目有何意义？
2. 会计科目的设置原则有哪些？
3. 会计科目与账户之间有什么区别和联系？
4. 会计科目分为哪几类？内容是什么？

5. 什么是账户？设置账户有何意义？

6. 设置账户的理论依据是什么？设置原则是什么？

7. 账户的基本结构是怎样的？账户有哪些基本内容？

8. 什么是会计恒等式？它有何作用？

9. 结合会计恒等式，简述经济业务的类型。

10. 简述经济业务的规律性。

11. 账户分为哪几类？内容是什么？

12. 什么是本期增加额？什么是本期减少额？什么是期末余额？什么是期初余额？它们之间有何关系？

13. 什么是总分类账户？什么是明细分类账户？它们之间有何区别和联系？什么是总分类核算？什么是明细分类核算？

14. 什么是总分类科目？什么是明细分类科目？什么是子目？

15. 举例说明如何设置明细分类账户。

七、讨论及网络题

随着知识经济的到来，传统财务会计面临挑战，你认为现行会计科目将会发生怎样的变动？

练习题答案

一、名词解释

1. 在各单位的经济活动过程中，引起会计要素增减变化的事项，会计上称为经济业务或会计事项。

2. 企业有一定的资产，必定有相应的权益，权益分为债权人权益和所有者权益，它们之间的关系构成了会计恒等式，即资产＝权益，或资产＝负债＋所有者权益。会计恒等式不仅反映了静态要素之间关系，而且反映了动态要素的变化。

3. 会计科目是对会计对象的具体内容进行分类核算的项目。

4. 账户是根据会计科目开设的，具有一定结构，用来连续、系统、分类地记录各项经济业务的一种工具。

5. 本期增加发生额是指在一定会计期间内，账户所记录的增加金额的合计，简称本期增加额。

6. 本期减少发生额是指在一定会计期间内，账户所记录的减少金额的合计，简称本期减少额。

7. 期末余额是期初余额加上本期增加额与本期减少额相抵后的差额。

8. 账户的基本结构分为左右两方，一方记增加额，另一方记减少额，增加额与减少额的记录方向由记账方法和账户性质决定。

9. 总分类账户是根据总分类科目开设的，提供总括分类核算资料的账户。
10. 明细分类账户是根据明细科目开设的，提供详细具体分类核算资料的账户。

二、填空题

1. 资产 = 负债 + 所有者权益
2. 期初余额　　本期增加额　　本期减少额　　期末余额
3. 期末余额 = 期初余额 + 本期增加额 − 本期减少额
4. 资产类　　负债类　　所有者权益类　　成本类　　损益类
5. 总分类科目　　明细分类科目
6. 资产类　　负债类　　所有者权益类　　成本类　　损益类
7. 总分类账户　　明细分类账户
8. 总分类科目（或一级科目）　　总括分类核算
9. 明细科目　　详细具体核算
10. 总分类核算　　明细分类核算

三、判断题

1. ×　　2. √　　3. ×　　4. ×　　5. √
6. √　　7. ×　　8. √　　9. ×　　10. ×

四、单项选择题

1. C　　2. D　　3. B　　4. B　　5. C
6. D　　7. A　　8. B　　9. D　　10. A

五、多项选择题

1. B C D　　2. A C D　　3. A D E　　4. A B C　　5. A B D E
6. A D E　　7. A B E　　8. B D　　9. A B C D　　10. B C

六、简答题

1. 会计科目是对会计对象的具体内容进行分类核算的项目。

设置会计科目是会计核算方法之一，通过设置会计科目，可对纷繁复杂的、性质不同的经济业务进行科学分类，将复杂的经济信息转化为有规律的容易识别的经济信息，为会计信息的加工处理准备条件。

2. 会计科目的设置应遵循以下原则：设置的会计科目必须具有适用性；应做到统一性和灵活相结合；名称简单明了，内容确切；设置的会计科目应保持相对稳定。

3. 会计科目与账户是两个既有联系又有区别的不同概念。会计科目是对会计对象的具体内容进行分类核算的项目。账户是根据会计科目开设的，具有一定的结构，用来连续、分类、系统地记录各项经济业务的一种形式。两者的联系是：账户是根据会计科目开设的，会计科目名称就是账户名称；会计科目表明的经济业务内容也就是账户核算和监督的内容；账户的分类与会计科目的分类相同。两者的区别是：会计科目只是会计要素的具体分类名称，没有具体结构；而账户既有名称，又有一定结构，而且不同性质的账户具有不同的结构，具有对会计要素增减变动及结果进行日常核算和监督的独特作用。

4. 会计科目是对会计对象的具体内容进行分类核算的项目。会计科目按反映的经济内容分为资产类、负债类、所有者权益类、成本类、损益类科目。会计科目按反映经济内容的详细程度分为总分类科目和明细分类科目。会计科目按与资产负债表的关系分为表内科目和表外科目。会计科目按反映资金运动情况分为静态类科目（如资产类、负债类、所有者权益类），动态科目（损益类）。

5. 账户是根据会计科目开设的，具有一定的结构，用来连续、分类、系统地记录各项经济业务的一种工具。科学地设置账户，有利于组织会计核算；便于编制财务报告，为经济管理提供所需的各种核算资料；有利于进行会计检查和会计监督。

6. 设置账户的理论依据是会计恒等式，即资产＝负债＋所有者权益。设置账户的原则是：符合国家统一汇总报表的要求；简明适用，符合管理需要；账户体系要科学严密，账户名称要简单明了，含义确切。

7. 账户的结构是指账户要设哪几个部分，每一部分反映什么内容。账户的基本结构分为左右两方，一方记录增加数，另一方记录减少数。至于究竟哪一方记录增加，哪一方记录减少，则取决于不同的记账方法和账户的性质。

账户的基本内容是：账户名称（即会计科目）；日期和凭证号数（说明登记账户的日期和依据）；摘要（简要说明经济业务的内容）；增加和减少的金额。

8. 会计恒等式是：资产＝负债＋所有者权益，又称为会计方程式或会计等式。

会计恒等式是设置会计科目和账户、进行复式记账和编制会计报表的理论依据，也是正确、合理组织会计核算，发挥会计监督作用的重要基础。

9. 企业发生的经济业务纷繁复杂，每一笔经济业务的发生都会使会计要素发生增减变动，但经济业务对会计恒等式的影响归纳起来不外乎9类。

① 资产与所有者权益同增。经济业务的发生，引起资产与所有者权益同时增加。
② 资产与负债同增。经济业务的发生，引起资产与负债同时增加。
③ 资产与所有者权益同减。经济业务的发生，引起资产与所有者权益同时减少。
④ 资产与负债同减。经济业务的发生，引起资产与负债同时减少。
⑤ 资产内部此增彼减。经济业务的发生，引起一项资产增加，另一项资产减少。
⑥ 负债内部此增彼减。经济业务的发生，引起一项负债增加，另一项负债减少。
⑦ 所有者权益内部此增彼减。经济业务的发生，引起一项所有者增加，另一项所有者权益减少。
⑧ 负债减少、所有者权益增加。经济业务的发生，引起一项负债减少，一项所有者权益增加。
⑨ 负债增加、所有者权益减少。经济业务的发生，引起一项负债增加，一项所有者权益减少。

10. 企业发生的经济业务纷繁复杂，每一笔经济业务的发生都会引起会计恒等式左右两方有关项目发生增减变动，但经济业务对会计恒等式的影响归纳起来不外乎9类。

① 资产与所有者权益同增。经济业务的发生，引起资产与所有者权益同时增加，会计恒等式左右双方同时等额增加，会计恒等式仍然保持平衡。

② 资产与负债同增。经济业务的发生，引起资产与负债同时增加，会计恒等式左右双方同时等额增加，会计恒等式仍然保持平衡。

③ 资产与所有者权益同减。经济业务的发生，引起资产与所有者权益同时减少，会计恒等式左右双方同时等额减少，会计恒等式仍然保持平衡。

④ 资产与负债同减。经济业务的发生，引起资产与负债同时减少，会计恒等式左右双方同时等额减少，会计恒等式仍然保持平衡。

⑤ 资产内部此增彼减。经济业务的发生，引起一项资产增加，另一项资产减少。这时，仅是会计恒等式左方资产内部的增减变动，且增减的金额相等，资产总额不变，所以会计恒等式并未变化，仍然保持平衡。

⑥ 负债内部此增彼减。经济业务的发生，引起一项负债增加，另一项负债减少。这时，仅是会计恒等式右方负债内部的增减变动，且增减的金额相等，负债总额不变，所以会计恒等式并未变化，仍然保持平衡。

⑦ 所有者权益内部此增彼减。经济业务的发生，引起一项所有者增加，另一项所有者权益减少。这时，仅是会计恒等式右方所有者权益内部的增减变动，且增减的金额相等，所有者权益总额不变，所以会计恒等式并未变化，仍然保持平衡。

⑧ 负债减少、所有者权益增加。经济业务的发生，引起一项负债减少，一项所有者权益增加。这时，仅是会计恒等式右方内部的增减变动，且增减的金额相等，负债及所有者权益总额不变，所以会计恒等式并未变化，仍然保持平衡。

⑨ 负债增加、所有者权益减少。经济业务的发生，引起一项负债增加，一项所有者权益减少。这时，仅是会计恒等式右方内部的增减变动，且增减的金额相等，负债及所有者权益总额不变，所以会计恒等式并未变化，仍然保持平衡。

综上所述，企业有9类经济业务，任何经济业务的发生都不会破坏会计恒等式的平衡关系，说明经济业务具有规律性。

11. 账户是根据会计科目开设的，具有一定的结构，用来连续、分类、系统地记录各项经济业务的一种手段。账户按其性质不同可分为资产类账户、负债类账户、所有者权益账户、成本类账户、损益类账户。账户按提供指标的详细程度分为总分类账户和明细分类账户。账户按与资产负债表的关系分为表内账户与表外账户。账户按用途结构可分为盘存账户、结算账户、资本账户、集合分配账户、跨期摊提账户、成本计算账户、期间账户、财务成果账户、调整账户等9类账户。

12. 本期增加额又称为本期增加发生额，是指一定时期（如月份、季度、半年度、年度）内账户所登记的增加金额合计；本期减少额又称为本期减少发生额，是指一定时期内账户所登记的减少金额合计；本期增加额和本期减少额相抵后的差额，即称为本期的期末余额。本期的期末余额转入下期，即称为下期的期初余额。上述四项金额之间的关系是：

期末余额 = 期初余额 + 本期增加额 – 本期减少额

13. 账户按提供指标详细程度分为总分类账户和明细分类账户。总分类账户简称总账或一级账户，它是根据一级会计科目开设的，用来提供总括分类核算资料的账户。例如，"原材料"总账用来提供所有材料的增减变动及结存的总括核算指标，因此总分类账户只能用货币量度。明细分类账户简称明细账，它是根据明细科目开设的，用来提供详细具体核算资料的账户。例如"甲材料"明细账用来提供甲种材料增减变动及结存的明细核算资料。明细分类账户除用货币量度外，有些账户还要用实物量度。如"原材料"、"库存商品"等明细账，既要提供货币指标，又要提供实物数量指标。

总分类账户与明细分类账户之间有密切联系，总分类账户对明细分类账户起统驭作用，明细分类账户对总分类账户起补充说明作用。

经济业务通过总分类账户进行的核算称为总分类核算，通过明细分类账户进行的核算称为明细分类核算。

14. 会计科目按其反映经济业务的详细程度可分为总分类科目和明细分类科目。总分类科目是对经济业务进行总括分类的科目，又称为总账科目或一级科目。明细分类科目是对总分类科目进一步分类的科目，又称为明细科目或细目。子目也称二级科目，是介于一级科目和明细科目之间的科目。

15. 明细分类科目是对一级科目（总分类科目）进一步分类的科目，又称为明细科目或细目。一级科目原则上由财政部统一制定。为了提供更加详细的指标，可在一级科目下设置若干个明细分类科目。明细科目的设置除会计制度明文规定外，可根据经济管理的实际需要，由各单位自行决定。例如在"原材料"一级科目下面，应按其品种、规格设置明细科目。如果某一级科目所统驭的明细科目较多，可将相同性质的明细分类科目进行归类，增设二级科目。例如在"原材料"一级科目下面，可按材料类别设置"原料及主要材料"、"辅助材料"、"燃料"等二级科目。这种分类是为了满足不同信息使用者对会计信息的不同需求。

现以"原材料"科目为例，用表 2 – 3 表示一级科目与明细科目之间的关系。

表 2 – 3　一级科目与明细科目之间的关系

一级科目 （总分类科目）	明细分类科目	
	二级科目（子目）	明细科目（细目）
原材料	原料及主要材料	元　钢 碳　钢
	辅助材料	油　漆 润滑油
	燃料	汽　油 烟　煤

七、讨论及网络题（略）。

第 3 章 复式记账

复习提要

1. 复式记账的含义及特点；
2. 理解借贷记账法的特点及账户的结构；
3. 掌握借贷记账法下账户的结构、记账规则、会计分录的编写及试算平衡。

3.1 记账方法

所谓记账方法，就是根据一定的原理、记账符号、记账规则，采用一定的计量单位，利用文字和数字记录经济业务活动的一种专门方法。记账方法按记录方式的不同，可分为单式记账法和复式记账法。

（1）单式记账法

单式记账法，是指对发生的经济业务，只在一个账户中进行记录的记账方法。

（2）复式记账法

复式记账法，是指对发生的每一项经济业务，都以相等的金额，在相互关联的两个或两个以上账户中进行记录的记账方法。① 对于每一项经济业务，都在两个或两个以上相互关联的账户中进行记录。这样，在将全部经济业务都相互联系地记入各有关账户以后，通过账户记录不仅可以全面、清晰地反映出经济业务的来龙去脉，还能够全面、系统地反映经济活动的过程和结果。② 由于每项经济业务发生后，都是以相等的金额在有关账户中进行记录，因而可据以进行试算平衡，以检查记账是否正确。

3.2 借贷记账法

1. 借贷记账法的特点

借贷记账法的特点可以概括如下。

① 在设置账户时，除了按会计要素设置资产、负债、所有者权益、收入、费用、利润等账户外，还可以设置一些共同性账户。

② 账户的增减数额。账户的借方登记资产和成本费用的增加数，以及负债、所有者权益和收入的减少（或转销数）数，账户的贷方登记负债、所有者权益和收入的增加数，以及资产和成本费用的减少数（或转销数）。

③ 任何一笔经济业务都至少要在两个账户中进行登记。一笔完整的记录，要求记入一个或几个账户的借方，同时记入另一个或几个账户的贷方。记入借方的数额同记入贷方的数额必须相等。简言之，"有借必有贷，借贷必相等"。

④ 可以进行试算平衡，就是根据资产＝负债＋所有者权益的平衡关系，按照记账规则的要求，通过汇总计算和比较，来检查账户记录的正确性、完整性。

2. 借贷记账法下账户的结构

（1）资产类账户

资产类账户的结构是：账户的借方记录资产的增加额，贷方记录资产的减少额。在一个会计期间内（年、季、月），借方记录的合计数额称为借方发生额，贷方记录的合计数额称为贷方发生额，在每一会计期间的期末将借贷发生额相比较，其差额称为期末余额。资产类账户的期末余额一般在借方。

（2）负债及所有者权益类账户的结构

负债及所有者权益类账户的结构与资产类账户正好相反，其贷方记录负债及所有者权益的增加额；借方记录负债及所有者权益的减少额，期末余额一般应在贷方。

（3）损益类账户结构

损益账户可以分为收入类账户和费用类账户。收入账户结构与负债类账户相似，贷方登记收入的增加，借方登记收入的减少，由于期末所有收入转入本年利润账户，所以收入类账户无期末余额。费用类账户与资产类账户相似，借方登记费用的增加，贷方登记费用的减少，由于期末所有费用转入本年利润账户，所以费用类账户也无期末余额。

（4）成本类账户

成本类账户主要是"生产成本"和"制造费用"，其结构与资产类账户相似，账户的借方记录成本的增加额，贷方记录成本的减少额。在一个会计期间内（年、季、月），借方记录的合计数额称为借方发生额，贷方记录的合计数额称为贷方发生额，在每一会计期间的期末将借贷发生额相比较，其差额称为期末余额。

3. 借贷记账法记账规则

借贷记账法的记账规则可以用一句话概括："有借必有贷，借贷必相等"。借贷记账法的记账规则是根据以下两方面来确定的。第一，根据复式记账的原理，对任何一项经济业务都必须以相等的金额，在两个或两个以上相互联系的账户中进行登记；第二，对每一项经济业务都应当作借贷相反的记录。具体地说，如果在一个账户中记借方，必须同时在另一个或几个账户中记贷方；或者在一个账户中记贷方，必须同时在另一个或几个账户中记借方。记入借方的总额与记入贷方的总额必须相等。

我们在实际运用借贷记账法的记账规则去登记经济业务时，一般要按以下步骤进行：

首先，需要分析经济业务的内容，确定它引起哪些账户发生变化及这些账户的性质；

其次，确定这些账户变化的金额是增加还是减少；

再次，根据账户的性质及变动方向确定借贷方向。

4. 试算平衡

试算平衡这种方法就是根据资产＝负债＋所有者权益的平衡关系，按照记账规则的要求，通过汇总、计算和比较，来检查账户记录的正确性、完整性。借贷记账法的试算平衡有账户发生额试算平衡法和账户余额试算平衡法两种。前者是根据借贷记账法的记账规则来确定的，后者是根据资产等于权益（负债与所有者权益）的平衡关系原理来确定的。

练习题

一、名词解释

1. 单式记账法　　　　　　2. 复式记账法
3. 借贷记账法　　　　　　4. 账户对应关系
5. 对应账户　　　　　　　6. 会计分录
7. 简单会计分录　　　　　8. 复合会计分录
9. 借贷记账法的试算平衡　10. 记账规则

二、填空题

1. 记账方法分为_____和_____。
2. 目前，我国企业和行政事业单位采用的记账方法是_____记账法，主要是_____记账法。
3. 复式记账法的特点是_____，因而可以据以进行_____。
4. 有对应关系的账户称为_____。
5. 借贷记账法是以_____为记账符号，反映各_____增减变动情况的一种记账方法。
6. 在借贷记账法下，账户的基本结构是：账户的左方为_____方，右方为_____方。但哪一方登记增加，哪一方登记减少，则取决于账户反映的_____。
7. 账户的借方登记_____和_____的增加，_____和_____的减少。
8. 账户的贷方登记_____和_____的增加，_____和_____的减少。
9. 资产账户如有余额在_____，权益账户如有余额在_____。
10. 费用账户如有余额在_____，收入账户如有余额在_____。

三、判断题

1. 在借贷记账法下,费用类账户期末一般无余额。(   )
2. 复式记账由于是以相等的金额在两个或两个以上账户中进行登记,所以能检查账簿记录是否正确。(   )
3. 单式记账法只登记一个账户,复式记账法同时登记两个账户。(   )
4. 按现行制度规定,企业必须采用借贷记账法。(   )
5. 一般地说,账户期末余额的方向(借方或贷方)本期增加额登记的方向是一致的。(   )
6. 不管是一贷多借,还是一借一贷,借、贷方的金额肯定是相等的。(   )
7. 为了保持账户对应关系清楚,一般不宜把不同经营业务合并在一起,编制多借多贷的会计分录。但在个别情况下,只要账户对应关系清楚,也可以编制多借多贷的会计分录。(   )
8. 通过试算平衡表检查账户记录是否正确,如果借贷平衡,就说明记账没有错误。(   )
9. 账户本期借方和贷方发生额合计一定相等。(   )
10. 所有账户期末借方余额合计一定等于贷方余额。(   )

四、单项选择题

1. 复式记账法对每项经济业务都以相等的金额_____账户中进行登记。
   A. 一个   B. 两个或两个以上
   C. 两个   D. 有关
2. 对每一个账户来说,期末余额_____。
   A. 只能在借方   B. 只能在账户的一方
   C. 只能在贷方   D. 可能在借方或贷方
3. 对于收入类账户,下列说法正确的是_____。
   A. 借方登记收入的结转数 B. 借方登记所取得的收入
   C. 若有余额在借方,属于资产 D. 若有余额在贷方,属于负债
4. 根据_____基本原理,对账户进行试算平衡,以检查账户的正确性。
   A. 会计要素   B. 会计等式
   C. 会计准则   D. 账户结构
5. 试算平衡是通过编制_____试算平衡表进行的。
   A. 总会计科目   B. 会计凭证
   C. 总分类账户   D. 明细分类账户
6. 收到购货单位的预付款,会使_____。
   A. 资产和权益同时增加   B. 资产和负债同时增加
   C. 负债和权益同时增加   D. 负债和权益同时减少

7. 对于费用类账户，下列说法中正确的是_____。
   A. 借方登记转销数 B. 如有余额在借方，也属于资产
   C. 如有余额在贷方，属于负债 D. 贷方登记费用的发生额
8. 下列经济业务中，引起资产和负债同时增加的有_____。
   A. 以银行存款偿还债务 B. 购买原材料，货款未付
   C. 支付职工工资 D. 从银行提现
9. 下列会计分录中，属于简单会计分录的是_____。
   A. 一借多贷 B. 一贷多借
   C. 一借一贷 D. 多借多贷
10. 采用借贷记账法，账户的基本结构是指_____。
    A. 账户的具体格式 B. 账户应记录经济业务的内容
    C. 账户应分为借方或贷方 D. 账户的增加方或减少方

五、多项选择题

1. 复式记账法的特点是_____。
   A. 可以系统、全面反映经济业务内容
   B. 可以简化登记账簿的工作
   C. 可以清楚地反映经济业务的来龙去脉
   D. 便于核对账户的记录
2. 在借贷记账法下，账户的借方登记_____。
   A. 收入的减少 B. 负债的减少
   C. 资产的减少 D. 所有者权益的减少
3. 所谓账户结构，是指账户如何提供核算指标，即_____。
   A. 账户期末余额的方向 B. 账户余额表示的内容
   C. 账户借方核算的内容 D. 账户贷方核算的内容
4. 下列错误不能够通过试算平衡查找的是_____。
   A. 借贷方同时登记错误 B. 借贷金额不等
   C. 借贷方向相反 D. 重记经济业务
5. 账户哪一方记增加，哪一方记减少，取决于_____。
   A. 记账方法 B. 账户的类别
   C. 账户的性质 D. 经济管理的需要
6. 编制会计分录时，必须考虑_____。
   A. 经济业务发生涉及的会计要素是增加还是减少
   B. 在账簿中登记借方还是贷方
   C. 登记在哪些账户的借方还是贷方
   D. 账户的余额是在贷方还是在借方

7. 复杂会计分录有_____。
   A. 一借多贷   B. 一贷多借
   C. 多借多贷   D. 一借一贷
8. 借贷记账法的试算平衡有_____。
   A. 发生额平衡   B. 余额平衡
   C. 会计要素平衡   D. 借贷平衡
9. 账户一般应包括_____。
   A. 账户名称   B. 日期和摘要
   C. 增加和减少金额   D. 凭证号数
10. 在借贷记账法下_____。
    A. "借"和"贷"作为记账符号
    B. "借"和"贷"等于"增"和"减"
    C. 在账户结构上,"借"和"贷"表示两个对立的部分
    D. "借"和"贷"表示债权和债务

六、简答题

1. 什么是复式记账法?复式记账法的特点是什么?
2. 借贷记账法下账户的结构是什么?
3. 借贷记账法的记账规则是怎样的?
4. 简述借贷记账法的优点。
5. 什么是账户的对应关系?什么是对应账户?
6. 简述会计分录的基本内容?
7. 什么是借贷记账法的试算平衡?
8. 什么是记账方法?目前常用的记账方法有哪些?
9. 在借贷记账法下,会计分录的书写步骤是什么?
10. 什么是单式记账法?它有什么缺点?
11. 什么是借贷记账法下账户的基本结构?
12. 试算平衡是否能发现所有记账错误?
13. 借贷记账法记账规则是什么?
14. 会计分录有哪几种?
15. 资产类账户与费用类账户结构相同吗?

七、核算与计算题

(一)

【资料】某企业2006年1月部分账户登记如下:

借	库存现金	贷		借	原材料	贷
期初余额	4 000	(5) 1 000		期初余额	10 000	
(1)	2 000	(10) 300		(2)	5 000	
(9)	200			(7)	1 000	

借	银行存款	贷		借	固定资产	贷
期初余额	500 000	(1) 2 000		期初余额	300 000	
(6)	10 000	(3) 1 000 000		(3)	1 000 000	
		(7) 1 000				
		(8) 25 000				

借	应收账款	贷		借	短期借款	贷
期初余额	8 000	(6) 10 000		(8) 25 000	期初余额	40 000
					(4)	10 000

借	其他应收款	贷		借	应付账款	贷
期初余额	1 000	(9) 1 000		(4) 10 000	期初余额	50 000
(5)	1 000				(2)	5 000

借	管理费用	贷
(9)	800	
(10)	300	

【要求】根据账户的对应关系,用文字叙述以上账户登记的(1)~(10)项经济业务的内容,并写出会计分录。

(二)

【资料】

1. 企业 2006 年 2 月 1 日有关账户如表 3-1 所示。

表 3-1 企业 2006 年 2 月 1 日的有关账户

资产		权益	
账户名称	金额	账户名称	金额
库存现金	1 000	短期借款	200 000
银行存款	200 000	应付账款	5 000
应收账款	5 000	其他应付款	4 000
其他应收款	2 000	应交税费	1 000
原材料	300 000	实收资本	800 000
生产成本	2 000	资本公积	5 000
库存商品	10 000	盈余公积	5 000
固定资产	500 000		
资产合计	1 020 000	权益合计	1 020 000

2. 2006年2月份发生如下经济业务：

（1）从银行提取现金2 000元，以备零用；
（2）收到某外商投入资金100 000元，存入银行；
（3）以银行存款2 000元，缴纳应交消费税金；
（4）购买材料一批价款10 000元，材料已入库，货款未付；
（5）以银行存款偿还前欠料款6 000元；
（6）收到购货单位偿付的前欠货款5 000元，存入银行；
（7）从银行取得短期借款10 000元，存入银行；
（8）以银行存款10 000元购买机车一台；
（9）将资本公积4 000元转增资本；
（10）采购员王某预借差旅费1 000元，以现金付讫；
（11）销售产品一批，价款10 000元，增值税额1 700元，收到款项存入银行；
（12）将多余现金2 000元存入银行；
（13）本月收到包装物押金400元；
（14）用现金200元购买管理部门办公用品；
（15）本月预提短期借款利息500元。

【要求】
1. 根据资料1开设账户，并登记期初余额；
2. 根据资料2采用借贷记账法编制会计分录；
3. 根据资料2登记账户并结出期末余额；
4. 根据全部账户的期初余额、本期发生额和期末余额编制试算平衡表。

八、讨论及网络题
讨论试算平衡表的编制对检查会计登账工作的意义。

练习题答案

一、名词解释

1. 单式记账法是指对每一笔经济业务只在一个账户上登记一笔账。
2. 复式记账法是指对发生的每一项经济业务，都以相等的金额，在相互关联的两个或两个以上账户中进行记录的记账方法。
3. 借贷记账法是以"借"、"贷"作为记账符号，反映各项会计要素增减变动情况的一种记账方法，是各种复式记账方法中应用最广泛的一种方法。
4. 账户对应关系是指运用借贷记账法记账时，在有关账户之间都会形成应借、应贷的相互关系，这种关系称为账户对应关系。
5. 对应账户是指运用记账法记账时，在有关账户之间都会形成应借、应贷的对应关系，发生对应关系的账户称为对应账户。

6. 会计分录就是标明某项经济业务应借、应贷账户及其金额的记录。

7. 简单会计分录指一个账户借方只同另一个自由式账户贷方发生对应关系的会计分录，即一借一贷的会计分录。

8. 复合会计分录指一个账户借方同几个账户贷方对应关系，或一个账户贷方同几个账户借方发生对应会计分录，即一借多贷或多借一贷的会计分录。

9. 借贷记账法的试算平衡是根据会计等式的基本原理，检查账户记录的正确性的一种方法。通常是采用编制分类账发生额或余额试算平衡表进行的。

10. 记账规则是有借必有贷，借贷必相等。

二、填空题

1. 单式记账　　复式记账
2. 复式　　借贷
3. 清晰地反映经济业务的来龙去脉　　试算平衡
4. 对应账户
5. "借"、"贷"二字　　经济业务
6. 借方　　贷方　　经济业务内容
7. 资产　　费用　　负债　　所有者权益
8. 负债　　所有者权益　　资产　　费用
9. 借方　　贷方
10. 借方　　贷方

三、判断题

1. √　　2. √　　3. ×　　4. √　　5. √
6. ×　　7. √　　8. ×　　9. ×　　10. √

四、单项选择题

1. B　　2. D　　3. A　　4. B　　5. C
6. B　　7. B　　8. B　　9. C　　10. C

五、多项选择题

1. A C D　　2. A B D　　3. A B C D　　4. A C D　　5. A B C
6. A B C　　7. A B C　　8. A B C　　9. A B C D　　10. A B

六、简答题

1. 复式记账法是以会计等式为依据建立的一种记账方法，其特点是：① 对于每一项经济业务，都以相等的金额在两个或两个以上相互关联的账户中进行记录。这样，在将全部经济业务都相互联系地记入各有关账户以后，通过账户记录，不仅可以全面、清晰地反映出经济业务的来龙去脉，还能够全面、系统地反映经济活动的过程和结果。② 由于每项经济业务发生后，都是以相等的金额在有关账户中进行记录，因而可根据进行试算平衡，以检查账户记录是否正确。

2. 在借贷记账法下,账户的左方为借方,右方为贷方。但哪一方记增加金额,哪一方记减少金额,则取决于账户记录的经济业务的内容。

① 资产类账户:增加额记借方,减少额记贷方,期末如有余额在借方。

② 权益(负债及所有者权益)类账户:增加额记贷方,减少额记借方,期末如有余额在贷方。

③ 成本费用类账户:增加额记借方,减少或结转额记贷方,收入、利润结转后期末应无余额。

3. 借贷记账法的记账规则,概括地说就是"有借必有贷,借贷必相等"。这一规则确立的依据是复式记账原理和借贷记账法账户的结构原理,即任何一项经济业务都必须以相等的金额,借贷相反的方向,在两个或两个以上相互关联的账户中进行登记。

4. 借贷记账法的优点有:① 账户对应关系清楚,可以鲜明地反映各种经济活动的来龙去脉;② 账户设置适用性强,账户的基本结构为使用既反映资产,又反映负债的双重性质账户提供了理解的基础,因此,采用借贷记账法不要求对所有账户固定分类;③ 依据"有借必有贷,借贷必相等"的记账规则记账,其发生额和余额都保持着借贷平衡关系,对日常核算记录的汇总检查十分简便。

5. 运用借贷记账法记账时,在有关账户之间都会形成应借、应贷的相互关系,这种关系叫做账户对应关系。发生对应关系的账户叫对应账户。

6. 会计分录,就是标明某项经济业务应借、应贷账户及其金额的记录。会计分录有两种,简单会计分录和复合会计分录。简单会计分录,指一个账户借方只同另一个账户贷方发生对应关系的会计分录,即一借一贷的会计分录。

7. 试算平衡是验证账户记录正确性的方法,有账户发生额试算平衡和账户余额平衡。

8. 记账方法是根据一定的原理和规则,用文字和数字记录经济业务活动的方法。目前常用的是借贷记账法。

9. 会计分录一般要按以下步骤进行:

首先,需要分析经济业务的内容,确定它引起哪些账户发生变化及这些账户的性质;

其次,确定这些账户变化的金额是增加还是减少;

再次,根据账户的性质及变动方向确定借贷方向。

10. 单式记账法,指对发生的经济业务,只在一个账户中进行记录的记账方法。例如,用银行存款购买材料的业务发生后,只在账户中记录银行存款的付出业务,而对材料的收入业务,却不在账户中记录。单式记账法是一种比较独立、不完整的记账方法。它在选择单方面记账时,重点考虑的是现金、银行存款及债权债务方面发生的经济业务。所以不能全面、系统地反映经济业务的来龙去脉,也不便于检查账户记录的正确性。与单式记账法相比较,复式记账法有不可比拟的优越性。

11. 借贷记账法账户的基本结构是:每一个账户都分为"借方"和"贷方",一般来说规定账户的左方为"借方",账户的右方为"贷方"。对每一个账户来说,如果规定借方用来登记增加额,则贷方就用来登记减少额;反之亦然。对于不同性质的账户,"借"、"贷"含义和结构是不同的。

12. 不能发现所有记账错误。如借贷双方记账方向错误、漏记或双方记账金额错误。

13. 有借必有贷、借贷必相等。

14. 会计分录根据经济业务所涉及对应账户的多少,又可以分为简单会计分录和复合会计分录。简单会计分录是指一项经济业务涉及两个以上对应账户,即"一借一贷"的会计分录。复合会计分录,指经济业务发生后,需要应用3个或3个以上的账户,记录其相互联系的多种经济因素的数量变化情况的分录。为了使借贷对应清晰,一般不宜编制多借多贷的分录。

15. 资产类账户虽然借贷方向与费用账户一致,但是它们有区别,资产账户期末有余额,而费用账户无余额。

七、核算与计算题

(一)

(1) 从银行提取现金 2 000 元。

借:库存现金　　　　　　　　　　　　　　　　2 000
　　贷:银行存款　　　　　　　　　　　　　　　　2 000

(2) 赊购材料一批 5 000 元,料已入库,料款尚未支付。

借:原材料　　　　　　　　　　　　　　　　　5 000
　　贷:应付账款　　　　　　　　　　　　　　　　5 000

(3) 购入生产设备一台,价款 1 000 000 元,以银行存款支付。

借:固定资产　　　　　　　　　　　　　　1 000 000
　　贷:银行存款　　　　　　　　　　　　　　1 000 000

(4) 从银行取得借款 20 000 元,直接偿还前欠购料款。

借:应付账款　　　　　　　　　　　　　　　10 000
　　贷:短期借款　　　　　　　　　　　　　　　10 000

(5) 采购员预借差旅费 1 000 元,以现金付讫。

借:其他应收款　　　　　　　　　　　　　　　1 000
　　贷:库存现金　　　　　　　　　　　　　　　　1 000

(6) 收到购货单位偿付的前欠购货款 10 000 元,存入银行。

借:银行存款　　　　　　　　　　　　　　　10 000
　　贷:应收账款　　　　　　　　　　　　　　　10 000

(7) 购入材料 1 000 元已入库,料款以银行存款支付。

借:原材料　　　　　　　　　　　　　　　　　1 000
　　贷:银行存款　　　　　　　　　　　　　　　　1 000

(8) 以银行存款偿付短期借款 25 000 元。
借：短期借款　　　　　　　　　　　　　25 000
　　贷：银行存款　　　　　　　　　　　　　25 000
(9) 采购员回来报销 800 元，剩余现金返回。
借：管理费用　　　　　　　　　　　　　　800
　　库存现金　　　　　　　　　　　　　　200
　　贷：其他应收款　　　　　　　　　　　1 000
(10) 用现金购买管理部门办公用品 300 元。
借：管理费用　　　　　　　　　　　　　　300
　　贷：库存现金　　　　　　　　　　　　　300

(二)
1. 根据所给的经济业务，会计分录如下：
(1) 借：库存现金　　　　　　　　　　　　2 000
　　　贷：银行存款　　　　　　　　　　　2 000
(2) 借：银行存款　　　　　　　　　　　100 000
　　　贷：实收资本　　　　　　　　　　100 000
(3) 借：应交税费　　　　　　　　　　　　2 000
　　　贷：银行存款　　　　　　　　　　　2 000
(4) 借：原材料　　　　　　　　　　　　10 000
　　　贷：应付账款　　　　　　　　　　10 000
(5) 借：应付账款　　　　　　　　　　　　6 000
　　　贷：银行存款　　　　　　　　　　　6 000
(6) 借：银行存款　　　　　　　　　　　　5 000
　　　贷：应收账款　　　　　　　　　　　5 000
(7) 借：银行存款　　　　　　　　　　　10 000
　　　贷：短期借款　　　　　　　　　　10 000
(8) 借：固定资产　　　　　　　　　　　10 000
　　　贷：银行存款　　　　　　　　　　10 000
(9) 借：资本公积　　　　　　　　　　　　4 000
　　　贷：实收资本　　　　　　　　　　　4 000
(10) 借：其他应收款　　　　　　　　　　1 000
　　　 贷：库存现金　　　　　　　　　　1 000
(11) 借：银行存款　　　　　　　　　　 11 700
　　　 贷：主营业务收入　　　　　　　 10 000
　　　　　应交税费——应交增值税　　　1 700

(12) 借：银行存款　　　　　　2 000
　　　贷：库存现金　　　　　　　　　2 000
(13) 借：库存现金　　　　　　　400
　　　贷：其他应付款　　　　　　　　400
(14) 借：管理费用　　　　　　　200
　　　贷：库存现金　　　　　　　　　200
(15) 借：财务费用　　　　　　　500
　　　贷：预提费用　　　　　　　　　500

2. 开设账户，登记期初余额和本期发生的各项经济业务，并结出每个账户的本期发生额和期末余额。

借	库存现金		贷
期初余额	1 000	(10)	1 000
(1)	2 000	(12)	2 000
(13)	400	(14)	200
本期发生额	2 400	本期发生额	3 200
期末余额	200		

借	银行存款		贷
期初余额	200 000	(1)	2 000
(2)	100 000	(3)	2 000
(6)	5 000	(5)	6 000
(7)	10 000	(8)	10 000
(11)	11 700		
(12)	2 000		
本期发生额	128 700	本期发生额	20 000
期末余额	308 700		

借	应收账款		贷
期初余额	5 000	(6)	5 000
		本期发生额	5 000
期末余额	0		

借	原材料		贷
期初余额	300 000		
(4)	10 000		
本期发生额	10 000		
期末余额	310 000		

借	其他应收款		贷
期初余额	2 000		
(10)	1 000		
本期发生额	1 000		
期末余额	3 000		

借	生产成本		贷
期初余额	2 000		
期末余额	2 000		

借	库存商品		贷
期初余额	10 000		
期末余额	10 000		

借	固定资产		贷
期初余额	500 000		
(8)	10 000		
本期发生额	10 000		
期末余额	510 000		

借	短期借款		贷
		期初余额	200 000
		(7)	10 000
		本期发生额	10 000
		期末余额	210 000

借	应付账款		贷		借	其他应付款		贷
(5)	6 000	期初余额	5 000				期初余额	4 000
		(4)	10 000				(13)	400
本期发生额	6 000	本期发生额	10 000				本期发生额	400
		期末余额	9 000				期末余额	4 400

借	应交税费		贷		借	实收资本		贷
(3)	2 000	期初余额	1 000				期初余额	800 000
		(11)	1 700				(2)	100 000
本期发生额	2 000	本期发生额	1 700				(9)	4 000
		期末余额	700				本期发生额	104 000
							期末余额	904 000

借	资本公积		贷		借	盈余公积		贷
(9)	4 000	期初余额	5 000				期初余额	5 000
本期发生额	4 000							
		期末余额	1 000					

借	主营业务收入		贷		借	管理费用		贷
		(11)	10 000		(14)	200		
		本期发生额	10 000		本期发生额	200		
		期末余额	10 000		期末余额	200		

借	财务费用		贷		借	预提费用		贷
(15)	500						(15)	500
本期发生额	500						本期发生额	500
期末余额	500						期末余额	500

3. 试算平衡表编制如下。

账户	期初余额		本期发生额		期末余额	
	借方	贷方	借方	贷方	借方	贷方
库存现金	1 000		2 400	3 200	200	
银行存款	200 000		128 700	20 000	308 700	
应收账款	5 000			5 000		
其他应收款	2 000		1 000		3 000	
原材料	300 000		10 000		310 000	
生产成本	2 000				2 000	
库存商品	10 000				10 000	
固定资产	500 000		10 000		510 000	
短期借款		200 000		10 000		210 000

续表

账　户	期初余额		本期发生额		期末余额	
	借方	贷方	借方	贷方	借方	贷方
应付账款		5 000	6 000	10 000		9 000
其他应付款		4 000		400		4 400
应交税费		1 000	2 000	1 700		700
实收资本		800 000		104 000		904 000
资本公积		5 000	4 000			1 000
盈余公积		5 000				5 000
主营业务收入				10 000		10 000
管理费用			200		200	
财务费用			500		500	
预提费用				500		500
合　计	1 020 000	1 020 000	164 800	164 800	1 144 600	1 144 600

八、讨论及网络题（略）。

企业基本业务的核算

复习提要

1. 了解采购、生产、销售过程的成本计算方法;
2. 理解生产经营过程中账户的设置与应用;
3. 掌握资金进入企业供应、生产、销售、财务成果及资金退出各个环节的会计核算。

4.1 资金筹集的核算

1. 资金筹集的内容

企业要进行生产经营活动,就必须拥有一定数量的经营资金。资金的筹集,不外乎有两个渠道:一是接受投资者投入资本;二是利用举债形式,向债权人筹措借款,即利用负债的形式筹集资金。

首先,设立企业必须有法定的资本金。这些资本金分别是由企业接受国家、其他单位或个人投入而形成的。

其次,企业为筹集资金需向银行或其他金融机构取得各种借款,形成企业的负债。

此外,企业在筹集资本金过程中,投资者实际缴付的出资额超出其资本金的差额、接受捐赠的资产、法定资产重估增值,以及资本汇率折算差额按照法定的程序可以转赠资本,随着生产经营,企业形成盈余公积,这部分积累也可以按照法定程序转增资本。

2. 筹资业务及账户设置

为了核算和监督投资人对企业的投资、企业取得各类借款、企业接受捐赠、转赠资本等经济业务,需要设置和运用"银行存款"、"库存现金"、"固定资产"、"原材料"、"累计折旧"、"无形资产"、"资本公积"、"盈余公积"、"短期借款"、"长期借款"等有关账户。

(1) 投入资本的核算

企业所有者投入的资本,可以是货币资金,也可以是原材料;可以是有形资产,也可以是无形资产。

投资时，

借：银行存款

　　原材料

　　无形资产

　　贷：实收资本

(2) 转增资本的核算

企业的资本公积金和盈余公积金按照一定的程序可以转增资本。

借：资本公积

　　盈余公积

　　贷：实收资本

实收资本的总分类核算，如图4－1所示。

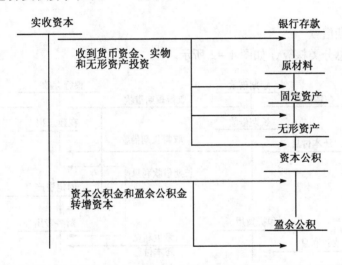

图4－1　实收资本的总分类核算

(3) 银行借款的核算

企业的资产除了来自于投入资本以外，另外一个主要来源就是负债，而负债的一部分就是借款，根据借款时间的长短，银行借款分为短期借款和长期借款两种。

① 取得短期借款时，

借：银行存款

　　贷：短期借款

② 计算利息时，

借：财务费用

　　贷：预提费用

③ 取得长期借款时，
借：银行存款
　　贷：长期借款
④ 投入工程时，
借：在建工程
　　贷：银行存款
⑤ 计算本月应负担的利息时，
借：在建工程
　　贷：长期借款
⑥ 若取得的长期借款直接用于购买不需要安装的固定资产，则记：
借：固定资产
　　贷：长期借款
借：财务费用
　　贷：长期借款

银行借款的总分类核算，如图 4-2 所示。

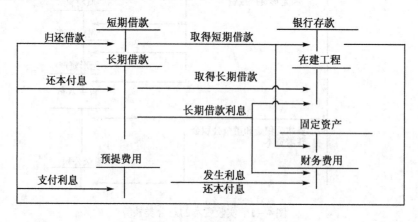

图 4-2　银行借款的总分类核算

4.2　供应过程核算及成本计算

1. 采购业务

企业为保证生产经营业务的正常进行，必须采购和储备一定数量的材料物资。材料储备不足，生产需要的物资得不到保证；材料储备过多，就会造成资金的积压，影响企业的效益。工业企业在供应过程中的主要经济业务是购进材料。在采购材料过程中，企业要与供应单位或其他有关单位办理款项的结算，以支付采购材料的货款和运输费、装卸费等各种采购费。运达企业的材料应由仓库验收并保管,以备生产车间和管理部门领用。当企业所购进的材料验收入库,或是材料未到但已为该项材料支付了货款,即企业拥有了该项材料的所有权时,材料即可被视为企业的资产加以确认;当生产车间和管理部门领用材料时,该项材料被作为一项费用加以确认;期末全部库存材料被作为资产负债表中的一项流动资产而得到确认;企业购进材料未付款,可视为企业的一项负债加以确认。

2. 采购业务的账户设置

为了总括地反映企业采购过程中材料的收发、结存情况及采购费用情况,企业应该设置"原材料"、"材料采购"、"应付账款"、"预付账款"、"银行存款"、"库存现金"、"材料成本差异"账户。

3. 采购业务的核算

1) 材料按实际成本核算

购入材料但尚未支付货款时,

借:原材料
　　贷:应付账款

以银行存款支付购料款时,

借:原材料
　　贷:银行存款

材料采购业务按实际成本核算的总分类核算,如图4-3所示。

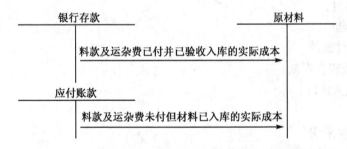

图4-3　材料采购业务按实际成本核算的总分类核算

采购材料无论是按实际成本核算还是按计划成本核算,在发出材料的时候都需要计算发出成本。在按实际成本核算的情况下,企业购入同一种材料时,由于供应地点有远有近,供应时间有先有后,以及买价和运杂费等的不同,从而使得其实际成本各批并不完全相同。也就是说,同一种材料分几次购入,可能会出现几种不同的单价。这样,在发出材料时采用哪个单价计算其实际成本呢?当前主要采取分批认定法、先进先出法、加权平均法等方法。

(1) 分批认定法

分批认定法或称分批实际成本法,是对每批发出的存货和期末存货,以该存货的实际单位成本和该存货的数量确定其价值。存货的实际单位成本依该存货的购入发票、购货合同、生产成本记录为依据。

(2) 先进先出法

先进先出法是以先购进的存货先发出为前提。即对每次发出的存货，按结存存货最先购入的单价计算，若发出数量超过最先购入的那批存货的结存量时，超过部分按其次购入的那批存货的单价计算。

(3) 加权平均法

加权平均法也叫每月一次平均法。采用这种方法。对月份内每次发出的存货先不计价，在月底该种存货月初库存总成本和本月购入的总成本之和，除以月初库存总量和本月购入的总量之和，求出该种存货每月的平均单价，据以作为发出存货和库存存货的计价依据。

计算公式为：

$$加权平均单价 = \frac{月初库存金额 + 每次购入金额}{月初库存数量 + 每次购入数量}$$

$$每次发出金额 = 每次发出数量 \times 加权平均单价$$

2) 材料按计划成本核算

材料按计划成本核算，是指凡属于同一品种、规格的材料，不论购入时间的先后、购入批次的多少、实际成本的高低，日常收入、发出、结存材料，一律按事先确定的计划单价核算。材料计划单价的确定应尽可能接近实际。计划单阶除有特殊情况以外，在年度内一般不作变动。

① 购入材料时，

借：材料采购

　　贷：应付账款

　　　（或银行存款）

② 材料验收入库时，

借：原材料

　　贷：材料采购

③ 月末结转物资采购成本，节约时，

借：材料采购

　　贷：材料成本差异

④ 超支时，

借：材料成本差异

　　贷：材料采购

⑤ 预付购料款时，

借：预付账款

　　贷：银行存款

材料按计划成本核算的总分类核算，如图 4-4 所示。

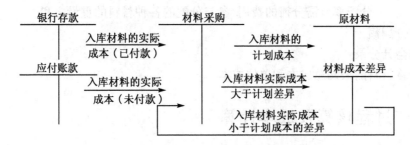

图 4-4 材料按计划成本核算的总分类核算

材料按计划成本核算，是为了简化材料日常核算工作所采取的一种手段，并不能代替实际成本，月底必须把材料计划成本还原成实际成本。

通过上面的介绍可以看出，由于计价方式的不同，在物资采购业务核算中，会计科目和账户的设置、核算程序和核算方法，以及账务的处理上也有所不同。在日常核算中，究竟采用哪种计价方式，由企业自行确定。一般来说，材料品种繁多的企业，可采用计划成本进行日常核算；对于品种不多但占产品成本比重较大的原材料或主要材料，也可以单独采用实际成本进行核算；规模较小，材料品种简单，采购业务不多的企业，也可以全部采用实际成本进行材料的日常核算。

4. 材料采购成本的核算

在采购业务中，企业要与供应单位或其他有关单位办理款项的结算，支付采购材料的货款、运输款、装卸费等采购费用。这些费用具体到采购的材料上，就构成了材料的采购成本。材料采购成本的计算，就是把企业在采购过程中发生的全部实际支出，按照材料的名称或类别归集和分配，通过计算求出它们的采购总成本和单位成本。按照现行的规定，材料采购成本主要由下列项目构成：

- 购买价款；
- 进口关税和其他税费；
- 运输费；
- 装卸费；
- 保险费；
- 其他可归属于存货采购成本的费用。

其中，购买价款可以直接计入各种材料的采购成本；后面 5 项凡能分清的，可直接计入各种材料的采购成本；不能分清的，可以按照材料的重量或买价等比例分摊计入各种材料的采购成本。非正常消耗的直接材料、直接人工和制造费用，仓储费用和不归属于存货达到目前场所和状态的其他支出不计入存货成本，确认为当期损益。

分配期间费用的步骤如下。

（1）求分配率

分配率 = 需分摊的费用/参与分配的各种材料的重量之和

(2) 求分配额
(3) 作会计分录
(4) 计算材料的采购总成本和单位成本

4.3 生产过程核算及成本计算

1. 生产业务

生产过程是制造企业经营过程中的中心环节，主要任务是生产出满足社会需要的产品。而生产本身就是一种消费行为，也就是说，要生产出产品，就必须有耗费，这些耗费具体表现为生产产品而耗费的劳动对象（原材料、燃料、动力）的价值；参加生产过程的劳动资料（固定资产）的磨损价值；支付给职工的工资和车间范围内耗费的物资及开支的费用等。因此可以说，生产费用就是用货币表现的企业在生产过程中的各种耗费。

企业生产费用分为直接费用和间接费用两部分。直接费用是企业为生产产品所发生的直接材料、直接工资和其他直接费用。这些费用发生时，直接计入产品的制造成本；间接费用是企业为生产产品所发生的间接材料、间接工资和其他间接费用。这些费用进行核算时，应按照一定的比例分配计入制造成本。

必须指出，产品制造成本不包括企业行政管理部门所发生的各种管理费用。企业行政管理部门为组织和管理生产经营活动所发生的管理费用，应直接记入当期损益，即从当期收入中直接扣除。另外，企业为筹集生产经营资金所发生的财务费用（如利息支出、汇兑损失、支付金融机构的手续费等）同管理费用处理方式一样，直接记入当期损益，冲减当期收入，不再记入产品的制造成本。企业的管理费用、财务费用及销售产品的营业费用，称为期间费用，这些费用都不记入产品制造成本，直接冲减当期损益。

生产费用的发生、归集和分配是生产过程的主要经济业务。

2. 生产业务核算的账户设置

为了反映和监督生产费用的发生、归集、分配、确定产品的生产成本，需要设置和运用的账户有："生产成本"、"制造费用"、"待摊费用"、"应付职工薪酬"、"库存商品"等。

3. 生产业务核算

生产业务核算，主要通过对产品的生产费用，包括材料、工资、固定资产折旧、动力及其他费用的归集和分配，为计算产品的总成本与单位成本提供必要的资料。

1) 材料费用的核算

材料费用是构成产品成本的主要内容，在产品成本中，材料消耗通常占有很大比重。

领用材料核算的一般程序是：企业的生产车间、班组或管理部门用"领料单"（用料单）向仓库办理领料手续；月底，财会部门对接收的领料单进行分类管理，按材料品名或用料方向汇总分类编制"材料支出汇总表"；根据"材料支出汇总表"编制转账凭证，记入各有关账户。

对于各种产品分别领用的材料,应根据领料单汇总,直接记入各种产品的成本。如果一种材料为几种产品共同耗用,就需要用适当的分配方法,将材料费用在各种产品之间进行分配。

在按计划成本核算材料的情况下,月底应将所耗用材料的计划成本调整为实际成本,使生产费用符合实际。这一步骤即为转销已耗用材料应负担的价格差异。

发出材料应负担的成本差异,可按当月的成本差异率计算,也可以按上月的差异率计算。计算方法一经确定,不得任意变动。当月差异率的计算公式如下:

$$本月材料成本差异率 = \frac{月初结存材料的成本差异 + 本月收入材料的成本差异}{月初结存材料的计划成本 + 本月收入材料的计划成本} \times 100\%$$

调整的原则是:材料用在哪里,料差分摊到哪里。

料差分摊额 = 耗用材料计划成本 × 料差分摊率

用料差分摊额即可将耗用材料的计划成本调整为实际成本:

耗用材料的实际成本 = 耗用材料计划成本 ± 料差分摊额

领用材料和分摊料差时,做如下分录:

借:生产成本——A 产品
　　　　　——B 产品
　　制造费用
　贷:原材料

借:生产成本——A 产品
　　　　　——B 产品
　　制造费用
　贷:材料成本差异

通过上述介绍,可以将领用材料的总分类核算用图 4-5 表示。

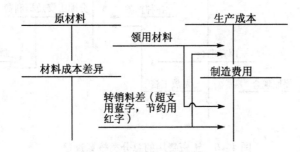

图 4-5　领用材料的总分类核算

2) 工资费用的核算

工资是国民收入的一种分配形式,是构成产品成本的一个重要因素。

财会部门对结算出来的应付工资总额，要按工资支出的用途进行分配，以便计入产品成本。对于生产工人的工资，如果能够根据有关的工时和产量记录，明确划分出应属于某一产品负担的，就可以直接记入该产品的成本；不能明确划分的，通常以产品的生产工时统计资料为依据，按照各种产品实际消耗工时的比例，在有关产品间进行分配。

至于生产车间的技术人员、管理服务人员的工资，应先列入"制造费用"账户，然后再按一定的标准，分别摊入各种产品的成本。

根据国家现行有关法令的规定，企业除了发给职工的工资以外，还要按工资总额的一定比例，提取职工福利费，作为职工集体福利事业的支出，并直接记入生产成本。

① 计提工资时，
　　借：生产成本——A产品
　　　　　　　　——B产品
　　　　制造费用
　　　贷：应付职工薪酬——工资

② 计提福利费时，
　　借：生产成本——A产品
　　　　　　　　——B产品
　　　　制造费用
　　　贷：应付职工薪酬——职工福利

③ 发放职工工资时
　　借：应付职工薪酬——工资
　　　贷：库存现金（或银行存款）

工资费用的总分类核算过程如图4-6所示。

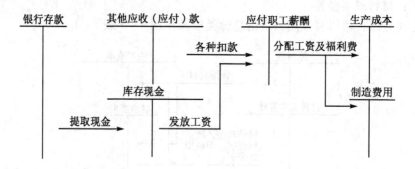

图4-6　工资费用的总分类核算过程

3）固定资产折旧费的核算

固定资产的使用成本即固定资产的折旧。

固定资产在投入生产过程后，它可以在较长的时期内多次参加产品的生产过程，并始终保持其原有的实物形态。它的价值逐渐地、部分地转入产品的生产成本。固定资产由于使用或自然力影响发生损耗而转移的价值,称为固定资产折旧。转移价值的货币表现,称为折旧费。折旧费是企业生产费用的重要组成部分。

(1) 折旧的计算

常用的折旧计算方法有:年限平均法、工作量法、双倍余额递减法和年数总和法。

① 年限平均法。年限平均法又称直线法,是国内外最常用的一种折旧方法。这种方法假定固定资产服务潜力的衰减只取决于固定资产的使用时间,而不是使用程度。

其计算公式为:

$$年折旧额 = \frac{固定资产原值 - (预计残值 - 预计清理费用)}{预计使用年限}$$

$$月折旧额 = 年折旧额 \div 12$$

② 工作量法。工作量法是假定固定资产的服务潜力随着固定资产生产的产品数量的增加而减少的。其计算公式为:

$$单位工作量折旧额 = \frac{固定资产原值 - 预计净残值}{预计总工作量}$$

$$某期折旧额 = 该期实际产量 \times 单位工作量折旧额$$

③ 双倍余额递减法。双倍余额递减法是在不考虑固定资产残值的情况下,用年限平均法折旧率的两倍去乘以固定资产的期初账面价值,作为该期的固定资产折旧额。

④ 年数总和法。年数总和法是用固定资产的原值减去残值后的净额乘以某年固定资产尚可使用的年数占使用年数总和的比重,计算该年折旧额的一种加速折旧法。

(2) 折旧的核算

按月计提固定资产折旧,表明当月费用的增加,应借记有关费用账户。产品生产用固定资产的折旧费用,应记入"制造费用"账户;企业管理部门固定资产的折旧费用,应记入"管理费用"账户。

计提折旧时,

借:制造费用

　　贷:累计折旧

固定资产的总分类核算,如图 4-7 所示。

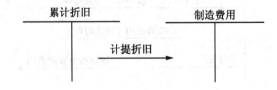

图 4-7　固定资产的总分类核算

4）外购动力的核算

动力耗费也是生产费用的组成部分，也要计入生产成本。

对于生产使用的动力，如能明确划归某种产品负担的，就直接记入该产品成本，如属多种产品共同负担的，则按各产品耗用的动力小时分摊费用。

$$动力小时分配率 = \frac{需分摊的费用总额}{各产品动力小时} \times 100\%$$

发生动力支出时，

　　借：生产成本——A产品

　　　　　　　——B产品

　　　　制造费用

　　　贷：其他应收款

外购动力的总分类核算，如图4-8所示。

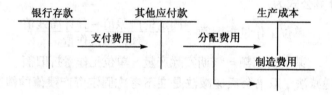

图4-8　外购动力的总分类核算

5）其他生产费用的核算

企业的生产耗费，除了材料费、工资费、折旧费及动力费外，还有一些其他费用，如办公费、修理费、差旅费、市区交通费及劳动保护费等。这些费用通常都是在发生时以银行存款、先进直接支付或通过"其他应收款"和"其他应付款"账户转记。生产车间发生的，列入"制造费用"有关明细账户，月底和其他间接费一起，按规定分配标准，列入各产品的成本。

其他支出的总分类核算，如图4-9所示。

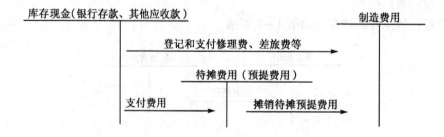

图4-9　其他支出的总分类核算

6) 分配制造费用

通过上述核算，所有直接生产费都已分别记入有关产品成本，间接生产费用全部汇集在"制造费用"明细账。

分配间接费常按产品的生产工时或按生产工人的工资比例进行分配。分配的步骤如下。

(1) 求分配率

$$制造费用分配率 = \frac{制造费用总额}{生产工人工时（或工资）} \times 100\%$$

(2) 求分配额

各产品应分摊的制造费用 = 各产品生产工人工时（或工资）数 × 分配率

借：生产成本——A 产品
　　　　　　——B 产品
　　贷：制造费用

7) 月底结转完工产品成本

所有直接生产费用和间接生产费用均已记入"生产成本"账户和有关的"产品成本计算单"，把这些费用在完工产品和未完工产品之间进行分摊，以求得本期库存商品和在产品的成本。

一般步骤是：先确定在产品成本，再计算入库库存商品的成本。

(1) 在产品成本

在简单生产中，由于生产周期短，生产过程连续不断，通常没有或只有很少的在产品。因此，在产品成本可以不必考虑。

在复杂生产中，又分为以下两种情况。

① 大批和大量生产，可以采用定额法或约当产量法。

约当产量法，是按在产品完工程度，折合成"约当产量"（即相当于多少产成品），再按完工产品数量和"约当产量"的比例，来分配全部生产费用，以分别确定产成品和在产品的成本。

$$在产品成本 = \frac{生产费用}{实际产量 + 约当产量} \times 约当产量$$

② 单件和小批生产，由于它是以每个订单或每批产品作为成本计算对象，成本计算单上汇集的生产费用，就是未完产品的成本。

(2) 产成品成本

本月完工产品的成本 = 本月发生的生产费用 + 月初在产品成本 − 月末在产品成本

产品完工入库表明生产阶段占用的资金随着生产过程的结束随产成品转入储备的成品之中。会计分录如下：

借：库存商品——A 产品
　　贷：生产成本——A 产品

产成品完工入库的总分类核算,如图 4 – 10 所示。

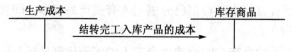

图 4 – 10　产成品完工入库的总分类核算

生产成本的总分类核算,如图 4 – 11 所示。

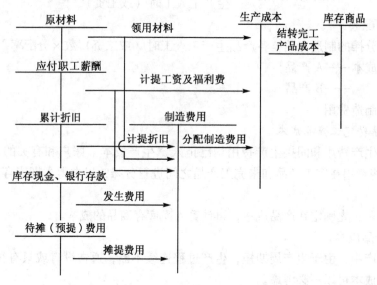

图 4 – 11　生产成本的总分类核算

4. 产品生产成本的计算

产品成本是企业生产一定种类和数量产品所耗费的各种生产费用总和,是补偿价值的货币表现。

产品生产成本的计算,就是把企业生产过程中发生的各种费用支出,按照一定的对象(生产的产品)进行归集和分配,以计算确定各该对象的总成本和单位成本。

1) 组织成本计算的原则

(1) 正确计算成本,为管理提供决策依据

(2) 正确划分各种费用界限

首先,正确划分计入产品成本与不计入产品成本的费用界限;

其次,正确划分各个月份的费用界限;

第三,正确划分各种产品的费用界限;

第四,正确划分完工产品与在产品的费用界限。

(3) 确定成本计算期

成本计算期是指每间隔多长时间计算一次成本。

由于费用和成本是随同生产经营过程的各个阶段而发生和逐步积累形成的，因此从理论上说，成本计算期应当同产品的生产周期一致。但在确定成本计算时，还必须考虑企业生产技术和生产组织的特点及分期考核经营成果的要求。

（4）确定成本项目

成本项目是指各种费用按其经济用途的分类。

对企业生产费用进行分类有不同的标志。

① 按生产费用的经济用途进行分类，称为"成本项目"。包括原材料、燃料和动力、工资、福利基金、废品损失、制造费用。因为成本只是一个总的价值指标，而节约与浪费是可以相互抵消的。分类列出成本项目，有利于了解成本的构成，明确成本责任。

② 按生产费用的经济性质进行分类，称为"费用要素"。包括外购材料、外购燃料、外购动力、工资、计提的职工福利费、折旧费、大修理费用、利息支出、税金、其他支出。

③ 按生产费用计入产品成本的方式分类，分为"直接费用"和"间接费用"。

④ 按生产费用与产品产量的关系分类，分为"可变费用"和"固定费用"。

2）成本计算方法

产品成本是在生产过程中形成的，生产组织和生产工艺过程不同的产品，应该采用不同的成本计算方法。计算产品成本是为了管理成本，对于不同的产品，也应该采用不同的成本计算方法。

产品成本计算方法可分为品种法、分批法和分步法 3 种。

① 按照产品的品种（不分批、不分步）计算产品成本。这种以产品品种为成本计算对象的产品成本计算方法称为品种法。它适用于大量大批生产。

② 按照产品的批别（分批，不分步）计算产品成本。这种以产品批别为成本计算对象的产品成本计算方法，称为分批法。它只用于小批单件生产。

③ 按照产品的生产步骤（分步，不分批）计算产品成本。这种以产品生产步骤为成本计算对象的产品成本计算方法，称为分步法。它适用于大量大批生产。

4.4　销售过程核算及成本计算

1. 产品销售业务的核算

销售过程是企业生产经营过程的最后阶段，在销售过程中，生产过程制造完工并合乎规定的产品，按照合同规定的条件送交订货单位或对外销售，收取货款，实现产品的价值和形成销售收入。销售收入是企业按产品的销售数量和销售价格计算的销售货款。这样，产品价值和使用价值得到实现，同时，企业为取得一定数量的销售收入，必须付出相应数量的产品。为制造这些销售产品而耗费的材料、人工费等，称为产品的销售成本。此外，企业为销售产品还要消耗一些包装费、运输费、广告费等。这些耗费与产品销售有关，构成营业费用。营业费用要由本期的销售收入补偿。企业取得销售收入以后，应按照国家税法规定的税率和实现的销售收入计算主营业务税金。月末，企业还要计算并结转与销售收入相对应的成本费用、税金及附加，借以确定销售结果（利润或亏损）。销售过程的主要经济业务是发出产品时支付包装、运输、广告等费用，结算销售货款，计算销售税金。

2. 销售业务核算的账户设置

企业为了核算主营业务，反映主营业务收入，主营业务成本和主营业务利润及款项结算情况，需设置和运用"主营业务收入"、"主营业务成本"、"应交税费"、"应收账款"、"应收票据"、"预收账款"及"营业税金及附加"、"销售费用"等账户。

（1）收入的确定

收入确定的内容包括：确认收入的同时，也要确认资产的增加和负债的减少。如企业出售产品时，所取得的款项可作为净增资产，或是为免除应付债款而减少负债。

具体来说，有以下几种情况。

① 企业在产品已经发出，产品的所有权已由卖方转移给买方，同时收到货款或者取得收取货款的凭据时，确认销售收入的实现。

② 在交款提货的情况下，如果销售货款已经收到，只要账单和提货单已经交给买方，不论商品是否发出，都应作为销售收入的实现。

③ 采用分期收款方式销售产品时，以合同约定的价款收取日期作为企业销售收入的实现日期。

④ 委托其他单位代销的产品，应在代销产品已经发出，并收到代销单位的代销清单以后，才能作为主营业务收入的实现。

⑤ 采用托收承付结算方式销售产品，在发出商品和办妥托收手续后，由于商品已经发出，商品的所有权已经转移给买方，并且取得了收取货款的证明，也表明企业销售收入的实现。

（2）销售收入的核算

取得收入时：

借：应收账款

（或银行存款）

贷：主营业务收入

应交税费——应交增值税（销项）

（3）销售费用的核算

销售费用是企业在销售产品中发生的与主营业务有关的费用。它包括：专设销售机构的各项经费，由企业负担的运输费、装卸费、包装费、保险费、委托代销手续费、广告费、展览费、租赁费（不含融资租赁费）和销售服务费，销售部门人员工资、职工福利费、差旅费、办公费、折旧费、修理费、物料消耗、低值易耗品摊销及其他经费。根据权责发生制的原则，本期发生的销售费用，应由本期实现的销售收入来补偿。在发生时，先通过"销售费用"账户进行归集,再于月末转入"本年利润"账户。

借:销售费用
  贷:银行存款

(4) 结转已销售产品成本

在销售产品的过程中,一方面要取得主营业务收入,另一方面要售出产成品。

对已实现销售的产品成本,应从"库存商品"账户的贷方转入"主营业务成本"账户的借方,表示库存产成品的减少和主营业务成本的增加。

借:主营业务成本
  贷:库存商品

(5) 营业税金的计算

企业销售产品实现了收入,就应该按照国家的规定缴纳税金。销售税金是企业由于销售产品或提供劳务等,按销售收入和税务机关规定的税率计算的应纳税金。

会计分录为:

借:营业税金及附加
  贷:应交税费

产品销售业务的总分类核算,如图4-12所示。

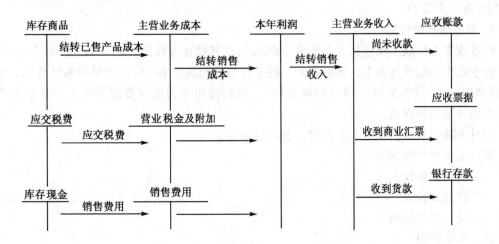

图4-12 产品销售业务的总分类核算

4.5 财务成果的核算

1. 财务成果的构成

财务成果是指企业一定期间内所取得的经营成果——利润或亏损。

企业的财务成果是由企业一定期间的各种经营收入与各项经营支出相抵后所形成的。财务成果的具体表现是利润和亏损。它的具体计算公式为:

营业利润 = 营业收入 − 营业成本 − 营业税金及附加 − 销售费用 − 管理费用 − 财务费用 − 资产减值损失 + 公允价值变动收益 + 投资收益

利润总额 = 营业利润 + 营业外收入 − 营业外支出

净利润 = 利润总额 − 所得税费用

2. 财务成果的分配

企业实现的利润,应当按照国家的有关规定或各投资者的协议进行分配。

企业本年度可供分配的利润包括本年实现的利润和以前年度未分配的利润。

企业年度利润按国家规定进行调整后,应依法交纳所得税。交纳所得税后的利润,按以下顺序进行分配:弥补以前年度亏损;提取盈余公积金和公益金;向投资者分配利润。并规定,以前年度亏损未弥补完,不得提取盈余公积金和公益金,也不得向投资者分配利润。

3. 财务成果核算的账户设置

为了正确反映利润的形成和分配情况,需要设置和运用"主营业务收入"、"其他业务收入"、"销售费用"、"营业税金及附加"、"主营业务成本"、"营业外收入"、"管理费用"、"财务费用"、"其他业务成本"、"营业外支出"、"所得税费用"、"本年利润"和"利润分配"等账户。

4. 财务成果的核算

财务成果的形成来源包括"主营业务收入","其他业务收入"和"营业外收入"。

在企业生产经营过程中,还要发生一些不能直接归属于某一特定产品成本的费用。包括"管理费用"、"财务费用"和"销售费用"。这些费用作为期间费用不计入产品的生产成本,直接冲减当期损益。

当月末结转收入、费用、成本时,会计分录为:

借:主营业务收入
　　其他业务收入
　　营业外收入
　贷:本年利润
借:本年利润
　贷:主营业务成本
　　　销售费用
　　　营业税金及附加
　　　管理费用
　　　财务费用
　　　其他业务成本
　　　营业外收入

所得税费用

企业将实现的利润按规定进行分配。

结转年末利润总额。盈利时，

借：本年利润
　　贷：利润分配

亏损时，

借：利润分配
　　贷：本年利润

提取盈余公积时，

借：利润分配
　　贷：盈余公积

计算分配股东利润时，

借：利润分配
　　贷：应付股利

利润形成和分配的核算，见图4-13和图4-14。

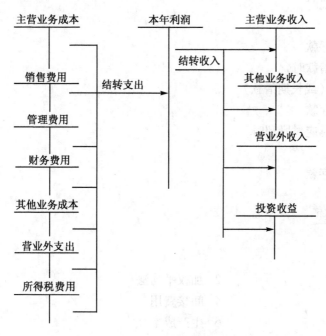

图4-13　利润形成的核算

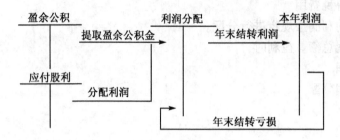

图 4-14 利润分配的核算

4.6 资金退出企业的核算

由于某些原因,参与企业生产经营的资金有一部分要退出企业。如企业要按规定及时上缴税金,以保证国家的财政收入;调出不需用的固定资产;按信贷纪律如期归还银行借款;向投资者分配利润等。

企业上交所得税时,
 借:应交税费
   贷:银行存款
企业归还银行借款时,
 借:短期借款(或长期借款)
   贷:银行存款
以银行存款支付应付股利时,
 借:应付股利
   贷:银行存款

☞ 练习题

一、名词解释

1. 先进先出法　　　　2. 加权平均法
3. 直接费用　　　　　4. 间接费用
5. 生产费用　　　　　6. 生产成本
7. 财务成果　　　　　8. 利润总额

二、填空题

1. 材料采购成本包括_____、_____、_____、_____、_____、_____。
2. "生产成本"账户期末借方余额表示_____。

3. "固定资产"账户的借方余额减去"累计折旧"账户的贷方余额后的差额表示固定资产的期末_____。

4. 存货的计价方法主要有_____、_____和分批认定法。

5. 固定资产折旧的计算方法主要有_____、_____、_____、_____等。

6. 材料成本差异分摊的原则是：_____。

7. 制造费用的分配标准可以是_____，也可以是_____。

8. 财务成果是由企业一定期间的各种_____与各项_____相抵后所形成的。

9. "利润分配"账户的期末借方余额表示截止期末企业累计的_____总额。

10. 年终企业将"本年利润"账户的余额转入"利润分配"账户后，如为贷方余额，表示_____；如为借方余额，表示_____。

三、判断题

1. 在供应过程中支付的各项采购费用，不构成材料的采购成本，故将其记入"期间费用"账户。（   ）

2. 固定资产在使用中其价值逐渐地、部分地转移到成本费用中，为此应该设置"固定资产"账户反映其实际净值。（   ）

3. "生产成本"账户属于成本费用类账户，所以期末应无余额。（   ）

4. 在按计划成本核算时，材料采购成本大于计划成本的差额，应计入"材料成本差异"账户的贷方。（   ）

5. 在交款提货的情况下，如果销货款已经收到，只要账单和提货单已经交给买方，不论商品是否发出，都应作为销售收入的实现。（   ）

6. 正确确认销售收入，实质上是正确确定销售收入的会计期间问题。（   ）

7. 委托其他单位代销商品，只要代销商品已经发出，即可认为销售收入实现。（   ）

8. "管理费用"账户的借方发生额应于期末采用一定的方法分配计入产品成本。（   ）

9. 企业分配实现的利润时，可以直接在"本年利润"账户的借方反映分配数额，也可以单设"利润分配"账户进行反映。（   ）

10. 销售一批产品时，应借记"主营业务收入"账户，贷记"库存商品"账户。（   ）

四、单项选择题

1. 在分摊领用材料应负担的料差时，若形成的是超支料差，分摊时用_____；若形成的是节约料差，分摊时用_____。
   A. 红字 蓝字
   B. 蓝字 蓝字
   C. 红字 红字
   D. 蓝字 红字

2. 下列不能计入产品生产成本的有_____。
   A. 生产用固定资产折旧
   B. 管理用固定资产折旧

C. 生产人员工资 D. 车间管理人员工资

3. 在权责发生制下，对已经支付的下季度报刊订阅费作_____处理。
   A. 待摊费用 B. 预提费用
   C. 本期费用 D. 下期费用

4. 待摊费用是指_____。
   A. 先支付或实际发生，后一次计入产品成本的费用
   B. 先逐次计入产品成本，后一次支付的费用
   C. 先一次计入产品成本，后分期支付的费用
   D. 先支付或实际发生，后分期计入产品成本的费用

5. 下列构成产品生产成本的费用有_____。
   A. 管理费用 B. 财务费用
   C. 间接费用 D. 销售费用

6. 固定资产的直线折旧法假定固定资产的服务潜力的衰减只取决于固定资产的_____。
   A. 使用时间 B. 原始成本
   C. 预计残值 D. 使用次数

7. 双倍余额递减法是在不考虑_____的情况下，用直线法折旧率的两倍乘以固定资产期初账面价值，作为该期固定资产折旧额。
   A. 使用年限 B. 使用时间
   C. 预计残值 D. 原始成本

8. 适用于小批单件生产的成本计算方法是_____。
   A. 品种法 B. 分批法
   C. 分步法 D. 都不是

9. 下列属于营业外收入的有_____。
   A. 销售产品收入 B. 出售劳务收入
   C. 罚款净收入 D. 出租包装物收入

10. 企业生产的产品完工，应将其成本转入_____。
    A. 库存商品 B. 主营业务成本
    C. 本年利润 D. 存货

五、多项选择题

1. 所有者可以用_____作为企业的投入资本。
   A. 货币资产 B. 固定资产
   C. 租赁资产 D. 无形资产
   E. 原材料

2. 材料的采购成本是由_____构成的。

A. 材料的货款	B. 采购费用
C. 保管费用	D. 生产中的损耗
E. 税金

3. 实收资本的来源分_____。
A. 国家收入	B. 法人投资
C. 个人投资	D. 盈余公积转增
E. 资本公积转增

4. "财务费用"账户用来核算_____。
A. 利息收入	B. 利息支出
C. 汇兑净损益	D. 银行手续费
E. 银行罚款

5. 企业的费用分为_____。
A. 直接费用	B. 制造费用
C. 间接费用	D. 生产费用
E. 期间费用

6. 企业的期间费用包括_____。
A. 生产成本	B. 制造费用
C. 管理费用	D. 财务费用
E. 销售费用

7. 企业产品生产成本包括_____。
A. 材料费	B. 人工费
C. 管理费用	D. 广告费
E. 折旧费

8. 存货计价的方法包括_____。
A. 先进先出法	B. 先进后出法
C. 个别计价法	D. 加权平均法

9. 影响固定资产折旧额的因素主要包括_____。
A. 原始成本	B. 预计使用期限
C. 预计残值	D. 清理费用
E. 折旧方法

10. 企业利润分配包括_____。
    A. 计提所得税	B. 提取盈余公积金
    C. 提取公益金	D. 弥补以前年度亏损
    E. 向投资者分配利润

六、简答题

1. 简述什么是生产费用。
2. 简述生产费用与期间费用的关系是什么。
3. 什么是材料成本差异？如何计算材料成本差异率？如何分摊？
4. 什么是固定资产折旧？
5. 什么是约当产量法？
6. 组织成本计算的原则是什么？
7. 企业生产费用如何分配？
8. 产品生产成本有哪些计算方法？其关系如何？
9. 销售收入如何确认？
10. 简述财务成果的构成。

七、核算与计算题

（一）练习资金进入企业的核算

【资料】

某企业×年×月发生如下经济业务：

① 收到投资者投入机器设备，原价100 000元，累计已提折旧20 000元，评估价55 000元；

② 所有者投入货币资金150 000元，存入银行；

③ 所有者投入专利权，评估价120 000元；

④ 收到投资者投入原材料82 000元；

⑤ 为经营周转向银行借入短期借款100 000元；

⑥ 计提本月应负担的长期借款利息5 000元（长期借款的目的是兴建厂房，并已在修建之中）。

【要求】

（1）根据以上经济业务编制会计分录。

（2）根据会计分录登记有关总分类账户。

（二）练习材料按实际成本的核算

【资料】

某工厂×年×月月初部分账户的总账余额如下：

银行存款　　45 000元

库存现金　　1 000元

原 材 料　　100 000元

其中"原材料"明细分类账资料如下：

圆钢50 t，单价1 000元，金额50 000元；

扁钢15 t，单价1 200元，金额18 000元；

方钢 40 t，单价 800 元，金额 32 000 元。

本月份发生如下物资采购业务。

① 以转账支票支付购入材料款，材料已验收入库；其中：

圆钢 10 t　单价 950 元，金额 9 500 元

扁钢 15 t　单价 1 100 元，金额 16 500 元

② 银行存款支付购入圆钢、扁钢运费 500 元（按材料重量比例进行分摊）；

③ 以现金支付购入圆钢，扁钢的装卸费 100 元（按材料重量比例进行分摊）；

④ 向某厂购入材料，并已验收入库，但料款并未支付，材料如下：

扁钢 20 t　单价 1 150 元，金额 23 000 元

方钢 30 t　单价 850 元，金额 25 500 元

⑤ 以现金支付上项材料运费 600 元（按材料重量比重分配）；

⑥ 以现金支付上项材料装卸费 150 元（按材料重量比重分配）。

【要求】

(1) 根据上述经济业务编制会计分录。

(2) 根据会计分录登记有关总分类账户和明细分类账户。

(3) 计算物资采购成本（成本计算表如表 4-1 所示）。

表 4-1　物资采购成本计算表

支出项目	圆 钢		扁 钢		方 钢	
	总成本	单位成本	总成本	单位成本	总成本	单位成本
买价运费装卸搬运费						
合计						

（三）练习材料按计划成本的核算

【资料】

某工厂×年×月月初部分账户的余额如下：

库存现金　　　5 000 元

银行存款　　　90 000 元

原材料　　　　75 000 元

其中，木板　30 m³ 计划单价 2 000 元，金额 60 000 元

　　　　木方　10 m³ 计划单价 1 500 元，金额 15 000 元

本月发生如下经济业务：

① 购入木板 10 m³，价款 18 000 元，货款以银行存款支付，材料验收入库；

② 购入木板 15 m³，价款 30 000 元，货款尚未支付，材料已验收入库；

③ 预计 A 厂木方订金 5 000 元；

④ 购入木板 5 m³，价款 11 000 元，以商业汇票一张支付，材料已验收入库；

⑤ 上项 A 厂木方已到货，价款 18 000 元，共 10 m³，余款以银行存款支付；
⑥ 购入木方 10 m³，价款 17 500 元，材料尚未验收入库，价款已付；
⑦ 结转本月入库材料的成本差异。

【要求】

（1）根据上述经济业务编制会计分录（忽略增值税的核算）。
（2）根据分录登记有关总账与明细账。

（四）练习材料成本差异的核算

【资料】

仍依第（三）题中的资料，若材料成本差异账户本月期初余额为 1 000 元。本月材料领用业务如下：

（1）生产领用木板 15 m³。
（2）生产领用木方 10 m³。

【要求】

（1）计算本月材料成本差异率。
（2）作料差分摊的会计分录。

（五）练习折旧、电力及其他生产费用的核算

【资料】

（1）光华仪器厂 2006 年 11 月 1 日部分总分类账的余额如下：

固定资产	192 000 元	累计折旧	45 000 元
原材料	50 000 元	材料成本差异	1 000 元
银行存款	10 000 元	库存现金	500 元
其他应收款	1 000 元		

（2）本月份发生的部分经济业务如下：

① 辅助车间修理组领用零件一批，用于修理机器设备，计划成本为 2 000 元；
② 工厂化验室领用化学用品一批，用于材料和产品的质量检验，计划成本为 200 元；
③ 锅炉房领用煤炭 20 t，用于供暖和烧开水，计划成本为 400 元；
④ 生产车间领用低值易耗的工具、备品一批，供生产使用，计划成本为 500 元；
⑤ 运输组领用汽油若干桶，供本厂汽车使用，计划成本为 300 元；
⑥ 车间技术员报销市区车费 100 元，以现金付讫；
⑦ 以现金支付车间办公室购买文具纸张费用 200 元；
⑧ 以现金支付车间邮电费用 53 元；
⑨ 车间业务员报销差旅费 90 元（原在"其他应收款"项下领取差旅费 100 元，差额 10 元由出差人员交回现金）；
⑩ 月底，根据工资支出汇总表，车间管理人员的工资 2 000 元，按规定的 14% 计提福利费，予以转账；

⑪ 转销上项各项材料实际成本和计划成本的差异；
⑫ 按规定的年度综合折旧率5%，计提本月份固定资产折旧；
⑬ 收到电力公司账单，本月份生产车间及其管理用电 725 元，电费尚未支付；
⑭ 将本月份制造费用转入产品成本。

A 产品：生产工时为　　　　6 000 h

B 产品：$\dfrac{\text{生产工时为}\quad 4\,000\ h}{\text{合计}\quad\quad 10\,000\ h}$

【要求】
(1) 开设账户，登记期初余额。
(2) 根据上述经济业务，编制会计分录。
(3) 根据会计分录，计入各有关账户。
(六) 练习产品生产成本计算方法

【资料】
(1) 益民机床厂本月份生产情况如下：

批号	产品名称	产量	说明
101	"A"产品	10 台	上月投产，本月完工
102	"B"产品	10 台	本月投产，本月完工
103	"C"产品	20 件	本月投产，本月未完工

(2) 本月份生产费用发生情况如下：
① 生产车间直接用料（计划成本）：

"A"产品	20 800 元
"B"产品	16 400 元
"C"产品	5 400 元
合　计	42 600 元

② 车间和管理部门一般用料：

项目	车间	管理部门
修理设备	2 400 元	
劳动保护	600 元	
技术措施		800 元
工具备品		1 400 元
合　　计	3 000 元	2 200 元

假设材料实际成本与计划成本的差异为 2% 。

③ 工资支出：

生产工人工资	12 000 元
辅助工人和车间职员工资	1 650 元
管理部门职工工资	2 850 元
合　　计	16 500 元

④ 按上项工资总额的 14% 计提职工福利费；
⑤ 本月份应提固定资产折旧费 900 元；
⑥ 以银行存款支付的其他生产费用。

项目	车间	管理部门
外购电力	500 元	200 元
差旅费		258 元
办公费		426 元
其　他		150 元
合　　计	500 元	1 034 元

【要求】

（1）作会计分录。
（2）分配制造费用（按生产工时比例分配，其中：A 产品 13 500 h；B 产品 8 500 h；C 产品 2 000 h）。
（3）求完工产品成本，并转入库存商品。

假设在"A"产品成本计算单中登入上月在产的材料 8 436 元，工资 2 160 元，福利费 216 元，制造费用 2 268 元。

（七）练习产品销售的核算

【资料】

某工厂 × 年 × 月发生如下经济业务：

① 本月完工入库产品一批，实际成本 180 000 元，数量为 6 000 件；
② 销售产品一批 500 件，货款 30 000 元存入银行；
③ 预收货款 10 000 元，存入银行；
④ 售出产品一批 460 件，货款 23 000 元，冲销预付款，余款收回支票一张；
⑤ 发出商品一批 300 件，货款 12 000 元，尚未收到，代垫运杂费 600 元，尚未收回；
⑥ 销售产品一批 150 件，货款 7 500 元，收到商业汇票一张；
⑦ 结转上述已销售产品成本；
⑧ 按已销售产品售价的 3% 计算本月应交营业税；

⑨ 以现金支付企业管理用办公用品 900 元；
⑩ 以现金支付企业管理人员保险金 800 元；
⑪ 处理原材料收入 8 000 元；
⑫ 结转售出材料计划成本 5 000 元，料差为 2%；
⑬ 以银行存款支付广告费 4 000 元；
⑭ 支付延误年检罚款 1 000 元；
⑮ 结转收入、成本、费用；
⑯ 按 30% 计提所得税。

【要求】
根据经济业务编制会计分录（忽略增值税的核算）。

（八）练习资金退出企业的核算

【资料】
某企业×年×月发生如下经济业务：
（1）按第（七）题利润总额的 10% 计提盈余公积金；
（2）向投资者分配利润 5 000 元；
（3）以银行存款上交所得税和营业税；
（4）以银行存款归还银行长期借款 300 000 元；
（5）以银行存款支付已预提的本季度的短期借款利息 900 元。

【要求】
根据经济业务编制会计分录。

（九）练习双倍余额递减法计算固定资产折旧

【资料】
一台机床的原始成本为 100 000 元，预计使用 5 年，预计残值率为 1%。

【要求】
用双倍余额递减法计算各年的折旧额。

（十）练习年数总和法计算固定资产折旧

【资料】
依第（九）题条件。

【要求】
用年数总和法计算固定资产折旧。

◆ 练习题答案

一、名词解释

1. 先进先出法是以先购进的存货先发出为前提，对每次发出的存货按结存存货最先购入的单价计算,若发出数量超过最先购入的那批存货的结存量时,超过部分按其购入的那批存货的单价计算。

2. 加权平均法也叫每月一次平均法,它对月份内每次发出的存货先不计价,在月底将该种存货月初存货总成本和本月购入的总成本之和,除以月初总量和本月购入的总量之和,求出该种存货每月的平均单价,据以作为发出和库存存货的计价依据。

3. 直接费用是企业为生产产品所发出的直接材料、直接工资和其他直接费用。

4. 间接费用是企业为生产产品所发生的间接费用、间接工资和其他间接费用。这些费用发生以后,应按照一定比例分配计入制造成本。

5. 生产过程中的各种耗费用货币表现出来,即为企业的生产费用。

6. 将生产费用按一定标准记入各产品中去,就构成了产品的生产成本。

7. 财务成果是指企业一定期间内所取得的经营成果——利润或亏损,它是综合反映企业各个方面工作质量的一个重要指标。

8. 利润总额是主营业务收入、其他业务收入及营业外收入之和扣减主营业务成本、销售费用、营业税金及附加、管理费用、财务费用、其他业务成本及营业外支出后的结果。

二、填空题

1. 购买价款   进口关税和其他税费   运输费   装卸费   保险费   其他可归属于存货采购成本的费用

2. 期末在产品成本

3. 净值

4. 先进先出法   加权平均法

5. 年限平均法   工作量法   双倍余额递减法   年数总和法

6. 材料用到哪,料差就跟到哪

7. 生产人员工资   生产人员工时

8. 经营收入   经营支出

9. 利润分配

10. 未分配利润   未弥补亏损

三、判断题

1. ×   2. ×   3. ×   4. ×   5. √
6. √   7. ×   8. ×   9. ×   10. ×

四、单项选择题

1. D   2. B   3. A   4. D   5. C
6. A   7. C   8. B   9. C   10. A

五、多项选择题

1. A B D E   2. A B   3. A B C D E   4. A B C D

5. D E 6. C D E 7. A B E 8. A C D
9. A B C D E 10. B C D E

六、简答题

1. 生产本身就是一种消费行为，这就是说，要生产出产品，就必须有耗费，这些耗费具体表现为：为生产产品而耗费的劳动对象（原材料、燃料、动力）的价值；参加生产过程的劳动资料（固定资产）的磨损价值；支付给职工的工资和车间范围内耗费的物资及开支的费用等。因此，可以说，生产费用就是用货币表现的企业在生产过程中的各种耗费。

2. 企业生产费用与期间费用的关系是：

$$\text{费用} \begin{cases} \text{生产费用} \begin{cases} \text{直接费用—直接记入产品制造成本} \\ \text{间接费用—分配记入产品制造成本} \end{cases} \begin{matrix} \text{构成产品生产成本} \\ \text{记入产品制造成本} \end{matrix} \\ \text{期间费用} \begin{cases} \text{管理费用} \\ \text{财务费用} \\ \text{营业费用} \end{cases} \text{直接冲减当期损益} \end{cases}$$

3. 在按计划成本核算原材料的情况下，物资采购的实际成本与计划成本的差额为材料成本差异。发出材料应负担的成本差异，可按当月的成本差异率计算，也可以按上月的差异率计算。当月差异率计算公式如下：

$$\frac{\text{本月材料}}{\text{成本差异}} = \frac{\text{月初结算材料的成本差异} + \text{本月收入的材料成本差异}}{\text{月初结算材料的计划成本} + \text{本月收入的材料计划成本}} \times 100\%$$

调整原则是：材料用到哪，料差跟到哪。

$$\text{料差分摊额} = \text{耗用材料的计划成本} \times \text{料差分摊率}$$

用料差分摊额即可将耗用材料的计划成本调整为实际成本：

$$\text{耗用材料的实际成本} = \text{耗用材料的计划成本} \pm \text{料差分摊额}$$

4. 固定资产在投入生产过程后，它可以在较长时间内多次地参与产品生产过程，并始终保持其原有实物形态。它的价值逐渐地、部分地转入产品的生产成本。固定资产由于使用或自然力影响发生损耗而转移的价值，移为固定资产折旧。转移价值的货币表现为折旧费。

5. 约当产量法，是按在产品完工程度折合成"约当产量"（即相当于多少产成品），再按完工产品数量和"约当产量"的比例，来分配全部生产费用以分别确定产成品和在产品的成本。

$$\text{在产品} = \frac{\text{生产费用}}{\text{实际产量} + \text{约当产量}} \times \text{约当产量}$$

6. ① 正确计算成本，为管理者提供决策；② 正确划分各种费用界限，包括各种记入产品成本与不记入产品成本的界限，各个月份的费用界限，各种产品的费用界限，完工产品与未完工产品的费用界限；③ 确定成本计算期；④ 确定成本项目。

7. 根据不同的标志，生产费用有不同的分类。（1）按生产费用的经济用途分类，称为成本项目。包括：① 原材料；② 燃料和动力；③ 工资；④ 福利基金；⑤ 废品损失；⑥ 制造费用。(2) 按生产费用的经济性质进行分类,称为费用要素。包括:① 外购材料;② 外购燃料;③ 外购动力;④ 工资;⑤ 计提的职工福利费;⑥ 折旧费;⑦ 大修理费用;⑧ 利息支出;⑨ 税金;⑩ 其他支出。(3) 按生产费用与产品的产量关系分类,分为固定费用和变动费用。

8. 成本计算方法包括品种法、分批法、分步法 3 种。品种法适合于不分批、不分步的大量大批生产;分批法适用于分批、不分步的小批单件产品的生产;分步法适用于分步不分批的大量大批生产。3 种计算方法,都密切依存于生产技术和生产组织的特点。它们各自有自己的适用性,但又不是彼此孤立的。分步法和分批法都是建立在品种法的基础上的。从基本原理来看,分步法可以看为若干次品种法的连续运用;分批法把费用分配于各订单之后,可视为若干品种法的分别运用。它们都是以品种法为基础,按企业生产特点和管理的要求加以发展的。

9. 销售收入确认的内容包括:确认收入的同时也要确认资产的增加和负债的减少。如企业出售产品时,所取得的款项可作为净增资产,或是为免除应付账款而减少负债。

① 企业在产品已经发出,产品的所有权已由卖方转移为买方,同时收到价款或者取得收取价款的凭据时,确认销售收入的实现。

② 在交款提货的情况下,如果销货款已经收到,账单和提货单已经交给买方,不论商品是否发出,都应作为销售收入的实现。

③ 采用分期收款方式销售产品时,以合同约定的收取日期,作为企业销售收入的实现。

④ 委托其他单位代销的产品,应在代销产品已经发出,并收到代销单位的代销清单以后,才能作为主营业务收入的实现。

⑤ 采用托收承付结算方式销售产品,在发出商品和办妥托收手续后,由于商品已经发出,商品所有权已经转移给买方,并且取得了收取货款的证明,也表明企业销售收入的实现。

⑥ 企业为其他单位加工制造大型设备、船舶、提供劳务等持续时间在一年以上时,应该按照这些加工设备等的完工进度或者实际完成的工作量确认销售收入的实现。

⑦ 企业出口销售产品,当陆路运输已取得承运货物收据或铁路联运单,海运已取的出口装船提单,空运已取得空运单等手续后,即可确定出口销售产品收入的实现。

10. 企业的财务成果是由企业一定期间的各种经营收入与各项经营支出相抵后所形成的。经营收入,是指企业在生产经营过程中所取得的各项收入,包括主营业务收入、其他业务收入及营业外收入。其他业务收入,是指企业除主营业务收入以外的其他销售收入或其他业务收入,包括材料销售、技术转让、包装物出租、运输等非工业性劳务收入。营业外收入,是指那些与企业生产经营无直接关系的各项收入,包括处理固定资产收益、罚款净收入等。

经营支出,是指企业在生产经营过程中发生的各项支出,包括主营业务成本、营业税金、管理费用、财务费用、其他业务成本及营业外支出等。其他业务成本,是指除了主营业务以外的其他销售或其他业务，如材料销售、包装物出租、运输等非工业性劳务支出。营业外支出，是指企业发生的与企业生产经营无直接关系的各项支出，如固定资产盘亏、处理国家资产损失、非常损失、职工劳动保险费支出、罚款支出等。

七、核算题

（一）

（1）作会计分录：

① 借：固定资产　　　　　　　　　　　55 000
　　　贷：实收资本　　　　　　　　　　　　　55 000

② 借：银行存款　　　　　　　　　　　150 000
　　　贷：实收资本　　　　　　　　　　　　　150 000

③ 借：无形资产　　　　　　　　　　　120 000
　　　贷：实收资本　　　　　　　　　　　　　120 000

④ 借：原材料　　　　　　　　　　　　82 000
　　　贷：实收资本　　　　　　　　　　　　　82 000

⑤ 借：银行存款　　　　　　　　　　　100 000
　　　贷：短期借款　　　　　　　　　　　　　100 000

⑥ 借：在建工程　　　　　　　　　　　5 000
　　　贷：长期借款　　　　　　　　　　　　　5 000

（2）登记总分类账

借方		固定资产	贷方	
①	55 000			
本期发生额	55 000		本期发生额	0

借方		实收资本	贷方	
		①		55 000
		②		150 000
		③		120 000
		④		82 000
本期发生额	0		本期发生额	407 000

借方		在建工程	贷方	
⑥	5 000			
本期发生额	5 000		本期发生额	0

借方		银行存款	贷方
②	150 000		
③	100 000		
本期发生额	250 000	本期发生额	0

借方		无形资产	贷方
③	120 000		
本期发生额	120 000	本期发生额	0

借方		原材料	贷方
④	82 000		
本期发生额	82 000	本期发生额	0

借方		短期借款	贷方
		⑤	100 000
本期发生额	0	本期发生额	100 000

借方		长期借款	贷方
		⑥	5 000
本期发生额	0	本期发生额	5 000

(二)

(1) 作会计分录如下：

① 借：原材料——圆钢　　　　　　　　　9 500
　　　　　　——扁钢　　　　　　　　　16 500
　　　贷：银行存款　　　　　　　　　　　26 000

② 借：原材料——圆钢　　　　　　　　　200
　　　　　　——扁钢　　　　　　　　　300
　　　贷：银行存款　　　　　　　　　　　500

分配率 $= \dfrac{500}{10+15} = 20$（元/吨）

圆钢负担的运费 $= 20 \times 10 = 200$（元）

扁钢负担的运费 $= 20 \times 15 = 300$（元）

③ 借：原材料——圆钢　　　　　　　　　40
　　　　　　——扁钢　　　　　　　　　60
　　　贷：库存现金　　　　　　　　　　　100

④ 借：原材料——扁钢　　　　　　　　　23 000

		——方钢	25 000	
	贷：应付账款		48 000	
⑤	借：原材料——扁钢		240	
		——方钢	360	
	贷：库存现金		600	
⑥	借：原材料——扁钢		60	
		——方钢	90	
	贷：库存现金		150	

(2) 登记账簿

借方		原材料	贷方
期初余额	100 000		
①	26 000		
②	500		
③	100		
④	48 500		
⑤	600		
⑥	150		
本期发生额	75 850	本期发生额	0
期末余额	175 850		

借方		原材料——圆钢	贷方
期初余额	50 000		
①	9 500		
②	200		
③	40		
本期发生额	9 740	本期发生额	0
期末余额	59 740		

借方		原材料——扁钢	贷方
期初余额	18 000		
①	16 500		
②	300		
③	60		
④	23 000		
⑤	240		
⑥	60		
本期发生额	40 160	本期发生额	0
期末余额	58 160		

借方		原材料——方钢	贷方	
期初余额	32 000			
④	25 500			
⑤	60			
⑥	90			
本期发生额	25 950	本期发生额		0
期末余额	57 950			

借方		银行存款	贷方	
期初余额	45 000	①		26 000
		②		500
本期发生额	0	本期发生额		26 500
期末余额	18 500			

借方		库存现金	贷方	
期初余额	1 000	③		100
		⑤		600
		⑥		150
本期发生额	0	本期发生额		850
期末余额	150			

(3) 成本计算

材料采购成本计算表

支出项目	圆钢		扁钢		方钢	
	总成本	单位成本	总成本	单位成本	总成本	单位成本
买　价	9 500		39 500		25 500	
运　费	200		540		360	
装卸搬运费	40		120		90	
合　计	9 740		40 160		25 950	

(三)

(1) 作会计分录

① A 借：材料采购　　　　　　　　　　　　18 000
　　　 贷：银行存款　　　　　　　　　　　　　　　　18 000
　 B 借：原材料——木板　　　　　　　　　20 000
　　　 贷：材料采购　　　　　　　　　　　　　　　　20 000

② A 借：材料采购　　　　　　　　　30 000
　　　贷：应付账款　　　　　　　　　　　　30 000
　B 借：原材料——木板　　　　　　30 000
　　　贷：材料采购　　　　　　　　　　　　30 000
③ 借：预付账款　　　　　　　　　　5 000
　　贷：银行存款　　　　　　　　　　　　 5 000
④ A 借：材料采购　　　　　　　　　11 000
　　　贷：应付票据　　　　　　　　　　　　11 000
　B 借：原材料　　　　　　　　　　10 000
　　　贷：材料采购　　　　　　　　　　　　10 000
⑤ A 借：材料采购　　　　　　　　　18 000
　　　贷：预付账款　　　　　　　　　　　　 5 000
　　　　 银行存款　　　　　　　　　　　　13 000
　B 借：原材料——木方　　　　　　15 000
　　　贷：材料采购　　　　　　　　　　　　15 000
⑥ 借：材料采购　　　　　　　　　　17 500
　　贷：银行存款　　　　　　　　　　　　17 500
⑦ 借：材料成本差异　　　　　　　　2 000
　　贷：材料采购　　　　　　　　　　　　 2 000

（2）登记账簿

借方		材料采购	贷方	
			①	20 000
①	18 000		②	30 000
②	30 000		④	10 000
④	11 000		⑤	15 000
⑤	18 000		⑦	2 000
⑥	17 500			
本期发生额	94 500		本期发生额	77 000
期末余额	17 500			

借方		银行存款	贷方	
期初余额	90 000		①	18 000
			③	5 000
			⑤	13 000
			⑥	17 500
本期发生额	0		本期发生额	53 500
期末余额	36 500			

借方		应付账款	贷方
		②	30 000
本期发生额		本期发生额	30 000
		期末余额	30 000

借方		应付票据	贷方
		④	11 000
本期发生额	0	本期发生额	11 000
		期末余额	11 000

借方		原材料	贷方
期初余额	75 000		
①	20 000		
②	30 000		
④	10 000		
⑤	15 000		
本期发生额	75 000	本期发生额	
期末余额	150 000		

借方		原材料——木板	贷方
期初余额	60 000		
①	20 000		
②	30 000		
④	10 000		
本期发生额	60 000	本期发生额	0
期末余额	120 000		

借方		原材料——木方	贷方
期初余额	15 000		
⑤	15 000		
本期发生额	15 000	本期发生额	0
期末余额	30 000		

（四）
（1）计算料差分配率

$$\text{本月材料成本差异率} = \frac{\text{月初结存材料的成本差异} + \text{本月购入材料的成本差异}}{\text{月初结存材料的计划成本} + \text{本月购入材料的计划成本}} \times 100\% = \frac{1\,000 + 2\,00}{75\,000 + 75\,000} \times 100 = 2\%$$

（2）作会计分录

① 借：生产成本　　　　　　　　　　　　　　30 600
　　　贷：原材料——木板　　　　　　　　　　30 000
　　　　　材料成本差异　　　　　　　　　　　　600
② 借：生产成本　　　　　　　　　　　　　　15 300
　　　贷：原材料——木方　　　　　　　　　　15 000
　　　　　材料成本差异　　　　　　　　　　　　300

（五）

（1）会计分录

① 借：制造费用　　　　　　　　　　　　　　2 000
　　　贷：原材料　　　　　　　　　　　　　　2 000
② 借：制造费用　　　　　　　　　　　　　　　200
　　　贷：原材料　　　　　　　　　　　　　　　200
③ 借：制造费用　　　　　　　　　　　　　　　400
　　　贷：原材料　　　　　　　　　　　　　　　400
④ 借：制造费用　　　　　　　　　　　　　　　500
　　　贷：原材料　　　　　　　　　　　　　　　500
⑤ 借：制造费用　　　　　　　　　　　　　　　300
　　　贷：原材料　　　　　　　　　　　　　　　300
⑥ 借：制造费用　　　　　　　　　　　　　　　100
　　　贷：库存现金　　　　　　　　　　　　　　100
⑦ 借：制造费用　　　　　　　　　　　　　　　200
　　　贷：库存现金　　　　　　　　　　　　　　200
⑧ 借：制造费用　　　　　　　　　　　　　　　 53
　　　贷：库存现金　　　　　　　　　　　　　　 53
⑨ 借：制造费用　　　　　　　　　　　　　　　 90
　　　库存现金　　　　　　　　　　　　　　　　 10
　　　贷：其他应收款　　　　　　　　　　　　　100
⑩ 借：制造费用　　　　　　　　　　　　　　2 280
　　　贷：应付职工薪酬——工资　　　　　　　2 000
　　　　　应付职工薪酬——职工福利　　　　　　280

⑪ 本月料差分摊率 = $\dfrac{-1\,000}{50\,000}$ = -2%

　　借：制造费用　　　　　　　　　　　　　　　68
　　　贷：材料成本差异　　　　　　　　　　　　68

⑫ 本月折旧额 = 192 000 × 5% ÷ 12 = 800（元）

  借：制造费用   800

    贷：累计折旧   800

⑬ 借：制造费用   725

    贷：其他应付款   725

⑭ 分配率 = $\dfrac{7\,580}{6\,000 + 4\,000}$ = 0.758

A 产品应分摊制造费用 = 0.758 × 6 000 = 4 548（元）

B 产品应分摊制造费用 = 0.758 × 4 000 = 3 032（元）

借：生产成本——A 产品   4 548

    ——B 产品   3 032

  贷：制造费用   7 580

(2) 登记账簿

借方		制造费用	贷方	
①	2 000		⑭	7 580
②	200			
③	400			
④	500			
⑤	300			
⑥	100			
⑦	200			
⑧	53			
⑨	90			
⑩	2 280			
⑪	68			
⑫	800			
⑬	725			
本期发生额	7 580		本期发生额	7 580

借方		生产成本	贷方	
⑭	7 580			
本期发生额	7 580		本期发生额	0

第4章 企业基本业务的核算

借方		原材料	贷方
期初余额	50 000	①	2 000
		②	200
		③	400
		④	500
		⑤	300
本期发生额	0	本期发生额	3 400
期末余额	46 600		

借方		库存现金	贷方
期初余额	500	⑥	100
⑨	10	⑦	200
		⑧	53
本期发生额	10	本期发生额	353
期末余额	157		

借方		材料成本差异	贷方
		期初余额	1 000
		⑪	68
		本期发生额	68
		期末余额	932

借方		累计折旧	贷方
		期初余额	45 000
		⑫	800
		本期发生额	800
		期末余额	45 800

（六）

（1）作会计分录

① 借：生产成本——A产品　　　　　　20 800
　　　　　　——B产品　　　　　　16 400
　　　　　　——C产品　　　　　　5 400
　　　制造费用　　　　　　　　　　3 000
　　　管理费用　　　　　　　　　　2 200
　　　贷：原材料　　　　　　　　　　47 800
② 借：生产成本——A产品　　　　　　416

		——B 产品	328	
		——C 产品	108	
	制造费用		60	
	管理费用		44	
	贷：材料成本差异		956	
③	借：生产成本——A 产品	6 750		
	——B 产品	4 250		
	——C 产品	1 000		
	制造费用	1 650		
	管理费用	2 850		
	贷：应付职工薪酬——工资		16 500	
④	借：生产成本——A 产品	945		
	——B 产品	595		
	——C 产品	140		
	制造费用	231		
	管理费用	399		
	贷：应付职工薪酬——职工福利		2 310	
⑤	借：制造费用	900		
	贷：累计折旧		900	
⑥	借：制造费用	500		
	管理费用	1 034		
	贷：银行存款		1 534	

（2）制造费用

A 产品分配额 = $\dfrac{6\ 221}{24\ 000} \times 13\ 500 \approx 3\ 499$（元）

B 产品分配额 = $\dfrac{6\ 221}{24\ 000} \times 8\ 500 \approx 2\ 203$（元）

C 产品分配额 = $\dfrac{6\ 221}{24\ 000} \times 2\ 000 \approx 5\ 19$（元）

借：生产成本——A 产品　　　　　　　3 499
　　　　　——B 产品　　　　　　　2 203
　　　　　——C 产品　　　　　　　　519
　　贷：制造费用　　　　　　　　　　6 221

（3）计算完工产品成本

A产品：

上月末余额合计 = 8 436 + 2 160 + 216 + 2 268 = 13 080（元）

本月生产费用合计 = 20 800 + 416 + 6 750 + 945 + 3 499 = 31 578（元）

A产品生产成本合计 = 13 080 + 31 578 = 44 658（元）

B产品：

本月生产费用合计 = 16 400 + 328 + 4 250 + 595 + 2 203 = 23 120（元）

B产品生产成本合计 = 23 120（元）

借：库存商品	67 778
贷：生产成本——A产品	44 658
生产成本——B产品	23 120

（七）

①	借：库存商品	180 000
	贷：生产成本	180 000
②	借：银行存款	30 000
	贷：主营业务收入	30 000
③	借：银行存款	10 000
	贷：预收账款	10 000
④	借：银行存款	13 000
	预收账款	10 000
	贷：主营业务收入	23 000
⑤	借：应收账款	12 600
	贷：主营业务收入	12 000
	银行存款	600
⑥	借：应收票据	7 500
	贷：主营业务收入	7 500
⑦	借：主营业务成本	42 300
	贷：库存商品	42 300
⑧	借：营业税金及附加	2 175
	贷：应交税费——应交营业税	2 175
⑨	借：管理费用	900
	贷：库存现金	900
⑩	借：管理费用	800
	贷：库存现金	800
⑪	借：银行存款	8 000

       贷：其他业务收入　　　　　　　　　8 000
⑫ 借：其他业务成本　　　　　　　　　5 100
       贷：原材料　　　　　　　　　　　5 000
           材料成本差异　　　　　　　　　100
⑬ 借：销售费用　　　　　　　　　　　4 000
       贷：银行存款　　　　　　　　　　4 000
⑭ 借：营业外支出　　　　　　　　　　1 000
       贷：银行存款　　　　　　　　　　1 000
⑮ A. 借：主营业务收入　　　　　　　72 500
         其他业务收入　　　　　　　　8 000
         贷：本年利润　　　　　　　　80 500
    B. 借：本年利润　　　　　　　　 56 275
         贷：主营业务成本　　　　　　42 300
             其他业务成本　　　　　　 5 100
             营业税金及附加　　　　　 2 175
             管理费用　　　　　　　　 1 700
             销售费用　　　　　　　　 4 000
             营业外支出　　　　　　　 1 000
⑯ 借：所得税费用　　　　　　　　 7 267.50
       贷：应交税费　　　　　　　　7 267.50

(八)
① 借：利润分配　　　　　　　　　1 702.75
       贷：盈余公积　　　　　　　　1 702.75
② 借：利润分配　　　　　　　　　　5 000
       贷：应付股利　　　　　　　　　5 000
③ 借：应交税费　　　　　　　　　9 472.50
       贷：银行存款　　　　　　　　9 472.50
④ 借：长期借款　　　　　　　　　300 000
       贷：银行存款　　　　　　　　300 000
⑤ 借：预提费用　　　　　　　　　　　900
       贷：银行存款　　　　　　　　　　900

(九)
年折旧率 = 2 × (1 ÷ 5) = 40%

第一年：

折旧额 = 100 000 × 40% = 40 000（元）

年末账面净值 = 100 000 − 40 000 = 60 000（元）

第二年：

折旧额 = 60 000 × 40% = 24 000（元）

年末账面净值 = 60 000 − 24 000 = 36 000（元）

第三年：

折旧额 = 36 000 × 40% = 14 400（元）

年末账面净值 = 36 000 − 14 400 = 21 600（元）

第四年：

$21\ 600 \times 40\% < \dfrac{21\ 600 - 100\ 000 \times 1\%}{2}$

8 640 < 10 300

年折旧额 = 10 300（元）

第五年折旧额也为 10 300 元

（十）

年数总和 = 1 + 2 + 3 + 4 + 5 = 15

第一年：

折旧额 = $(100\ 000 - 1\ 000) \times \dfrac{5}{15} = 33\ 000$（元）

累计折旧 = 33 000（元）

第二年：

折旧额 = $(100\ 000 - 1\ 000) \times \dfrac{4}{15} = 26\ 400$（元）

累计折旧 = 33 000 + 26 400 = 59 400（元）

第三年：

折旧额 = $(100\ 000 - 1\ 000) \times \dfrac{3}{15} = 19\ 800$（元）

累计折旧 = 59 400 + 19 800 = 79 200（元）

第四年：

折旧额 = $(100\ 000 - 1\ 000) \times \dfrac{2}{15} = 13\ 200$（元）

累计折旧 = 79 200 + 13 200 = 92 400（元）

第五年：

折旧额 = $(100\ 000 - 1\ 000) \times \dfrac{1}{15} = 6\ 600$（元）

累计折旧 = 92 400 + 6 600 = 99 000（元）

第 5 章 账户的分类

复习提要

1. 了解账户分类的意义与原则；
2. 理解账户在不同分类标准下的具体分类；
3. 掌握账户的用途、结构及其反映的经济内容。

5.1 账户分类的意义和原则

1. 账户分类的意义

企业在日常经济业务核算中，要设置和运用一系列账户。每一个账户只能记录企业经济活动的某一个方面，不可能对企业的全部经济业务加以记录。而企业的经济活动作为一个整体，是需要一个相互联系的账户体系加以反映的。账户分类就是研究这个账户体系中各账户之间存在的共性和规律，探明每个账户在账户体系中的地位和作用，以便更好地运用账户对企业的经济业务进行反映。并随着经济发展和经营管理的需要，为研究、设计新的、科学的账户体系提供条件。

2. 账户分类的原则

（1）账户的分类应能揭示账户的本质特征

账户与账户之间最主要的区别在于它们所反映的经济内容各不相同。按账户的经济内容进行划分最能体现账户的本质特征。账户按经济内容分类是最基本、最主要的分类。

（2）账户的分类应有利于体现提供核算指标的规律性

账户的设置和运用是为了取得会计核算的有关经济指标。为了了解账户提供什么经济指标，账户如何提供这些指标，就必须对账户从用途和结构方面进行分类，以探明其在用途和结构上的共性和规律性。

3. 账户的分类

账户的分类是指为了正确设置和运用账户，按照一定的标志对账户进行的合理划分。账户按经济内容分类是最基本的分类。在此基础上再按账户的用途和结构作进一步的分类。我们还可以按账户提供核算指标的详细程度分类、按账户期末有无余额进行分类等。总之，借助于账户的分类，可以揭示账户的特征，有利于加深对账户的认识，以便正确地运用账户对企业的经济业务进行反映。

5.2 账户按经济内容的分类

账户按经济内容分类可分为资产类账户、负债类账户、所有者权益类账户、成本类账户和损益类账户等五大类。

1. 资产类账户

资产类账户按照资产的流动性和经营管理的需要可分为流动资产账户和非流动资产账户两种。

（1）流动资产账户

流动资产账户按各项资产的流动性和在生产经营过程中所起的作用，又可分为反映货币资金的账户，如"库存现金"、"银行存款"账户等。反映结算债权的账户，如"应收账款"、"应收票据"、"其他应收款"等账户。反映存货的账户，如"原材料"、"库存商品"等账户。反映待摊费用的账户，如"待摊费用"账户。

（2）非流动资产的账户

反映非流动资产的账户包括长期股权投资的账户，如"长期股权投资"账户；反映固定资产的账户，如"固定资产"、"累计折旧"账户；反映无形资产、长期待摊费用的账户，如"无形资产"、"长期待摊费用"账户等。

2. 负债类账户

负债类账户按负债偿还期的长短划分为流动负债账户和非流动负债账户两类。

（1）流动负债账户

流动负债按负债形成的原因划分，又分为反映由于生产经营活动形成的负债账户，如"短期借款"、"应付账款"等账户和反映由于生产经营成果形成的负债账户，如"应交税费"、"应付股利"等账户。

（2）长期负债账户

长期负债账户主要有"长期借款"、"应付债券"等账户。

3. 所有者权益类账户

所有者权益类账户，按照权益的来源划分，又可分为反映投入资本的账户，如"实收资本"账户和反映形成资本的账户，如"资本公积"、"盈余公积"、"本年利润"、"利润分配"等账户。

4. 成本类账户

成本类账户，按成本在生产经营过程各阶段中的内容不同，可分为反映供应过程中的成本账户，如"材料采购"账户和反映生产过程中成本的账户，如"生产成本"、"制造费用"等账户。

5. 损益类账户

损益类账户按损益的不同性质和内容划分，可分为反映营业损益的账户，如"主营业务收入"、"营业税金及附加"、"管理费用"、"财务费用"、"销售费用"等账户和反映营业外损益的账户，如"营业外支出"、"营业外收入"等账户。

研究账户按经济内容的分类，目的在于理解和掌握如何设置账户及其提供核算指标的规律性，以便正确地运用账户，为经济管理提供一套完整的会计核算指标体系。

5.3 账户按用途和结构分类

账户按经济内容的分类是最主要、最基本的分类，账户按用途和结构分类是对账户按经济内容分类的必要补充。账户的结构是指账户如何提供各项指标，即借方、贷方各登记什么，期末余额的方向及余额所表示的内容。账户按用途分类，可分为盘存账户、结算账户、资本账户、集合分配账户、跨期摊提账户、成本计算账户、期间账户、财务成果账户和调整账户等9类。

1. 盘存账户

盘存账户是用来核算和监督各种财产物质和货币资金的增减变动及其结存情况的账户。这类账户的借方登记各项财产物质和货币资金的增加数；贷方登记其支出或减少数。余额一定在借方，表示各项财产物资或货币资金的结存数。属于盘存账户的主要有"库存现金"、"银行存款"、"原材料"、"固定资产"等账户。

盘存账户均可以通过财产清查的方法检查实存的财产物资及其在经营管理上存在的问题。这类账户除货币资金账户外，其余盘存账户的明细分类账均可提供实物和货币两种指标。

2. 结算账户

结算账户是用来核算和监督企业同其他单位或个人之间的债权、债务结算情况的账户。按照账户的用途和结构具体分类，结算账户又可分为债权结算账户、债务结算账户和债权债务结算账户。

（1）债权结算账户

债权结算账户是专门用于核算和监督企业同各个债务单位或个人之间结算业务的账户。这类账户的借方登记债权的增加数；贷方登记债权的减少数。账户的余额一般在借方，表示期末债权的实有数。属于债权结算账户的有"应收账款"、"其他应收款"等账户。

（2）债务结算账户

债务结算账户是专门用于核算和监督企业同各个债权单位或个人之间结算业务的账户。这类账户的贷方登记债务的增加数；借方登记债务的减少数。余额一般在贷方，表示期末债务的实有数。属于债务结算账户的有"短期借款"、"应付账款"、"应交税费"等账户。

（3）债权债务结算账户

债权债务结算账户是用于核算和监督企业与某一单位或个人之间发生的债权和债务往来结算业务的账户。债权债务结算账户的借方登记债权的增加数和债务的减少数；贷方登记债务的增加数和债权的减少数。余额可能在借方，也可能在贷方。借方余额表示期末债权大于债务数的差额；贷方余额表示期末债务大于债权数的差额。"其他往来"账户就是一个典型的债权债务结算账户。

结算账户只能提供货币指标，都是按发生结算业务的对应单位或个人开设明细分类账户，以便及时结算和对账。

3. 资本账户

资本账户是用来核算和监督企业资本的投入、资本的形成、增减变动及结存情况的账户。这类账户的贷方登记各项资本的增加数和形成数；借方登记资本的减少数或结转数。余额一定在贷方，表示资本的实有数。属于这类账户的有"实收资本"、"资本公积"、"盈余公积"等账户。这类账户只能提供货币指标。

4. 集合分配账户

集合分配账户是用来汇集和分配生产经营过程中某个阶段所发生的某种费用的账户。账户的借方登记费用的发生数；贷方登记费用的分配数。分配后该账户期末应无余额。属于集合分配账户的有"制造费用"等账户。这类账户具有明显的过渡性，所以期末无余额。

5. 跨期摊提账户

跨期摊提账户是用来核算和监督应由几个会计期间共同负担的费用，并将这些费用在各个会计期间内进行分摊或预提的账户。这类账户的借方登记费用的实际支出数或发生数；贷方登记应由各个会计期间负担的费用数。借方余额表示已支付而尚未摊销的待摊费用数额；如为贷方余额则表示已预提而尚未支付的预提费用数额。跨期摊提账户主要有"待摊费用"和"预提费用"账户，只是"待摊费用"账户是支付在前，摊销在后；而"预提费用"账户则是预提在前，支付在后。

6. 成本计算账户

成本计算账户是用来核算和监督企业在生产经营过程中某一阶段发生的全部费用，并据以计算某阶段各个成本计算对象的实际成本的账户。这类账户的借方登记生产经营过程中某个阶段发生的应计入成本的全部费用；贷方登记转出已完成某个阶段的成本计算对象的实际成本。期末余额一定在借方，表示尚未完成某个阶段的成本计算对象的实际成本。属于这类账户的主要有"生产成本"等账户。这类账户除设置总分类账户以外，还应按各成本核算，提供有关成本计算对象的货币指标和实物指标。

7. 期间账户

期间账户是用来核算和监督企业在生产经营过程中某个会计期间所取得的各种收入收益和所发生的各种费用支出的账户。按账户的用途和结构具体分类，又可分为期间收入账户和期间费用账户两种。

（1）期间收入账户

期间收入账户是专门用来核算和监督企业在一定时期内所取得的各种收入和收益的账户。这类账户的贷方登记在某会计期间内所发生的收入和收益数；借方登记收入和收益的减少数及期末结转数。结转后账户期末没有余额。属于这类账户的有"主营业务收入"、"营业外收入"、"投资收益"等账户。

（2）期间费用账户

期间费用账户是专门用来核算和监督企业在一定会计期间内所发生的应记入当期损益的各项成本、费用和支出数的账户。这类账户的借方登记某会计期间费用支出的增加数；贷方登记费用支出的减少数及期末结转数。结转后账户期末应无余额。属于期间费用账户的主要有"主营业务成本"、"营业税金及附加"、"销售费用"、"管理费用"、"财务费用"等账户。

期间账户的期末一般都没有余额，这类账户具有明显的过渡性质。

8. 财务成果账户

财务成果账户是用来核算和监督企业在一定时期（月份、季度或年度）内全部生产经营活动的最终成果的账户。这类账户的贷方登记汇集一定时期内从各期间收入账户的转入数；借方登记汇集一定时期内从各期间费用账户的转入数。期末余额若在贷方表示企业实现的利润；若为借方余额则表示企业发生的亏损数额。属于财务成果账户的有"本年利润"账户。账户平时的余额为本年累计的盈利或亏损数，年终结转后，本账户应无余额。

9. 调整账户

调整账户是用来调整有关账户（即被调整账户）的余额，以表示被调整账户的实际余额而设置的账户。调整账户按其调整方式的不同，可分为备抵账户、附加账户和备抵附加账户3种。

（1）备抵账户

备抵账户是用来抵减被调整账户的余额，以求得被调整账户实际余额的账户。其调整方式可用下列计算公式表示：

被调整账户余额 - 备抵账户余额 = 被调整账户实际余额

备抵账户的余额一定要与被调整账户的余额方向相反，上述公式才能成立。如果被调整账户的余额在借方，备抵账户的余额一定是在贷方，如"固定资产"与"累计折旧"账户；如果被调整账户的余额在贷方，调整账户的余额一定在借方，如"本年利润"和"利润分配"账户。

（2）附加账户

附加账户是用来增加被调整账户的余额，以求得被调整账户实际余额的账户。其调整方式可用下列计算公式表示：

被调整账户余额 + 附加账户余额 = 被调整账户实际余额

附加账户的余额一定要与被调整账户的余额方向一致，上述公式才能成立。即被调整账户的余额在借方，附加账户的余额也一定在借方；如果被调整账户的余额在贷方，附加账户的余额也一定在贷方。

(3) 备抵附加账户

备抵附加账户是既用来抵减、又用来增加被调整账户的余额，以求得被调整账户的实际余额的账户。这类账户兼有备抵账户与附加账户的功能，但不能同时起作用。当这类账户的余额与被调整账户的余额方向相反时，该类账户起备抵账户的作用，其调整方式与备抵账户相同；当这类账户的余额与被调整账户的余额方向一致时，该类账户起附加账户的作用，其调整方式与附加账户相同。这类账户主要有"材料成本差异"账户。

研究账户按用途和结构分类，目的在于理解和掌握账户在提供核算指标方面的规律性和账户结构上的共性，以便正确地运用账户，为经济管理提供有用的会计核算指标体系。

5.4 账户按提供指标的详细程度分类

账户按提供会计核算指标的详细程度分类，可分为总分类账户和明细分类账户。总分类账户是根据总账会计科目开设的，用以提供总括核算指标的账户。明细分类账户是在总分类账户的基础上，根据所属明细科目开设的，用以提供明细核算指标的账户。当某一总分类账所属明细分类账较多时，可将相同性质的各个明细分类账进行归集，设置二级账户。二级账户是介于总分类账户和明细分类账户之间的账户。研究账户按提供指标的详细程度分类，目的在于把握各级账户提供核算指标的规律性，以便正确地运用各级账户，满足企业经营管理的需要。

☞ **练习题**

一、名词解释

1. 账户分类　　　　2. 盘存账户
3. 结算账户　　　　4. 跨期摊提账户
5. 备抵账户　　　　6. 财务成果账户

二、填空题

1. 账户按经济内容分类是_____分类。
2. 账户按_____分类是账户按用途和结构分类的_____；而账户按用途和结构分类是对账户按_____分类的必要补充。
3. 账户按经济内容分类，可分为_____、_____、_____、_____和_____等五大类。
4. 账户按用途和结果可分为_____、_____、_____、_____、_____、

_____、_____、_____和_____等9类。

5. 结算账户按具体的结构又可以分为_____、_____和_____账户。

6. 跨期摊提账户主要有_____账户和_____账户。

7. 调整账户按其调整方式不同，可分为_____账户、_____账户和_____账户。

8. "原材料"账户按经济内容分类，它是_____账户；按用途和结构分类，它是_____账户。

9. "应付账款"账户按经济内容分类，它是_____账户；按用途和结构分类，它是_____账户。

10. 当备抵附加账户的余额与被调整账户的余额在_____方向时，其调整方式与_____账户相同；当备抵附加账户的余额在_____方向时，其调整方式与_____账户相同。

三、判断题

1. 备抵调整账户余额的方向与被调整账户余额的方向相反。（　　）
2. 所有明细分类账户可用来补充登记说明所有总分类账户。（　　）
3. 备抵账户与被调整账户的关系可用下式表示：（　　）

   备抵账户余额 – 被调整账户余额 = 被调整账户实际余额

4. 对资产账户来说，被调整账户的借方余额为 A，备抵账户的贷方余额为 B，则调整后的实有额 = A – B。（　　）
5. 跨期摊提账户的特点是这类账户反映的费用支付或使用比较集中且数额较小，而费用的摊销或提取则比较分散。（　　）
6. 调整账户的余额与被调整账户的余额方向恰好相反。（　　）
7. "坏账准备"按用途、结构划分，属于跨期摊提账户。（　　）
8. "累计折旧"账户的余额表示累计已提取的折旧额，是"固定资产"账户的一个备抵账户。（　　）
9. "主营业务收入"账户按用途、结构来划分属于计价对比账户。（　　）
10. 总分类账户和明细分类账户所反映的经济内容相同，只是提供指标的详细程度不同。（　　）

四、单项选择题

1. 盘存账户一般属于_____。
   A. 资产性质的账户　　　　B. 负债性质账户
   C. 费用成本类账户　　　　D. 收入成果类账户

2. 调整账户余额始终与被调整账户余额在不同方向时，是_____。
   A. 附加账户　　　　　　　B. 备抵账户
   C. 对比账户　　　　　　　D. 集合分配账户

3. 以下各个账户属于调整账户的是_____。

A. "应付职工薪酬"   B. "应交税费"
C. "累计折旧"   D. "预提费用"

4. "待摊费用"账户按其用途和结构分类属于_____。
   A. 负债账户   B. 资产账户
   C. 成本计算账户   D. 跨期摊提账户

5. 当调整账户其余额与被调整账户的余额在同一方向时，该账户可起_____。
   A. 抵减附加作用   B. 抵减作用
   C. 附加作用   D. 以上三条都不是

6. "材料成本差异"按其用途和结构分类，属于_____。
   A. 附加账户   B. 备抵账户
   C. 备抵附加账户   D. 负债账户

7. "应付账款"账按用途和结构分，属于_____。
   A. 债务结算账户   B. 资产账户
   C. 债权债务结算账户   D. 债权结算账户

8. 盘存账户是用来核算和监督各种_____的增减变动及其结存情况的账户。
   A. 财产物资和资本   B. 财产物资和费用
   C. 财产物资和货币资金   D. 货币资金和负债

9. 所有者权益是_____之和。
   A. 投入资本与负债   B. 投入资本与利润
   C. 利润与负债   D. 投入资本与未分配利润

10. 通过"累计折旧"账户对"固定资产"账户进行调整，反映固定资产的_____。
    A. 原始价值   B. 折旧额
    C. 净值   D. 增加价值

五、多项选择题

1. 下列属于盘存账户的有_____。
   A. 库存商品   B. 库存现金
   C. 应收账款   D. 资本公积
   E. 原材料

2. 工业企业典型的调整账户有_____。
   A. "主营业务收入"账户   B. "累计折旧"账户
   C. "利润分配"账户   D. "材料成本差异"账户
   E. "固定资产"账户

3. 下列哪些账户属于盘存账户_____。
   A. 实收资本   B. 库存商品
   C. 银行存款   D. 库存现金

E. 累计折旧

4. 下列哪些账户按经济内容分类属于资产类账户_____。
   A. 无形资产   B. 累计折旧
   C. 利润分配   D. 营业外支出
   E. 预收账款

5. 财务费用属于_____。
   A. 集合分配账户   B. 成本计算账户
   C. 财务成果账户   D. 跨期摊提账户
   E. 费用成本类账户

6. 以下账户，属于期间费用账户的是_____。
   A. 待摊费用   B. 预提费用
   C. 管理费用   D. 利润分配
   E. 销售费用

7. 账户按用途和结构分类，属于成本计算的账户是_____。
   A. 制造费用   B. 材料采购
   C. 生产成本   D. 累计折旧
   E. 预提费用

8. 账户的用途是指通过账户的记录，能够_____。
   A. 提供哪些指标   B. 怎样记录经济业务
   C. 开设和运用账户的目的   D. 借、贷方登记的内容
   E. 提供经济信息

9. 债权债务结算账户的借方发生额表示_____。
   A. 债权增加额   B. 债务增加额
   C. 债权减少额   D. 债务减少额
   E. 利润增加额

10. 账户的结构是指_____。
    A. 提供哪些指标   B. 借、贷方登记的内容
    C. 怎样记录经济业务 D. 开设和运用账户的目的
    E. 余额的方向及其表示的内容

六、简答题

1. 以股份公司为例说明账户按会计要素如何分类。
2. 账户按用途和结构分类的意义是什么？
3. 以股份公司为例说明账户按用途和结构如何分类。
4. 结算账户按用途和结构如何分类？
5. 调整账户的作用如何？

6. 以股份公司为例说明账户按提供指标详细程度如何分类。
7. 账户有哪几种分类方法？各种分类方法之间关系如何？
8. 什么是账户分类？其分类的标准有哪些？
9. 简述账户分类的意义。
10. 简述账户分类的原则。

练习题答案

一、名词解释

1. 账户分类是指为正确地设置和运用账户，按照一定的标志对账户进行合理的划分。
2. 盘存账户是用来核算和监督各种财产物资和货币资金的增减变动及其结存数的账户。
3. 结算账户是用来核算和监督企业同其他单位或个人之间的债权、债务结算情况的账户。
4. 跨期摊提账户是用来核算和监督应由几个会计期间共同负担的费用，并将这些费用在各个会计期间进行分摊或预提的账户。
5. 备抵账户是用来抵减被调整账户的余额，以求得被调整账户的实际余额的账户。
6. 财务成果账户是用来核算和监督企业在一定时期（月份、季度或年度）内全部生产经营活动的最终成果的账户。

二、填空题

1. 基本的、主要的
2. 经济内容　　基础　　经济内容
3. 资产类账户　　负债类账户　　所有者权益类账户　　成本类账户　　损益类账户
4. 盘存账户　　结算账户　　资本账户　　集合分配账户　　跨期摊提账户　　成本计算账户　　期间账户　　财务成果账户　　调整账户
5. 债权结算账户　　债务结算账户　　债权债务结算
6. 待摊费用　　预提费用
7. 备抵　　附加　　备抵附加
8. 资产类　　盘存
9. 负债类　　结算
10. 相反　　备抵　　相同　　附加

三、判断题

1. √　　2. ×　　3. ×　　4. √　　5. ×
6. ×　　7. ×　　8. √　　9. ×　　10. √

四、单项选择题

1. A　　2. B　　3. C　　4. D　　5. C

6. C　　7. A　　8. C　　9. D　　10. C

五、多项选择题
1. A B E　　2. B C D　　3. B C D　　4. A B　　5. C E
6. C E　　7. B C　　8. A C　　9. A D　　10. B C E

六、简答题

1. 账户按会计要素分类就是按账户所核算的经济内容与各会计要素的联系分类。一般分为资产类、负债类、所有者权益类、收益类和成本类等五大类。资产类账户是反映企业所有资产增减变动及结存情况的账户。负债类账户是反映企业债权人提供的资金及其偿还情况的账户。所有者权益类账户是反映所有者投入资本和经营所形成未分配利润情况的账户。收益类账户是反映企业生产经营中各项收入的账户。成本费用类账户是反映企业生产经营活动中各项成本和费用的账户。研究账户按会计要素的分类，目的在于理解和掌握如何设置账户及其提供核算指标的规律性，以便正确地运用账户，为经济管理提供一套完整的会计核算指标体系。

2. 账户的用途是指通过账户的记录能够提供哪些指标，也就是开设和运用账户的目的是什么。账户的结构是指在账户中怎样记录经济业务，才能取得各种必要的核算指标，也就是账户的借方和贷方登记的内容、余额方向及其表示的内容。账户按用途和结构分类，是在账户按会计要素分类的基础上对用途和结构基本相同的账户进行进一步的分类，以对账户按会计要素分类进行进一步的补充。研究账户按用途和结构分类，目的在于理解和掌握各类账提供指标及各类账结构的规律性，以便准确运用账户为经济管理提供有用的会计核算指标体系。

3. 账户按用途和结构分类，可分为盘存账户、集合分配账户、资本账户、结算账户、期间账户、跨期摊提账户、成本计算账户、财务成果账户、调整账户等 9 类账户。盘存账户是用来核算和监督各种财产物资或货币资金的增减变动及其结存情况的账户。资本账户是用来核算和监督取得资本及提取资金的增减变动及其实有情况的账户。结算账户是监督企业和其他单位、个人之间发生的债权和债务情况的账户。期间账户是用来归集企业生产经营过程中某个会计期间收入和费用的账户。跨期摊提账户是用来核算和监督应有几个会计期间共同负担的费用，并将这些费用在各个会计期间中进行分摊或预提的账户。成本计算账户是用来核算和监督企业经营过程中发生的全部费用，并据此计算该阶段各个成本计算对象实际成本的账户。财务成果账户是用来计算并确定企业在一定期间内全部经营活动最终成果的账户。调整账户是为调整某个账户的余额，以表示被调整账户的实际余额而开设的账户。

4. 结算账户是用来核算和监督同其他单位或个人之间发生的债权、债务结算情况的账户。它按照账户的用途和结构分类，又可分为债权结算、债务结算和债权债务结算账户。债权结算账户是专门用于核算和监督企业同各个债务单位或个人之间结算业务的账户。债务结算账户是专门用于核算和监督同各个债权单位或个人之间结算业务的账户。债权债务结算账户是用于核算和监督企业与某一单位或个人之间发生的债权和债务往来结算业务的账户。

5. 调整账户是为调整某个账户的余额,以表示被调整账户的实际余额而开设的账户。在会计核算工作中,由于经营管理的需要或其他原因,要求某些账户反映该项经济活动的原始数据。但实际工作中,该项经济活动的原始数据又往往会发生增减变化。在这种情况下,需要设置彼此联系的两个账户,其中一个账户反映原始数字,另一个账户反映对原始数字的调整数字。将原始数字与调整数字相加或相减,求得某些特定指标,如固定资产净值、未分配利润等。调整账户按其调整的方式,分为备抵账户、附加账户、备抵附加账户。

6. 账户按提供指标的详细程度分类,可分为总分类账户和明细分类账户。总分类账户是对经济活动的具体内容进行总括核算的账户,它能够提高某一具体内容的总括核算指标;明细分类账户是对某一经济业务进行明细分类核算的账户,它能够提供某一具体经济业务的明细核算资料。

7. (1) 账户的分类方法

按经济内容,所有账户分为静态账户和动态账户两大类。按用途和结构,所有账户分为盘存账户、集合分配账户、资本账户、结算账户、期间账户、跨期摊提账户、成本计算账户、财务成果账户、调整账户。按提供指标的详细程度,分为总分类账户和明细分类账户。

(2) 各种账户分类方法间的关系

如上所述,账户有多种分类方法。其中最主要的是按经济内容和按用途结构所做的分类。账户的经济内容是账户反映的会计对象的具体内容。显然,对账户按经济内容分类有助于建立完善的账户体系。账户的用途是指账户的作用及其所提供的指标。账户的结构是指在账户中如何提供必要的指标,即账户的借方发生额表示什么,贷方发生额表示什么,余额在何方,表示什么。显然,账户按用途和结构分类,有助于准确、熟练地运用各个账户。按经济内容分类是账户分类的基础,因为账户的经济内容决定其性质。按用途和结构分类是按经济内容分类的必要补充,是在按经济内容分类的基础上进行的。只有把两者结合起来,才能既完善地建立账户体系,又准确、熟练地运用各个账户。

8. 账户分类就是研究这个账户体系中的各账户之间存在的共性,寻求其规律,探明每一账户体系中的地位和作用,以便加深对账户的认识,更好地运用账户对企业的经济业务进行反映。按不同的标准对账户分类,可以从不同的角度认识账户,并把全部账户划分为各种类别。其分类标准一般有按会计要素分类,按用途和结构分类,按提供指标的详细程度分类等。

9. 通过账户的分类,一方面进一步理解和掌握账户的特性和规律,概括账户的共性,探讨账户的内在联系,掌握各类账户在提供核算指标方面的规律性,以便正确地设置和运用账户,更全面完整地反映企业的经济活动。另一方面,通过对账户分类方法和原则的研究,为设计新的、科学的账户体系提供条件,以适应经济发展和经营管理的需要。

10. (1) 账户的分类应能揭示账户的本质特征。企业为了进行核算工作,就必须设置许多账户,账户与账户之间最主要的区别就在于它们所反映的经济内容各不相同。按账户的经济内容进行划分便能体现账户的本质特征,也使我们明了账户所提供经济指标的性质。所以我们把性质相同的账户归为一类，使为数众多的账户条理化、系统化，以构成一个完整的账户体系，才能真实全面地反映企业的经济活动，提供所需的会计信息。

（2）账户的分类应有利于体现提供核算指标的规律性。账户的设置是为了取得会计核算的有关经济指标。因此对所设置的账户如何使用，账户应当提供什么指标，账户如何提供这些指标等问题，要解决它们就必须对账户从用途和结构方面进行分类，以探求其在用途和结构上的共性和规律，从而进一步加深对账户的认识和运用，满足企业内外各有关方面对会计信息的要求。

第6章 会计凭证

复习提要

1. 了解会计凭证的概念、作用及其管理；
2. 理解会计凭证的要素及其审核；
3. 掌握会计凭证的分类及填制。

6.1 会计凭证的概念和作用

1. 会计凭证的概念

会计凭证，简称凭证，是记录经济业务、明确经济责任、具有法律效力并作为登记账簿依据的书面证明。填制和审核会计凭证，是会计工作的一项重要的制度和手续，是整个会计工作的基础，也是会计核算的一种专门方法。

2. 会计凭证的作用

会计凭证的填制和审核，对于如实反映经济业务内容，有效监督经济业务的合理性、合法性，保证会计资料的真实性、可靠性、合理性、合法性和合规性，发挥会计在经济管理中的作用和完成会计工作的任务有重要意义。

会计凭证具有以下4个方面的作用：

① 会计凭证是传递经济信息的工具；
② 会计凭证是反映和监督经济活动的手段；
③ 会计凭证是明确有关人员经济责任的依据；
④ 会计凭证是登记账簿的依据。

3. 会计凭证的种类

在会计理论和实践上，会计凭证按其填制程序和用途的不同，分为原始凭证和记账凭证两类。

6.2 原始凭证

1. 原始凭证的概念

原始凭证，是在经济业务发生或完成时，由经办人员直接取得或填制，用来记载和证明经济业务已经发生或完成的具体内容，明确经济责任，并具有法律效力的原始证明文件。

它是进行会计核算的原始资料和重要依据。

原始凭证的主要作用在于正确、完整、及时地反映经济业务的本来面目，并据以检查经济业务的真实性、合理性和合法性。

2. 原始凭证的分类

原始凭证可以从以下4个方面进行分类。

（1）原始凭证按其取得的来源不同，分为自制原始凭证和外来原始凭证两种

① 自制原始凭证，是指本企业或本单位内部经办经济业务的部门或人员，在执行或完成某项经济业务时自行填制的原始凭证。如收料单、领料单、工资结算支付单等。

② 外来原始凭证，是指本企业在同外单位或个人发生经济往来关系时，在经济业务完成时，从外单位或个人取得的原始凭证。如发票、银行收款通知、上缴税款的收据等。

（2）原始凭证按其反映业务的方法和填制手续的不同，分为一次凭证、累计凭证和汇总凭证

① 一次凭证，是对一项经济业务或若干项同类经济业务，在其发生或完成后一次填制完毕的原始凭证。

外来原始凭证和绝大多数自制原始凭证是一次凭证。

② 累计凭证，是在一定时期内连续记载若干项不断重复发生的同类经济业务，并把期末累计数作为记账依据的原始凭证。如限额领料单、费用登记表等。

③ 汇总凭证，是根据许多相同原始凭证或会计核算资料汇总起来而填制的原始凭证。

（3）原始凭证按其用途的不同，分为通知凭证、执行凭证和计算凭证

① 通知凭证，是指要求、指示或命令企业进行某项经济业务的原始凭证。

② 执行凭证，是证明某项经济业务已经完成的原始凭证。

③ 计算凭证，是对已进行或完成的经济业务进行计算而编制的原始凭证。

（4）原始凭证按其格式的不同，分为通用凭证和专用凭证

① 通用凭证，是指在一定范围内具有统一格式和使用方法的原始凭证。

② 专用凭证，是指具有特定内容和专门用途的原始凭证。

3. 原始凭证的基本要素

原始凭证必备的基本要素包括：

① 原始凭证的名称；

② 填制日期和编号；

③ 接受凭证单位名称；
④ 经济业务的内容；
⑤ 数量、单价和金额；
⑥ 填制凭证单位名称；
⑦ 经办人签名或盖章等。

4. 原始凭证的填制要求和方法

为了保证原始凭证的质量，任何会计单位对原始凭证的运用，都必须符合下列填制要求：

① 内容完整；
② 符合实际；
③ 书写严格；
④ 明确责任；
⑤ 填制及时；
⑥ 遵守政策；
⑦ 连续编号。

5. 原始凭证分割单

原始凭证分割单，是指一份原始凭证所列费用应由两个以上单位共同负担的情况下，保存原始凭证的主办单位开给其他应负担部分费用支出的单位的证明。

6. 原始凭证的汇总

为了提高会计工作效率、简化核算，为管理提供综合性指标，可以根据记载同类经济业务的原始凭证，定期归纳整理填制汇总原始凭证，又称"原始凭证汇总表"，如收料凭证汇总表、发料凭证汇总表等。

7. 原始凭证的审核

原始凭证的审核包括两个方面的内容。

（1）形式上的审核

即审核原始凭证的填写格式是否符合标准，填制是否及时，内容是否完备，数字是否真实，计算是否正确，签章是否符合规定等。

（2）内容上的审核

即审核原始凭证所记录的经济业务是否合理、合法、符合有关方针、政策、计划及费用开支标准等情况，并审核经济业务是否按规定的程序予以办理。

审核过程中，衡量原始凭证质量的标准，就是合理性、合法性、合规性、完整性和正确性等原则。只有审核无误的原始凭证才能作为编制记账凭证的依据。

6.3 记账凭证

1. 记账凭证的概念

记账凭证,是会计人员根据审核后的原始凭证,或经过汇总、归类、整理后的原始凭证汇总表为依据而编制的凭证。它是登记账簿的直接依据。

在记账以前,必须根据原始凭证和原始凭证汇总表编制记账凭证。

2. 记账凭证的分类

记账凭证可以从以下3个方面进行分类。

(1) 按反映经济业务内容的不同,分为收款凭证、付款凭证和转账凭证

① 收款凭证。是反映货币资金(现金和银行存款)收入业务的记账凭证。它是根据有关现金和银行存款的收款业务的原始凭证或原始凭证汇总表填制的。

② 付款凭证。是反映货币资金(现金和银行存款)付出业务的记账凭证。它是根据有关现金和银行存款的付款业务,以及货币资金之间相互收、付业务的原始凭证或原始凭证汇总表填制的。

③ 转账凭证。是反映与货币资金无关的转账业务的记账凭证。它是根据有关转账业务的原始凭证或原始凭证汇总表填制的。

(2) 按其填制的方式不同,分为复式记账凭证和单式记账凭证

① 复式记账凭证。是在一张记账凭证上反映一笔完整的经济业务。凡属于同一笔经济业务的会计科目不论有几个,都集中填列在一张记账凭证上。

② 单式记账凭证。是在一张记账凭证上只填写一个会计科目。一笔经济业务涉及几个会计科目,就要填制几张记账凭证。

(3) 按汇总方式的不同,分为分类汇总记账凭证和综合汇总记账凭证

① 分类汇总记账凭证,是定期分别对收款凭证、付款凭证和转账凭证进行汇总的记账凭证。

② 综合汇总记账凭证,是定期对全部记账凭证按照相同会计科目进行汇总的记账凭证。

3. 记账凭证的要素

记账凭证都必须具备以下基本要素:

① 记账凭证的名称;

② 填制单位的名称;

③ 填制的日期和编号;

④ 经济业务的内容摘要;

⑤ 应记账户的名称、方向和金额;

⑥ 所附原始凭证(附件)张数;

⑦ 制证、审核、记账和主管人员等的签章。

4. 记账凭证的填制要求和方法

记账凭证在填制过程中，除了应遵守原始凭证的各项填列要求外，还应做到以下几点要求：

① 严格按会计制度规定填写账户名称；

② 会计科目对应关系应正确，符合记账原理的要求；

③ 经济业务的内容摘要应简明扼要；

④ 记账凭证必须连续编号，填写应加计合计数；

⑤ 每张记账凭证要注明所附原始凭证的张数；

⑥ 收款凭证、付款凭证，在办完收付款业务后，应加盖"收讫"或"付讫"戳记，以保证货币资金收、付业务的正确完成。

在编制收款凭证、付款凭证时，需要注意的是：凡是涉及货币资金之间的收、付业务，如将现金存入银行或从银行提取现金等经济业务，由于纯粹属于货币资金形态上的转换（会计上称倒户），为了避免重复记账，一律只填制付款凭证，而不再填制收款凭证。

5. 记账凭证的汇总

为了减少记账的工作量，可将一定时期内（每旬、月）的记账凭证加以归纳整理而集中编制成汇总的记账凭证。再根据汇总记账凭证提供的各项资料登记账簿。

汇总记账凭证，按其汇总方法和格式的不同，可分为分类汇总记账凭证和综合汇总记账凭证两种。

分类汇总记账凭证，通常称为专用汇总记账凭证。它是将一定时期内（每旬、月）反映同类经济业务的记账凭证加以归类整理而集中编制的一种记账凭证。按其反映经济业务的性质，它可相应分为汇总收款凭证、汇总付款凭证和汇总转账凭证3种专用汇总形式。

综合汇总记账凭证，又称为通用汇总记账凭证。如"记账凭证汇总表"或"科目汇总表"，它是根据一定时期内（每旬、月）的全部记账凭证，按每一会计科目归类汇总其借方发生额和贷方发生额填制而成的一种记账凭证。

6. 记账凭证的审核

记账凭证审核的主要内容包括以下3个方面。

（1）记账凭证与其附件的一致性

即审核记账凭证是否附有原始凭证，所附张数与其填列的附件张数是否相同，并经审核无误，两者所反映的经济业务内容、金额等是否相同。

（2）会计分录的正确性

即审核记账凭证所确定的会计分录，包括应借、应贷的会计科目，对应关系、金额等是否正确。

（3）填制内容的全面性

即审核记账凭证中有关项目的填制是否完备，有关人员的签章是否齐全。

只有经过审核无误的记账凭证，才能做记账的合法依据。

7. 记账凭证错误的更正

已登记入账的记账凭证，在当年内发现填写错误时，应用红字填写一张与原内容相同的凭证，在摘要栏注明。同时再用蓝字填写一张正确的记账凭证。如果会计科目没有错误，只是金额错误，可将正确数字与错误数字之间的差额另编一张调整的记账凭证。调增金额用蓝字，调减金额用红字。

6.4 会计凭证的简化、传递和保管

1. 会计凭证的简化

在实际工作中，为了减少会计凭证数量，简化填写手续，并发挥会计凭证的汇总、综合和分析作用，对那些反映同类经济业务的原始凭证，可以采用一定的简化手续进行分类汇总，编制汇总原始凭证，再根据汇总原始凭证所列各项总额入账。如企业为减少日常收料、发料的凭证数量，而定期按收料凭证或发料凭证中材料的不同来源或领料的不同用途，分类整理而编制的"收料凭证汇总表"、"发料凭证汇总表"等。这样既简化了核算手续，又为经济管理提供了所需要的综合指标，同时也为计算成本准备了条件。

2. 会计凭证的传递

会计凭证的传递，是指从会计凭证的填制或取得起，经过审核、记账、装订，直到归档为止在有关部门和人员之间的处理程序。包括规定合理的传递路线、传递时间，以及在传递过程中的衔接手续。

正确组织会计凭证的传递，具有重要作用。其主要作用有：

① 有利于及时进行会计记录；

② 有利于完善经济责任制度。

会计凭证传递，是会计凭证处理的一个重要环节。各单位所发生的经济业务不同，内部机构组织和人员分工的情况不同，会计凭证的传递程序也不同。一般来讲，既要保证会计凭证经过必要的环节进行处理和审核，又要尽量避免重复和烦琐。

3. 会计凭证的保管

会计凭证是重要的经济档案和历史资料。企业对会计凭证必须妥善保管，以便日后利用和进行检查。对会计凭证的保管，应该做到既安全完整，又便于查询。

会计部门记账后，应定期（每月）对各种会计凭证加以整理，将各种记账凭证按编号顺序，连同所附的原始凭证，加具封面、封底装订成册，并在装订线上加贴封签。年度终了，应移交财会档案归档。

会计凭证的保管期限和销毁手续，必须严格执行会计制度的有关规定。

会计凭证归档保管的方法和一般要求有：

① 定期整理归类；

② 造册归档；

③ 使用及借阅手续；
④ 保管期限和销毁手续。

练习题

一、名词解释

1. 会计凭证
2. 原始凭证
3. 外来原始凭证
4. 自制原始凭证
5. 一次凭证
6. 累计凭证
7. 记账凭证
8. 收款凭证
9. 付款凭证
10. 转账凭证

二、填空题

1. 会计凭证是记录_____，明确经济责任的书面证明，是用来登记_____的依据。
2. 会计凭证按照_____为标志，分为_____、_____两种。
3. 原始凭证按其取得来源不同，分为_____、_____两种。
4. 原始凭证按其_____的不同，分为一次凭证、累计凭证和汇总凭证。
5. 记账凭证按其反映经济业务内容的不同，分为_____、_____、_____。
6. 记账凭证按其_____的不同，分为复式记账凭证和单式记账凭证。
7. 汇总记账凭证按其汇总方式的不同，可分为_____、_____两种。
8. 记账凭证是依据_____填制的。
9. _____和_____既是登记现金日记账、银行存款日记账、明细账和总账等有关账簿的依据，同时也是出纳人员收、付款项的依据。
10. 为了避免重复记账，对于现金与银行存款之间相互划转的业务，只编_____凭证，不编_____凭证。

三、判断题

1. 在会计工作中，不可能存在无根据的账簿记录。（   ）
2. 领料单、收料单、派工单都是企业自制的原始凭证。（   ）
3. 所有者投入机器设备一台，价值 20 000 元。这是一笔收款业务，应填制收款凭证。
（   ）
4. 从银行提取现金 500 元，补充库存。这是一笔收款业务，应填制收款凭证。（   ）
5. 生产车间领用材料 5 000 元，用于产品生产。这是一笔转账业务，应填制转账凭证。
（   ）
6. 企业从银行借入短期借款 5 000 元，直接用于归还购料欠款。这是一笔转账业务，应填制转账凭证。（   ）
7. 外来原始凭证都是一次凭证。（   ）

8. 从银行存款中提取现金,即可以编制银行存款付款凭证,又可编制现金收款凭证。

(　　)

9. 收料单属于汇总凭证。(　　)

10. 各种原始凭证的填制,都应由会计人员填写。(　　)

四、单项选择题

1. _____属于自制原始凭证。
   A. 产品入库单　　　B. 申请单　　　C. 派工单

2. _____属于自制原始凭证。
   A. 购货发票　　　B. 车船票据　　　C. 费用登记表

3. _____属于外来原始凭证。
   A. 限额领料单　　　B. 产品入库单　　　C. 银行收款通知

4. _____属于一次凭证。
   A. 收料单　　　B. 派工单　　　C. 申请单

5. _____属于累计凭证。
   A. 发票　　　B. 上缴税款收据　　　C. 限额领料单

6. 将现金存入银行,按规定应编制_____。
   A. 现金收款凭证　　　B. 银行存款收款凭证　　　C. 现金付款凭证

7. 收款凭证左上角"借方科目"应填列_____科目。
   A. 银行存款　　　B. 物资采购　　　C. 主营业务收入

8. 不能作为记账依据的是_____。
   A. 发货票　　　B. 收货单　　　C. 经济合同

9. 对于一般原始凭证的填写出现错误时,应采用_____予以更正。
   A. 红字更正法　　　B. 划线更正法　　　C. 补充登记法

10. 只反映一项经济业务,或同时反映若干项同类经济业务,凭证填制手续是一次完成的自制原始凭证,称为_____。
    A. 一次凭证　　　B. 汇总凭证　　　C. 累计凭证

五、多项选择题

1. _____属于原始凭证。
   A. 收料单　　B. 领料单　　C. 派工单　　D. 申请单
   E. 车船票据

2. _____属于原始凭证。
   A. 发票　　B. 购销合同　　C. 产品入库单　　D. 请假条
   E. 银行收款通知　　F. 费用登记表

3. _____属于自制原始凭证。
   A. 产品入库单　　B. 领料单　　C. 车船票据　　D. 购货发票

E. 申请单

4. _____属于外来原始凭证。
   A. 收料单　　　　　B. 派工单　　　　　C. 银行收款通知　　D. 费用登记表
   E. 购货发票

5. _____属收款业务，填制收款凭证。
   A. 现金存入银行　　B. 收取销货款　　　C. 收回职工欠款　　D. 职工借支差费
   E. 收到投入固定资产

6. _____属付款业务，填制付款凭证。
   A. 现金存入银行　　B. 收回销货欠款　　C. 从银行提现金　　D. 车间领取材料
   E. 调出固定资产

7. _____属转账业务，填制转账凭证。
   A. 支付购货欠款　　B. 车间领用材料　　C. 结转入库产品成本
   D. 结转工资支出　　E. 收取销货款

8. 以下所列属于原始凭证的有_____。
   A. 入库单　　　　　B. 经济合同　　　　C. 生产工序进程单
   D. 实存账存对比表　E. 发料汇总表

9. 以下属于汇总原始凭证的有_____。
   A. 工资结算汇总表　B. 汇总收款凭证　　C. 收料汇总表　　　D. 限额领料单
   E. 收据

10. 付款凭证左上角的"贷方科目"可能是下列_____科目。
    A. 库存现金　　　　B. 材料采购　　　　C. 管理费用　　　　D. 银行存款
    E. 应收账款　　　　F. 应付账款

六、简答题

1. 什么是会计凭证？它有哪些重要作用？
2. 原始凭证必须具备哪些基本要素？
3. 填制成功的原始凭证必须符合哪些基本要求？
4. 简述原始凭证应从哪些方面来审核？
5. 记账凭证必须具备哪些基本要素？
6. 填制成功的记账凭证必须符合哪些基本要求？
7. 简述记账凭证应从哪些方面来审核。
8. 在编制收、付款凭证时，涉及货币资金之间的收付业务如何处理？
9. 为什么要进行会计凭证的简化？
10. 什么是会计凭证的传递？包括哪些内容？
11. 怎样保管会计凭证？
12. 什么是复式记账凭证？什么是单式记账凭证？

13. 什么是专用汇总记账凭证？什么是通用汇总记账凭证？

14. 记账凭证出现填制错误时，应如何予以更正？

15. 会计凭证分为哪几类？有什么区别？

七、核算与计算题

（一）分析经济业务性质，判断记账凭证类型

【资料】

（1）国家拨入全新机器一台，价值 10 000 元；

（2）从银行提取现金 500 元，备零星开支用；

（3）向银行借入短期借款 5 000 元，直接支付应付 A 厂欠款；

（4）用银行存款支付 B 厂欠款 2 000 元；

（5）用银行存款购买甲料价款 1 000 元。

【要求】

分析每项经济业务，各属于什么性质的业务（收款业务、付款业务还是转账业务）？各应编制什么记账凭证（收款凭证、付款凭证还是转账凭证）？

（二）分析经济业务性质，判断记账凭证类型并编制会计分录

【资料】

（1）向 B 厂购入乙料，货款未付，价款 5 000 元；

（2）生产领用甲料 1 000 元；

（3）用银行存款支付应付 B 厂货款 5 000 元；

（4）管理车间机器设备维护领用乙料 500 元；

（5）向银行借入短期借款 25 000 元。

【要求】

为每一项经济业务编制会计分录，并在分录后面注明"收"、"付""转"字样和凭证编号。

（三）分析经济业务性质，掌握记账凭证编制方法

【资料】

（1）所有者投入机器设备一台，价值 10 000 元；

（2）用银行存款 5 000 元购买材料，材料入库；

（3）银行通知，收到 A 厂购货欠款 15 000 元。

【要求】

根据资料分析经济业务性质，为每项经济业务编制一张记账凭证。

（四）分析经济业务性质并掌握记账凭证编制方法

【资料】

（1）将现金 1 000 元，存入银行；

（2）用银行存款 10 000 元，偿还短期借款；

(3) 银行通知，偿还应付欠款 6 000 元。

【要求】

根据资料分析经济业务性质，为每项经济业务编制一张记账凭证。

(五) 分析经济业务性质，掌握记账凭证错误的更正方法

【资料】

审核记账凭证时，发现 2006 年 4 月份内"转账凭证 2 号"金额填写错误，生产领用材料 1 000 元，误填为 100 元，已登记入账。

【要求】

根据资料，采用正确更正方法进行更正。

(六) 分析经济业务性质，练习记账凭证的编制方法

【资料】

某企业 2006 年 6 月份发生下列经济业务：

(1) 1 日，向新华工厂购进 A 材料一批，货款 45 000 元和运杂费 800 元已通过银行存款支付，材料已验收入库；

(2) 3 日，通过银行向蓝星公司预付材料货款 10 000 元；

(3) 5 日，收到投资者追加投资 50 000 元，存入银行；

(4) 7 日，领用 A 材料一批，其中生产甲产品耗用 30 000 元，管理部门一般耗用 5 000 元；

(5) 9 日，向清华公司销售甲产品一批，货款 98 000 元，尚未收到货款；

(6) 30 日，按规定预提管理部门固定资产修理费 10 000 元；

(7) 30 日，收到甲公司货款 98 000 元；

(8) 30 日，收到蓝星公司材料价值 8 000 元，余款退回。

【要求】

根据资料分析经济业务，为每一项经济业务编制一张记账凭证。

(七) 分析经济业务性质，了解编制记账凭证的依据。

【资料】

某企业 2006 年 6 月份发生下列收、付款业务：

(1) 1 日从银行提取现金 5 000 元备用；

(2) 5 日采购员王明借差旅费 1 000 元，以现金支付；

(3) 16 日收到银行收款通知，收回某厂前欠货款 50 000 元；

(4) 18 日签发转账支票支付所得税 10 000 元；

(5) 20 日以现金 800 元支付材料运费。

【要求】

根据资料分析经济业务性质，指明收、付款凭证所依据的原始凭证名称及种类。

八、讨论及网络题

新《会计法》对原始凭证的审核有哪些重要规定？有何意义？为什么？

练习题答案

一、名词解释

1. 会计凭证（简称凭证），是记录经济业务、明确经济责任、具有法律效力并作为登记账簿依据的书面证明。

2. 原始凭证，是在经济业务发生或完成时，由经办人员直接取得或填制，用于记载和证明经济业务已经发生或完成的具体内容，明确经济责任，并具有法律效力的原始证明文件。它是进行会计核算的原始资料和重要依据。

3. 外来原始凭证，是指本企业在同外单位或个人发生经济往来关系时，在经济业务完成时，从外单位或个人取得的原始凭证。

4. 自制原始凭证，是指本企业或本单位内部经办经济业务的部门或人员，在执行或完成某项经济业务时自行填制的原始凭证。

5. 一次凭证，是在对一项经济业务或若干同类经济业务，在其发生或完成后一次填制完毕的原始凭证。

6. 累计凭证，是在一定时期内连续地记载若干项不断重复发生的同类经济业务，并把期末累计数作为记账依据的原始凭证。

7. 记账凭证，是会计人员根据审核后的原始凭证，或经过汇总、归类、整理后的原始凭证为依据而编制的凭证。它是登记账簿的直接依据。

8. 收款凭证，是反映货币资金（现金和银行存款）收入业务的记账凭证。

9. 付款凭证，是反映货币资金（现金和银行存款）付出业务的记账凭证。

10. 转账凭证，是反映与货币资金无关的转账业务的记账凭证。

二、填空题

1. 经济业务　　账簿
2. 填制程序和用途不同　　原始凭证　　记账凭证
3. 自制原始凭证　　外来原始凭证
4. 填制手续
5. 收款凭证　　付款凭证　　转账凭证
6. 填制方式
7. 专用汇总记账凭证　　通用汇总记账凭证
8. 审核过的原始凭证或原始凭证汇总表
9. 收款凭证　　付款凭证
10. 付款凭证　　收款凭证

三、判断题

1. √   2. ×   3. ×   4. ×   5. √
6. √   7. √   8. ×   9. ×   10. ×

四、单项选择题

1. A   2. C   3. C   4. A   5. C
6. C   7. A   8. C   9. B   10. A

五、多项选择题

1. ABE   2. ACEF   3. AB   4. CE   5. BC
6. AC   7. BCD   8. ADE   9. AC   10. AD

六、简答题

1. 会计凭证（简称凭证）是记录经济业务、明确经济责任、具有法律效力并作为记账簿依据的书面证明。

会计凭证具有4个方面的作用：

① 是传递经济信息的工具；

② 是反映和监督经济活动的手段；

③ 是明确有关人员经济责任的依据；

④ 是登记账簿的依据。

2. 原始凭证必须具备的基本要素包括：

① 原始凭证的名称；

② 填制日期和编号；

③ 接受凭证单位名称；

④ 经济业务的内容；

⑤ 数量、单价和金额；

⑥ 填制凭证单位名称；

⑦ 经办人签名或盖章等。

3. 填制成功的原始凭证必须符合下列基本要求。

① 内容完整。按规定的格式和手续填制。凭证上要求填写的内容，必须全部填列齐全，不得有任何省略。

② 符合实际。原始凭证所反映的经济业务，必须符合实际，数字真实，字迹清楚，确保凭证内容和数字真实可靠。

③ 填制及时。应在每一项经济业务发生或完成时，及时填制与经济业务一致的原始凭证，不能事先填制或事后补填。

④ 遵守政策。原始凭证反映的经济业务，必须符合党和国家的政策、法令和制度等规定。

⑤ 连续编号。

⑥ 严格书写。

⑦ 明确责任。

4. 审核原始凭证应从以下两个方面来审核。

① 形式上的审核。即审核原始凭证的格式是否符合标准，填制是否及时，内容是否完备，数字是否真实，计算是否正确，填写是否清楚，内容是否符合实际情况，签章是否符合规定等。

② 内容上的审核。即审核凭证所反映的经济业务是否符合党和国家有关方针、政策和财经制度、计划及费用开支标准等情况，并审核经济业务是否按规定的程序予以办理。

5. 记账凭证必须具备的基本要素包括：

（1）记账凭证名称；

（2）填制单位名称；

（3）填制的日期和编号；

（4）经济业务的内容摘要；

（5）应记账户的名称、方向和金额；

（6）所附原始凭证（附件）张数；

（7）制证、审核、记账和主管人员等的签名。

6. 填制成功的记账凭证必须符合下列基本要求：

① 严格按会计制度规定填写账户名称；

② 会计科目对应关系应正确，符合记账原理的要求；

③ 经济业务的内容摘要应简明扼要；

④ 记账凭证必须连续编号，填写完成应加计合计数；

⑤ 每张记账凭证要注明所附原始凭证的张数；

⑥ 收款凭证、付款凭证，在办完收付款业务后，应加盖"收讫"或"付讫"戳记。

7. 审核记账凭证应从3个方面来审核。

① 审核记账凭证与其附件的一致性。即审核记账凭证是否附有原始凭证，所附张数是否正确并经审核无误，以及记账凭证所反映的经济业务的内容、数量、金额等是否与原始凭证一致。

② 审核记账凭证中会计分录的正确性。即审核记账凭证所确定的会计分录（会计科目、对应关系、金额）是否正确。

③ 审核记账凭证填制内容的正确性。即审核记账凭证中有关项目的填制是否完备，有关人员的签章是否齐全。

8. 在编制收、付款凭证时，涉及货币资金之间收付业务时，由于纯粹属于货币资金形式的（转换会计上称倒户），为了避免重复记账，一律编付款凭证，而不编收款凭证。

9. 在实际工作中，为了减少凭证数量，简化填写手续，并发挥会计凭证的汇总、综合和分析的作用，对那些反映同类经济业务的原始凭证，可以采用一定的简化手续进行分类汇总，编制原始凭证汇总表，再根据汇总表所列各项总数入账。这样既简化了核算手续，又提供了综合指标，也为计算成本准备了条件。

10. 会计凭证的传递，是指从会计凭证的填制或取得起，经过审核、记账、装订，直到归档为止在有关部门和人员之间的处理过程。包括规定合理的传递路线、传递时间，以及在传递过程中的衔接手续。

11. 会计凭证是重要的经济档案和历史资料，必须妥善保管，做到既安全完整，又便于查阅。会计部门记账后，应定期对各种会计凭证加以整理，按各种记账凭证的编号顺序，连同所附的原始凭证，加具封面、封底装订成册，并在装订线上加贴封签，并严格执行会计制度规定的保管期限和销毁手续。

12. 复式记账凭证，是在一张记账凭证上反映一笔完整的经济业务。凡是属于同一笔经济业务的会计科目不论有几个，都集中填列在一张记账凭证上。它可以集中反映账户的对应关系，便于了解有关经济业务的全貌，同时可以减少记账凭证数量。

单式记账凭证，是在一张记账凭证上只填写一个会计科目。一笔经济业务涉及几个会计科目，就要填制几张记账凭证。它便于分工记账和会计科目的汇总。

13. 专用汇总会计凭证，通常称为分类汇总记账凭证。它是将一定时期内（如每旬、每月）反映同类经济业务的记账凭证加以归类整理而集中编制的一种记账凭证。

通用汇总记账凭证，又称综合汇总记账凭证。如"记账凭证汇总表"或"科目汇总表"，它是根据一定时期内（如每旬、每月）的全部记账凭证，按每一会计科目归类汇总其借方发生额和贷方发生额填制而成的一种记账凭证。

14. 已登记入账的记账凭证，在当年内发现填写错误时，应用红字填写一张与原内容相同的凭证，在摘要栏中注明"注销某月某日某号凭证"，同时再用蓝字填写一张正确的记账凭证，注明"订正某月某日某号凭证"。如果会计科目没有错误，只是金额错误，也可将正确数字与错误数字之间的差额另编一张调整的记账凭证。调增金额用蓝字，调减金额用红字。如发现是以前年度的错误，应用蓝字填一张更正的记账凭证。

15. 在会计理论和会计实践上，会计凭证按填制的程序和用途的不同，分为原始凭证和记账凭证两类。主要区别在于作用不同：原始凭证是会计核算的原始资料和重要依据，记账凭证是登记账簿的直接依据；原始凭证是记账凭证的附件，记账凭证是根据原始凭证编制的。

七、核算与计算题

（一）
（1）转账业务，编制转账凭证；
（2）付款业务，编制付款凭证；
（3）转账业务，编制转账凭证；
（4）付款业务，编制付款凭证；
（5）付款业务，编制付款凭证。

(二)

(1) 借：原材料　　　　　　　5 000　　转1
　　贷：应付账款　　　　　　　　　5 000
(2) 借：生产成本　　　　　　1 000　　转2
　　贷：原材料　　　　　　　　　　1 000
(3) 借：应付账款　　　　　　5 000　　付1
　　贷：银行存款　　　　　　　　　5 000
(4) 借：管理费用　　　　　　　500　　转3
　　贷：原材料　　　　　　　　　　　500
(5) 借：银行存款　　　　　　25 000　　收1
　　贷：短期借款　　　　　　　　　25 000

(三)

(1)

转 账 凭 证

2006年5月1日　　　　　　　　　　　　　　　转字第1号

摘要	总账科目	明细科目	记账	借方金额 千百十万千百十元角分	记账	贷方金额 千百十万千百十元角分
所用者投入设备	固定资产		√	1 0 0 0 0 0 0		
	实收资本				√	1 0 0 0 0 0 0
合计				1 0 0 0 0 0 0		1 0 0 0 0 0 0

财务主管　　　　　记账　　　　　出纳　　　　　审核　　　　　制单

(2)

付 款 凭 证

货方科目 <u>银行存款</u>　　　　　2006年5月2日　　　　　　　　　银付字第1号

摘要	借方总账科目	明细科目	记账符号	金额								
				千	百	十	万	千	百	十	元	角	分
购买材料	原材料		√					5	0	0	0	0	0
合计								5	0	0	0	0	0

财务主管　　　　　记账　　　　　出纳　　　　　审核　　　　　制单

(3)

收 款 凭 证

借方科目 <u>银行存款</u>　　　　　2006年5月3日　　　　　　　　　银收字第1号

摘要	贷方总账科目	明细科目	记账符号	金额								
				千	百	十	万	千	百	十	元	角	分
收A厂购货欠款	应收账款	A厂	√				1	5	0	0	0	0	0
合计							1	5	0	0	0	0	0

财务主管　　　　　记账　　　　　出纳　　　　　审核　　　　　制单

（四）

（1）

付 款 凭 证

贷方科目 <u>库存现金</u>　　　　2006年4月1日　　　　　　　现付字第1号

摘要	借方总账科目	明细科目	记账符号	金额								
				千	百	十	万	千	百	十	元	角	分
存入银行	银行存款		√				1	0	0	0	0	0	
合计							1	0	0	0	0	0	

财务主管　　　　记账　　　　出纳　　　　审核　　　　制单

（2）

付 款 凭 证

贷方科目 <u>银行存款</u>　　　　2006年4月2日　　　　　　　银付字第1号

摘要	借方总账科目	明细科目	记账符号	金额								
				千	百	十	万	千	百	十	元	角	分
偿还短期借款	短期借款		√			1	0	0	0	0	0	0	
合计						1	0	0	0	0	0	0	

财务主管　　　　记账　　　　出纳　　　　审核　　　　制单

(3)

付 款 凭 证

贷方科目 <u>银行存款</u>　　　　2006年4月3日　　　　　　　　　　银付字第2号

摘要	借方总账科目	明细科目	记账符号	金额 千	百	十	万	千	百	十	元	角	分
偿还应付欠款	应付账款		√					6	0	0	0	0	0
合计								6	0	0	0	0	0

财务主管　　　　　记账　　　　　出纳　　　　　审核　　　　　制单

（五）根据正确数字与错误数字之间的差额，另编一张与原来内容相同的记账凭证，在摘要栏注明"订正某月某日2号转账凭证"，据以登记入账。转账凭证填写如下。

转 账 凭 证

2006年4月8日　　　　　　　　　　转字第12号

摘要	总账科目	明细科目	记账	借方金额 千	百	十	万	千	百	十	元	角	分	记账	贷方金额 千	百	十	万	千	百	十	元	角	分
订正4月2日2号转账凭证	生产成本		√					9	0	0	0	0												
	原材料													√					9	0	0	0	0	
合计								9	0	0	0	0							9	0	0	0	0	

财务主管　　　　　记账　　　　　出纳　　　　　审核　　　　　制单

(六)

(1)

付 款 凭 证

货方科目　银行存款　　　　2006年6月1日　　　　　　　银付字第1号

摘要	借方总账科目	明细科目	记账符号	金额								
				千	百	十	万	千	百	十	元	角	分
支付货款及运费	原材料	A料						4	5	8	0	0	0	0
合计								4	5	8	0	0	0	0

财务主管　　　　　　记账　　　　　　出纳　　　　　　审核　　　　　　制单

(2)

付 款 凭 证

货方科目　银行存款　　　　2006年6月3日　　　　　　　银付字第2号

摘要	借方总账科目	明细科目	记账符号	金额								
				千	百	十	万	千	百	十	元	角	分
预付料款	预付账款	蓝星公司					1	0	0	0	0	0	0
合计							1	0	0	0	0	0	0

财务主管　　　　　　记账　　　　　　出纳　　　　　　审核　　　　　　制单

第6章 会计凭证

(3)

收 款 凭 证

借方科目 <u>银行存款</u>　　　　2006年6月5日　　　　　　银收字第1号

摘要	贷方总账科目	明细科目	记账符号	金额 千 百 十 万 千 百 十 元 角 分
投资者追加投资	实收资本		√	5 0 0 0 0 0 0
合计				5 0 0 0 0 0 0

财务主管　　　　记账　　　　出纳　　　　审核　　　　制单

(4)

转 账 凭 证

2006年6月7日　　　　　　转字第1号

摘要	总账科目	明细科目	记账	借方金额 千 百 十 万 千 百 十 元 角 分	记账	贷方金额 千 百 十 万 千 百 十 元 角 分
领用材料	生产成本	甲产品	√	3 0 0 0 0 0 0		
	管理费用		√	5 0 0 0 0 0		
	原材料	A料			√	3 5 0 0 0 0 0
合计				3 5 0 0 0 0 0		3 5 0 0 0 0 0

财务主管　　　　记账　　　　出纳　　　　审核　　　　制单

(5)

转 账 凭 证

2006年6月9日　　　　　　　　　　　　　　　　　　　　　　　转字第2号

摘要	总账科目	明细科目	记账	借方金额 千 百 十 万 千 百 十 元 角 分	记账	贷方金额 千 百 十 万 千 百 十 元 角 分
销售A产品	应收账款	清华公司	√	9 8 0 0 0 0 0	√	
		主营业务收入			√	9 8 0 0 0 0 0
合计				9 8 0 0 0 0 0		9 8 0 0 0 0 0

财务主管　　　　　记账　　　　出纳　　　　审核　　　　制单

(6)

转 账 凭 证

2006年6月30日　　　　　　　　　　　　　　　　　　　　　　　转字第3号

摘要	总账科目	明细科目	记账	借方金额 千 百 十 万 千 百 十 元 角 分	记账	贷方金额 千 百 十 万 千 百 十 元 角 分
预提固定资产修理费	管理费用		√	1 0 0 0 0 0 0		
		预提费用			√	1 0 0 0 0 0 0
合计				1 0 0 0 0 0 0		1 0 0 0 0 0 0

财务主管　　　　　记账　　　　出纳　　　　审核　　　　制单

第 6 章 会 计 凭 证

(7)

收 款 凭 证

借方科目 <u>银行存款</u>　　　　2006 年 6 月 30 日　　　　银收字第 2 号

摘要	贷方总账科目	明细科目	记账符号	金额								
				千	百	十	万	千	百	十	元	角	分
收回应收货款	应收账款	清华公司	√				9	8	0	0	0	0	0
合计							9	8	0	0	0	0	0

财务主管　　　　记账　　　　出纳　　　　审核　　　　制单

(8)

收 款 凭 证

借方科目 <u>银行存款</u>　　　　2006 年 6 月 30 日　　　　银收字第 3 号

摘要	贷方总账科目	明细科目	记账符号	金额								
				千	百	十	万	千	百	十	元	角	分
退回多余预付款	预付账款	蓝星公司	√					2	0	0	0	0	0
合计								2	0	0	0	0	0

财务主管　　　　记账　　　　出纳　　　　审核　　　　制单

转 账 凭 证

2006年6月30日　　　　　　　　　　　　　　　　　　　　　　　转字第4号

摘要	总账科目	明细科目	记账	借方金额 千百十万千百十元角分	记账	贷方金额 千百十万千百十元角分
收到预付款材料	原材料		√	８００００		
	预付账款				√	８００００
合计				８００００		８００００

财务主管　　　　　　　记账　　　　　　出纳　　　　　　审核　　　　　　制单

（七）（1）现金支票存根　　　（2）借据　　　　　（3）银行收款通知
　　　（4）转账支票存根、收据　（5）运单收据

八、讨论及网络题（略）。

第 7 章　会 计 账 簿

复习提要

1. 了解会计账簿及其管理；
2. 理解各种账簿的具体格式及登记方法；
3. 掌握对账、结账内容及查错、改错的方法。

7.1　会计账簿的意义和种类

1. 会计账簿的意义

会计账簿，简称账簿，是以会计凭证为依据，用以全面、系统、序时、分类地记录和反映各项经济业务的簿籍（或账本、卡片和表册）。它是由具有专门格式并以一定形式联结在一起的若干账页所组成，即为联结成整体的账户。

在会计账簿中，按一定的程序和方法登记经济业务所引起的会计要素的增减变化，称为记账。设置和登记会计账簿是会计核算的一种专门方法。

会计账簿的意义，在于将分散单个的会计凭证资料集结成整体，完整、连续、系统地加工整理和储存会计信息；同时，将整个经济活动情况集中反映在账簿中，也为编制会计报表积累了全面的资料；而且也便于记账、保管和防止散失，保证会计资料的安全完整。

账簿的设置和登记，对于全面、系统、序时、分类地记录和反映各项经济业务，充分发挥会计在经济管理中的作用，具有重要意义。

2. 会计账簿的作用

会计账簿的主要作用，归纳起来有如下几个方面。

（1）会计账簿能全面反映和监督经济活动

通过设置和登记会计账簿，把会计凭证反映的核算资料进一步归类、汇总，使大量分散的资料形成集中的、系统的、全面的会计核算资料，以便分类反映各项资金的增减变动和结存情况，监督资金的合理使用和财产的妥善保管。

(2) 会计账簿能为管理提供分析和检查资料

利用账簿记录，可以提供各项资产、负债、所有者权益等增减变动情况，考核费用、成本和利润计划的完成情况，开展会计分析和会计检查，以加强经营管理，提高经济效益。

(3) 会计账簿能为编制会计报表和制定财务计划提供资料

账簿可提供总括的和明细的核算指标，从而为编制会计报表提供资料。账簿所反映的核算资料，也是企业当期和以前各期财务状况的真实反映，是企业制定下期和以后各期财务计划的重要依据。

(4) 会计账簿能确保财产物资的安全完整

账簿可以连续反映各项财产物资的增减变动及结存情况，并借助于财产清查、账目核对等方法，反映财产物资的具体情况，以保证财产物资的安全完整。

3. 会计账簿设置的原则

① 能全面、系统地反映企业经济活动，为经济管理提供必要的指标体系。
② 能控制财产物资的增减变化，有利于保护财产物资的安全与完整。
③ 要在满足实际需要的前提下，节省人力、物力、避免重复设账和烦琐复杂。

4. 会计账簿的种类

一个会计主体要设置和运用的账簿，可以按照不同的标志划分为不同的类别。

1) 按会计账簿的用途标志，分为序时账簿、分类账簿和备查账簿三大类

(1) 序时账簿

序时账簿通常称为日记账，它是按照经济业务完成的时间先后顺序，逐日逐笔登记某类或全部经济业务的账簿。

(2) 分类账簿

分类账簿，是以会计科目为名称设置的，分门别类地登记全部或某类经济业务的账簿。按反映内容和提供资料的不同，它又分为总分类账簿和明细分类账簿两种。

总分类账簿，简称总账，它是按总分类账户（总账科目、一级科目）设置的，是用来分类反映会计要素中各科目总括情况的账簿。

明细分类账簿，简称明细账，它是按明细分类账户（明细科目）设置的，是分类记录和反映各明细科目的明细情况的账簿。

(3) 备查账簿

备查账簿也称备查登记簿，简称备查账，它是对某些不能通过序时账和分类账等主要账簿来记录或记录不全的经济业务进行补充登记的账簿。

2) 按会计账簿的外表形式标志，分为订本账、活页账和卡片账

(1) 订本账

订本账，是在启用前就已将一定数量的账页按页码的先后顺序，装订成固定账册的账簿。

(2) 活页账

活页账,是将零散的账页按一定顺序装在账夹内,可随时抽取或装入账页的账簿。

(3) 卡片账

卡片账,是指以一定格式的零散的硬纸或厚纸片作为账页,按一定顺序排列在卡片箱中,可以随时取出和装入的账簿。

一般企业,不论规模大小、业务繁简,都必须设置序时账、总分类账和明细分类账 3 种主要账簿。

7.2 会计账簿的格式和登记

1. 会计账簿的构成

各种主要账簿都应具备 4 个组成部分:

① 封面;② 扉页;③ 账页;④ 封底。

2. 序时账簿的格式和登记

1) 序时账簿的作用

序时账簿的作用在于保证经济业务记录的及时性和系统性,便于检查核对。

企业一般应设置现金日记账和银行存款日记账两本序时账。

2) 序时账簿的格式和登记方法

序时账簿统一规定采用订本式,它的具体格式有两种:三栏式和多栏式。

(1) 三栏式序时账簿的格式和登记方法

三栏式序时账簿的基本结构分为"收入"、"支出"和"结余"三栏。

采用三栏式格式,月末必须将各对方科目分别汇总,编制转账凭证,再过入总账有关科目栏内。

(2) 多栏式序时账簿的格式和登记方法

日常收、付款业务频繁,会计凭证数量较多的企业,为简化核算,可以使用多栏式序时账簿。

多栏式序时账,是在三栏式的基础上加以发展而形成的。它采用对开式,左方(收入方)登记收款;右方(支出方)登记付款。每一方各按应借、应贷对方科目设置若干专栏,根据收款或付款凭证逐日逐笔进行登记。

采用多栏式序时账,账簿本身就起到了汇总记账凭证的作用。月末,利用结出的收入方各科目的合计数,分别过入总账各有关账户的贷方;同时,根据支出方各科目的合计数,过入总账各有关账户的借方。

需要注意的是,在根据各科目的合计数过入总账时,银行存款日记账中的"现金"科目专栏的合计数不过账,因"现金"账户的过账是直接根据现金日记账的合计数进行的;现金日记账中的"银行存款"科目专栏的合计数也不过账,因"银行存款"账户的过账是直接根据银行存款日记账中的合计数进行的,以避免重复过账。

3. 分类账簿的格式和登记

1) 总分类账簿的作用

总分类账簿的主要作用在于全面、系统、总括地反映和记录企业的经济活动，保证会计记录的系统性和完整性，为编制会计报表提供总的指标。

2) 总分类账簿的格式和登记

总分类账一般采用订本式。常用的格式有三栏式和多栏式两种。

（1）三栏式总分类账簿的格式和登记方法

三栏式又叫借贷余额式，是按每一总账科目设立一张账页。左上方的"总账科目"处，填列所开设总账的会计科目名称；"借方"栏、"贷方"栏，分别登记有关记账凭证载明的应记入该账户的借方和贷方金额；"余额"栏，登记该账户的结存金额。

（2）多栏式总分类账簿的格式和登记方法

多栏式总分类账簿与三栏式总分类账簿不同，它将企业的全部总账科目并列在一张账页上。

多栏式总分类账簿的登记，对于转账业务，要逐日逐笔地根据转账凭证登记；对于收、付款业务，则是根据多栏式日记账全月各专栏的合计数登入总账的相应科目栏内。

4. 明细分类账簿的格式和登记

1) 设置明细分类账簿的必要性

总分类账簿反映的是企业会计要素中各科目的总括情况，它对于一般地了解企业会计要素中各科目的增减变化情况和结果很有必要。但是，总分类账不能提供关于它们的详细资料。另外，总账只提供货币指标，即只限于价值核算，有一定的局限性。所以，企业除设置总账外，还必须根据企业经营管理的需要，为有关的总账科目设立明细分类账簿。

2) 明细分类账簿的作用

设置明细分类账簿，可以具体地反映每个项目的增减变化和实有数额，便于加强对财产物资的管理和往来款项的结算，也能为编制会计报表提供详细的资料。

3) 明细分类账簿设置的依据

一般来讲，对经营过程的监督越细致、越具体，就越要设置明细账，进行明细分类核算，提供详细、具体的指标。

4) 明细分类账簿的格式和登记

明细分类账簿主要有三栏式、多栏式和数量金额式3种格式。

（1）三栏式明细分类账簿的格式和登记方法

三栏式（借贷余额式）明细分类账簿的格式的登记方法，除右上角标明"明细科目"，按开设的二级账或明细账的会计科目名称填列外，其余格式和登记方法均同三栏式总分类账。

（2）多栏式明细分类账簿的格式和登记方法

多栏式明细分类账簿格式的一个显著特征，是在"借方"或"贷方"按照明细科目或明细项目分别设置若干专栏。除此之外，均与三栏式相同。

这种明细账适合于需要按项目汇集的科目的明细分类核算。

（3）数量金额式明细分类账簿的格式和登记方法

数量金额式明细分类账簿的格式，是设"收入"、"发出"和"结余"三栏，每栏分设数量、单价和金额专栏，并可根据特殊需要增设某些附栏。根据收发领退的有关凭证登记数量、单价和金额各栏。既进行金额明细核算，又进行数量明细核算。

数量金额式明细账，适用于材料物资和库存商品等的明细分类核算。

5. 总分类账与明细分类账的平行登记

总账是所属明细账的总的概括，对明细账起着控制作用；明细账是总账的详细记录，对总账起着补充说明的作用。具体体现在以下3个方面：

第一，两者核算的对象一致、性质相同；

第二，两者登记的原始依据相同；

第三，提供的资料互为补充。

所以，在它们之间就形成了统治与被统治的关系，总数与细数的关系。这种关系，决定了它们的记账特点——平行登记：

① 对每一笔经济业务，既要记总账，又要记其所属的明细账（同期间）；

② 总账与其明细账的登记方向相同（同方向）；

③ 总账所记金额与其所属各明细账所记金额之和相等（同金额）。

6. 登记账簿的规则

（1）启用账簿的规则

在启用账簿时：

① 封面上写明单位名称和账簿名称；

② 扉页上应附"账簿使用登记表"；

③ 订本式账簿，应顺序编号、编订页数；

④ 活页式账簿，按账页顺序编号，定期装订成册。

（2）登记账簿的规则

① 根据审核无误的会计凭证为依据登记账簿；

② 登记账簿要用钢笔和蓝黑墨水书写；

③ 文字和数字书写必须工整、规范；

④ 按顺序逐页、逐行登记；

⑤ 在账页上注明账户余额方向；

⑥ 每页账页记完时，应办理转页手续。

7.3 对账和结账

1. 对账

在会计工作中,对各种账簿记录所做的检查和核对工作,称为对账。

对账的主要内容包括以下 3 个方面。

（1）账证核对,是指对各种账簿记录与其据以过账的有关会计凭证核对相符。

（2）账账核对,是指各种账簿之间的有关指标核对相符。具体包括：

① 总分类账全部账户发生额和余额的试算平衡；

② 总分类账与其所属明细分类账、日记账之间的平行登记核对相符；

③ 会计部门有关财产物资的明细分类账与其保管或使用部门的明细分类账核对相符；

④ 应收、应付账款明细账与有关债务、债权单位的应付、应收账款明细账核对相符等。

（3）账实核对,是指财产物资的账面结存数与其实物结存数核对相符。具体包括：

① 银行存款日记账的账面余额与银行对账单核对相符；

② 现金日记账的账面余额与库存现款核对相符；

③ 各种财产物资的明细账账面余额与其库存实物核对相符等。

2. 结账

结账,就是结算各种账簿记录。

结账是把一定时期内企业所发生的全部经济业务全部登记入账,并在已核对相符的基础上,结算各种账簿的本期发生额合计和期末余额,同时将其余额结转下期或转入新的账簿内的一系列账务处理。

结账包括以下几个方面的内容。

（1）检查账簿记录的完整性

① 本期内发生的经济业务,应全部登记入账；

② 调整账簿记录。

（2）检查账簿记录的正确性

① 在本期发生的经济业务全部登记入账的基础上,结算出各种账簿的本期发生额和期末余额,并结转下期。

② 根据结出的各账户的本期发生额和期末余额,编制"总账本期发生额试算平衡表"、"总账余额试算平衡表"和"明细账本期发生额明细表"。

这里还应当指出的是,即便试算表的借、贷两方的合计数是平衡的,也还不足以说明账户的记录完全正确无误。因为在发生下列记账错误的情况下,仍然不会影响借、贷双方的平衡关系：

① 某一项经济业务漏记或重记；

② 把一项或几项经济业务记入错误的账户；

③ 一项错误的记录恰好抵消了另一项错误记录。

7.4 查错和改错

1. 查错

错账在正常情况下，最常见的主要有凭证错误而发生的账错和登记误差而发生的账错两类。

因凭证错误而发生的账错，简称"证错"，是指由于记账凭证填制错误据以登记入账后，在账簿上表现的错账。这种错误，更正时既要更正凭证，又要更正账簿。

因登记误差而发生的账错，简称"账错"，是指过账过程中的一些差错。更正时，只在账簿上进行。

有了错误就必须检查。查错的方法通常有以下 3 种。

（1）顺查法

即按会计核算顺序查错：

① 检查记账凭证与所附原始凭证内容是否相符；

② 记账凭证与有关总账、明细账、日记账核对；

③ 检查试算表的发生额和余额有无错误。

（2）逆查法

该方法与记账的程序相反，逐步缩小错误的范围。一般的步骤是：

① 把各科目的期初余额与上月本期发生额对照表的期末余额核对，看其是否抄错了数字；

② 检查转抄到本期发生额对照表上的发生额有没有抄错；

③ 检查期末余额的计算是否正确；

④ 总账的本期发生额总计与记账凭证总计数核对，判定是借方记错，还是贷方记错；

⑤ 把有关总账科目与所属明细账本期发生额明细表核对，看有关数字是否分别相符；

⑥ 把账簿记录逐笔与记账凭证核对，记账凭证逐笔与原始凭证核对。

（3）技术方法

① 二除法：即将差额数除以 2 查找错账的方法。

记账发生方向错误，如应记借方的记到了贷方，应记贷方的记到了借方，这样就使一方的合计数加大，另一方的合计数减少。借贷双方不平衡，其差额正好是记错数字的一倍，而且为偶数，用 2 去除，就可能找到错误的数字。

② 九除法：即将差额数除以 9 查找错账的方法。

记账时把数字的位置写错了，借贷双方就会出现差额。在这种情况下可以采用九除法，即将差数除以 9，如能除尽，则可能有两种情况：

• 数字倒置；

- 数字位移。

2. 改错

最常用的更正错误的方法有划线更正法、红字冲账法和补充登记法。

（1）划线更正法

该方法是在记账过程中和结账前，发现错记情况下，在错误的文字或金额上划一条红线表示注销，再在划线上方的预留空白处，用蓝字填写上正确的文字或数字的一种更正方法。

它只适用于结账前在记账过程中，发生在记账凭证或账簿中的单纯文字、数字错误，以及误过账户、账栏、金额。

（2）红字冲账法

它是利用账户同方向蓝字金额和红字金额相减关系的道理，采用编制红字金额的记账凭证入账，将错账予以更正的一种更正方法。

它适用于以下两种情况的错账更正。

① 记账后，发现记账凭证中应借、应贷账户对应关系错误。

分两步进行订正：第一步，做一个对应关系与金额和原会计分录完全相同的红字分录，以冲销原来的错误分录；第二步，用蓝字做一个正确的会计分录，以示更正。

② 账户对应关系正确，但已记金额大于应记金额，并已对账。

有以下两种更正方法：

- 差额更正法。更正时，应编制一张金额用红字列示两者差额的相同记账凭证，以将多记金额从账簿上冲减予以更正。
- 全额冲销法。更正时，应编制两张记账凭证入账。

第一张，用红字金额填一张与原已入账的错误凭证相同的凭证入账，将错误金额记录冲销。

第二张，再用蓝字金额填写一张正确的凭证入账。

（3）补充登记法

它是利用账户同方向蓝字金额相加关系的道理，采用编制蓝字金额的记账凭证作补充登记，将错账予以更正的一种方法。

它适用于过账后、结账前清账过程中，发现原已入账的记账凭证所记金额小于应记金额的错账更正。

更正时，只需编制一张用蓝字金额列示前后两者差额的记账凭证登记入账即可。

7.5 账簿的更换和保管

1. 账簿的更换

通常日记账、总分类账及明细账都要每年更换新账，但固定资产明细账，不必每年更换新账。

更换账簿，在年终进行结账时，要将各账户的年末余额直接抄入新账的有关账户中。在摘要栏内注明"上年结转"或"年初余额"。在旧账页最后一页摘要栏注明"结转下年"。

2. 账簿的保管

会计人员应在年度终了时，将已更换的各种会计账簿装订成册，加上封面，统一编号，并由有关人员签章后归档保管。

各单位必须严格按照会计档案管理的有关规定履行账簿的保管、借阅和销毁手续。

☞ 练习题

一、名词解释

1. 会计账簿
2. 序时账簿
3. 分类账簿
4. 总分类账簿
5. 明细分类账簿
6. 订本式账簿
7. 活页式账簿
8. 卡片式账簿
9. 对账
10. 结账

二、填空题

1. 会计账簿按其用途标志，分为＿＿＿＿＿＿＿＿＿＿三大类。
2. 分类账簿按反映内容和提供资料详细程序的不同，分为＿＿＿＿＿＿两种。
3. 会计账簿按其＿＿＿＿＿＿＿标志，分为订本账、活页账和卡片账三大类。
4. 一本完整的会计账簿，通常由＿＿＿＿＿＿＿4个部分构成。
5. 总账与明细账的关系，决定了它们的记账特点是＿＿＿＿＿＿＿＿。
6. 错账最常用的更正方法有＿＿＿＿＿3种。
7. 红字冲账法适用于＿＿＿＿＿＿＿的错账更正。
8. 补充登记法适用于＿＿＿＿＿＿的错账更正。
9. 各种账簿记录所做的核对工作，主要包括＿＿＿＿＿＿3个方面。
10. 将现金送存银行的银行存款收入额，应根据＿＿＿＿＿＿＿凭证登记银行存款日记账的＿＿＿＿＿栏。

三、判断题

1. 设置和登记会计账簿是会计核算的一种专门方法。（　　）
2. 序时账簿中，登记全部经济业务的日记账称为特种日记账。（　　）
3. 分类账簿，是按总账科目（一级科目）设置的。（　　）
4. 企业都必须设置序时账、总分类账和明细分类账。（　　）
5. 为了防止账页散失和抽换，日记账和分类账必须采用订本式账簿。（　　）
6. 所有的总账都必须设置明细账，进行明细分类核算。（　　）

7. 总账与其所属明细账之间的关系，是统治与被统治的关系，总数与细数的关系。
（　　）
8. 试算表的借、贷双方的合计数是平衡的，说明账户的记录完全正确无误。（　　）
9. 某会计人员在填制记账凭证时，误将 6 800 元记为 8 600 元，并已登记入账。月终结账前发现错误，更正时采用划线更正法。（　　）
10. 总分类账户和明细分类账户登记方向必须相同。（　　）

四、单项选择题

1. ＿＿＿＿属于普通日记账。
   A. 现金日记账　　　　B. 转账日记账　　　　C. 分录簿
2. ＿＿＿＿采用订本式账簿。
   A. 日记账　　　　　　B. 明细分类账　　　　C. 委托加工材料登记簿
3. ＿＿＿＿适用九除法查找错误。
   A. 数字位移　　　　　B. 漏列　　　　　　　C. 重列
4. 多栏式序时账的收入方，相当于一张全月汇总的＿＿＿＿。
   A. 付款凭证　　　　　B. 收款凭证　　　　　C. 转账凭证
5. 从银行提取现金时，登记现金日记账的依据是＿＿＿＿。
   A. 现金收款凭证　　　B. 现金付款凭证　　　C. 银行存款付款凭证
6. 活页式账簿和卡片式账簿主要用于＿＿＿＿。
   A. 日记账　　　　　　B. 分类账簿　　　　　C. 明细分类账簿
7. 总分类账与其明细账平行登记的要点可以概括为＿＿＿＿。
   A. 依据相同、方向一致、金额相等
   B. 方向一致、颜色相同、金额相等
   C. 依据相同、颜色相同、方向一致
8. 新的会计年度开始，启用新账时，＿＿＿＿可以继续使用，不必更换新账。
   A. 日记账　　　　　　B. 固定资产卡片　　　C. 明细账
9. 不需要设置明细账的有＿＿＿＿。
   A. 原材料　　　　　　B. 应收账款　　　　　C. 库存现金
10. 记账时将 1 000 元误记为 100 元，尚未结账，应采用的更正方法为＿＿＿＿。
    A. 划线更正法　　　　B. 红字冲账法　　　　C. 补充登记法

五、多项选择题

1. ＿＿＿＿属于特种日记账。
   A. 现金日记账　　B. 银行存款日记账　　C. 明细分类账　　D. 分录簿
   E. 转账日记账
2. 总分类账设置是按＿＿＿＿。
   A. 明细科目　　　B. 总账科目　　　　　C. 二级科目　　　D. 一级科目

E. 时间顺序
3. _____必须采用订本式账簿。
   A. 现金日记账　　　B. 银行存款日记账　　　C. 总分类账
   D. 明细分类账　　　E. 备查账
4. 账页的基本内容包括：_____。
   A. 封面　　　B. 账户的名称　　　C. 日期栏　　　D. 凭证种类
   E. 金额栏　　F. 摘要栏
5. 总账和所属明细账的平行登记是指_____。
   A. 同性质　　　B. 同期间　　　C. 互为补充　　　D. 同方向
   E. 同金额
6. 对账的主要内容包括_____。
   A. 账证核对　　　B. 账账核对　　　C. 账表核对　　　D. 账实核对
   E. 账单核对
7. 已过账的记账凭证，结账前发现已记金额大于应记金额，更正时采用_____。
   A. 划线更正法　　　B. 红字冲账法　　　C. 差额冲销法
   D. 补充登记法　　　E. 全额冲销法
8. 明细分类账可以根据_____登记。
   A. 原始凭证　　　B. 汇总原始凭证　　　C. 记账凭证　　　D. 经济合同
   E. 收据
9. 数量金额式明细分类账的格式适用于_____。
   A. "库存商品"明细账　　　B. "生产成本"明细账
   C. "应付账款"明细账　　　D. "原材料"明细账
   E. "管理费用"明细账
10. 多栏式明细分类账的账页格式多适用于_____。
    A. "应收账款"明细分类账　　　B. "待摊费用"明细分类账
    C. "管理费用"明细分类账　　　D. "生产成本"明细分类账
    E. "主营业务收入"明细分类账

六、简答题

1. 什么是会计账簿？为什么要设置会计账簿？
2. 会计账簿有哪些作用？
3. 会计账簿设置的原则是什么？
4. 订本账的优点、缺点是什么？适用于什么情况？
5. 活页账的优点、缺点是什么？适用于什么情况？
6. 卡片账的优点、缺点是什么？适用于什么情况？
7. 为什么要设置明细账？

8. 明细账的作用是什么？

9. 总账与其所属明细账之间有什么关系？

10. 总账与其所属明细账之间为什么要平行登记？平行登记的要点是什么？

11. 什么是划线更正法？它适用于什么情况下的错账更正？

12. 什么是红字更正法？它适用于那种错账的更正？

13. 对账的内容是什么？

14. 结账的内容是什么？

15. 登记账簿有哪些基本规则？

七、核算与计算题

（一）掌握三栏式日记账的登记方法

【资料】

（1）某厂 6 月 1 日现金账户余额 600 元；

（2）本月发生有关现金收支业务如下：

① 1 日，以现金 25 元购买文具用品；

② 2 日，以现金支付电报费 10 元；

③ 3 日，从银行提取现金 200 元，以备日常开支；

④ 4 日，以现金支付购料搬运费 50 元；

⑤ 5 日，从银行提取现金 2 000 元，以备发放工资；

⑥ 6 日，以现金支付职工工资 2 000 元。

【要求】

（1）根据上述经济业务，填制记账凭证（或会计分录）。

（2）根据记账凭证（或会计分录），登记三栏式现金日记账。

（二）掌握多栏式日记账的登记方法

【资料】

（1）某厂 6 月 1 日部分总分类账户的结余额如下：

银行存款 15 000 元　　应付账款 5 000 元

库存产品 8 000 元　　原材料 20 000 元

应收账款 3 000 元

（2）本月份发生的有关银行存款收支业务如下：

① 1 日，收到银行通知，收到购买单位还来购货欠款 2 000 元；

② 2 日，以银行存款支付购料欠款 4 000 元；

③ 3 日，从银行提取现金 200 元，以备日常开支；

④ 4 日，以银行存款支付购入材料款 3 000 元；

⑤ 5 日，从银行提现金 2 000 元，以备发放工资；

⑥ 6 日，发出产品一批，售价 5 000 元，已由银行代收入账。

【要求】

(1) 根据上列经济业务，填制记账凭证（或会计分录）。

(2) 根据记账凭证（或会计分录），登记多栏式银行存款日记账。

(三) 掌握总分类账和明细分类账的平行登记方法

【资料】

(1) 某厂 3 月 1 日材料总账和明细账的余额如下：

原材料总账：6 000 元

原材料明细账：甲材料 2 000 元

乙材料 2 500 元

丙材料 1 500 元

(2) 3 月份发生下列经济业务：

① 5 日车间领用材料用于生产，其中甲材料 1 000 元，乙材料 500 元，丙材料 200 元；

② 10 日用银行存款购买下列材料，材料已验收入库。其中，甲材料 800 元，乙材料 600 元。

【要求】

(1) 开设原材料总账和明细账，登记期初余额。

(2) 为经济业务编制会计分录。

(3) 根据编制的会计分录，记入有关的总账和明细账，并分别求出它们的本期发生额和期末余额。

(四) 掌握错账的更正方法

【资料】

(1) 某厂 7 月份发生下列经济业务：

① 从 A 厂购入材料一批，价款 2 000 元，已验收入库，货款未付；

② 制造产品领用材料 1 800 元；

③ 以现金 80 元支付材料运费；

④ 从银行提取现金 200 元。

(2) 根据上述经济业务，编制下列会计分录。

① 借：原材料　　　　　　　　　　20 000

　　贷：应付账款　　　　　　　　　　　20 000

② 借：管理费用　　　　　　　　　　1 800

　　贷：原材料　　　　　　　　　　　　1 800

③ 借：原材料　　　　　　　　　　　　80

　　贷：银行存款　　　　　　　　　　　　80

④ 借：库存现金　　　　　　　　　2 000

　　贷：银行存款　　　　　　　　　　　2 000

（3）根据上列会计分录，登记总账。

原材料		应收账款	
① 20 000	② 1 800	① 20 000	
③ 80			

管理费用		银行存款	
② 1 800		③ 80	
		④ 2 000	

库存现金	
③ 2 000	

【要求】
根据上列资料，判别哪笔分录和记账有错误，说明更正错误应采用的方法。

八、讨论及网络题
新《会计法》对会计账簿的设置、登记和对账有哪些重要的规定？了解"规定"的内容及其意义。

◆ 练习题答案

一、名词解释

1. 会计账簿，是以会计凭证为依据，用以全面、系统、序时、分类地记录和反映各项经济业务的簿籍（或账本、卡片和表册），即为联结成整体的账户。

2. 序时账簿，通常称为日记账，它是按照经济业务完成时间的先后顺序，逐日逐笔登记某类或全部经济业务的账簿。

3. 分类账簿，是以会计科目为名称设置的，分门别类地登记全部或某类经济业务的账簿。

4. 总分类账簿，简称总账，它是按总账科目（一级科目）设置的，用来分类反映会计要素中各科目总括情况的账簿。

5. 明细分类账簿，简称明细账，它是按明细分类账户（明细科目）设置的，是分类记录和反映各明细科目的明细情况的账簿。

6. 订本式账簿，是在启用前就已将一定数量的账页按页码的先后顺序装订成固定账册的账簿。

7. 活页式账簿，是将零散的账页按一定顺序装在账夹内，可随时抽取或装入账页的账簿。

8. 卡片式账簿，是指以一定格式的零散的硬纸或厚纸卡片作为账页，按一定顺序排列在卡片箱中，可以随时取出或装入的账簿。

9. 在会计工作中，对各种账簿记录所做的核对工作，称为对账。

10. 结账，就是把在一定时期内企业所发生的经济业务全部登记入账，并在已核对相符的基础上，结算各种账簿的本期发生额合计和期末余额，同时将余额结转下期或转入新的账簿内的一系列账务处理。

二、填空题

1. 序时账簿、分类账簿和备查账簿
2. 总分类账簿和明细分类账簿
3. 外表形式
4. 封面、扉页、账页、封底
5. 平行登记
6. 划线更正法、红字冲账法和补充登记法
7. 结账前发现已过账的记账凭证账户对应关系错误或已记金额大于应记金额
8. 结账前发现已过账的记账凭证已记金额小于应记金额
9. 账证核对、账账核对、账实核对
10. 现金付款　　借方（收入）

三、判断题

1. √　　2. ×　　3. ×　　4. √　　5. ×
6. ×　　7. √　　8. ×　　9. ×　　10. ×

四、单项选择题

1. C　　2. A　　3. A　　4. B　　5. C
6. C　　7. A　　8. B　　9. C　　10. A

五、多项选择题

1. A B E　　2. B D　　3. A B C　　4. B C D E F　　5. B D E
6. A B D　　7. B C E　　8. A B C E　　9. A D　　10. C D E

六、简答题

1. 会计账簿，是以会计凭证为依据，用以全面、系统、序时、分类地记录和反映各项经济业务的簿籍（或账本、卡片和表册）。

设置和运用会计账簿的意义，在于将分散单个的会计凭证资料集结成整体，完整、连续、系统地加工整理和储存会计信息，同时，将整个经济活动情况集中反映在账簿中，又为

编制会计报表积累了全面的资料；而且也便于记账、保管和防止散失，保证会计资料的安全完整。

2. 会计账簿的主要作用，归纳起来有如下几个方面：
① 会计账簿能全面反映和监督经济活动；
② 会计账簿能为管理提供分析检查资料；
③ 会计账簿能为编制会计报表和制定财务计划提供资料；
④ 会计账簿能确保财产物资的安全完整。

3. 设置会计账簿的原则是：
① 能全面、系统地反映企业经济活动，为经营管理提供必要的指标体系；
② 要能控制财产物资的增减变化，有利于保护社会主义财产的安全与完整；
③ 要在满足实际需要的前提下，节省人力、物力，避免重复设账和烦琐复杂。

4. 订本账的优点是：能够避免账页散失和防止抽换账页。缺点是：账页固定不能增减，故必须为每一账户预留若干空白账页；而且不便于分工记账。

为防止账页散失和抽换，"现金日记账"、"银行存款日记账"和"总分类账"，以及某些重要的财产物资明细账，必须采用订本账。

5. 活页账的优点是：便于分工记账，便于进行机械化核算，便于做各种不同的分类排列以求得各种必要的指标。缺点是：账页容易散失，容易被抽换。

为了便于分工记账和避免浪费账页，明细账一般采用活页账。

6. 卡片账的优点是：便于分工记账，使用灵活方便，不需预留账页，便于机械化核算；缺点是：卡片容易散失和被抽换。

为避免频繁更换账页，为分类汇总和根据管理需要转移账卡提供方便，固定资产、低值易消耗品等明细账，一般采用这种详细具体、使用灵活的卡片账。

7. 总分类账反映的是企业会计要素中各科目的总括情况，它对于一般地了解企业会计要素中各科目的增减变化情况和结果很有必要。但是，总分类账不能提供关于它们的详细资料。另外，总账只提供货币指标，即只限于价值核算，有一定的局限性。所以，企业除设置总账外，还必须根据企业经营管理的需要，为有关的总账设立明细账。

8. 设置明细账，可以具体地反映每个项目的增减变化和实有数额，便于加强对财产物资的管理、往来款项的结算，也能为编制会计报表提供详细的资料。

此外，明细账可同时运用货币和实物指标。明细账是总账的具体化，是总账的补充说明。

9. 总账与其所属明细账的关系十分密切。总账是所属明细账的总的概括，对明细账起着控制作用；明细账是总账的详细记录，对总账起着补充说明的作用。具体体现为：

第一，两者核算的对象一致，性质相同；
第二，两者登记的原始依据相同；
第三，提供的资料互为补充。

所以，在它们之间形成了统制与被统制的关系，总数与细数的关系，这种关系决定了它们记账的特点——平行登记。

10. 因为总账与明细账之间是统制与被统制的关系，总数与细数的关系，这种关系决定了它们记账的特点——平行登记。

平行登记的要点是：

① 对每一笔经济业务，既要记总账，又要记其所属明细账（同期间）；

② 总账和其明细账的变动方向必须相同（同方向）；

③ 总账所记金额必须与其各明细账所记金额相等（同金额）。

11. 划线更正法，是在记账过程中结账前，发现账簿记录中文字、数字错记时，在错误的文字或金额上划一条红线表示注销，再在划线上方的预留空白处，用蓝字填写正确的文字或数字的一种更正方法。

它只适用于结账前在记账过程中，发生在记账凭证或账簿中的单纯文字、**数字错误**，以及误过账户、账栏、金额。

12. 红字更正法，是利用账户同方向蓝字金额和红字金额相减关系的道理，采用编制红字金额的记账凭证入账，将错账予以更正的一种更正方法。

它适用于过账后结账前清账过程中，发现原已过账的记账凭证，存在对应账户名称用错或已记金额大于应记金额时的错账更正。

13. 对账的主要内容包括 3 个方面。

（1）账证核对，将各种账簿记录与其据以过账的有关会计凭证核对相符。这种核对主要是在日常编制凭证和记账过程中进行的。

（2）账账核对，将各种账簿之间的有关指标核对相符。具体包括：

① 总分类账全部账户发生额和余额的试算平衡；

② 总分类账与其所属明细分类账、日记账之间的平行登记核对相符；

③ 会计部门有关财产的明细账与其保管或使用部门的明细分类账核对相符；

④ 应收、应付账款明细账与有关债务、债权单位的应付、应收账款明细账核对相符等。

（3）账实核对，将财产物资的账面结存数与其实物结存数核对相符。具体包括：

① 银行存款日记账的账面余额与其银行对账单核对相符；

② 现金日记账的账面余额与库存现款核对相符；

③ 各种财产物资的明细账账面余额与其库存实物核对相符等。

14. 结账的内容主要包括以下几个方面。

（1）检查账簿记录的完整性

① 本期内发生的经济业务，应全部登记入账。但不得提前入账，也不得延至下期入账。

② 调整账簿记录，以正确计算当期损益。

（2）检查账簿记录的正确性

① 在本期发生的经济业务全部登记入账的基础上，结算各种账簿的本期发生额和期末余额，并结转下期。

② 根据结出的各账户的本期发生额和期末余额，编制"总账本期发生额试算平衡表"、"总账余额试算平衡表"和"明细账本期发生额明细表。"

15. 登账必须按规定的方法，一般应遵循下列规则：

（1）根据审核无误的会计凭证为依据登记账簿；
（2）登记账簿要用钢笔和蓝黑墨水书写；
（3）文字和数字书写必须工整、规范；
（4）按顺序逐页、逐行登记；
（5）在账页上注明账户余额方向；
（6）每张账页记完时，应办理转页手续。

七、核算与计算题

（一）

（1）编制会计分录

① 借：管理费用　　　　　　　　　　　25
　　贷：库存现金　　　　　　　　　　　　　25

② 借：管理费用　　　　　　　　　　　10
　　贷：库存现金　　　　　　　　　　　　　10

③ 借：库存现金　　　　　　　　　　　200
　　贷：银行存款　　　　　　　　　　　　　200

④ 借：材料采购　　　　　　　　　　　50
　　贷：库存现金　　　　　　　　　　　　　50

⑤ 借：库存现金　　　　　　　　　　　2 000
　　贷：银行存款　　　　　　　　　　　　　2 000

⑥ 借：应付职工薪酬　　　　　　　　　2 000
　　贷：库存现金　　　　　　　　　　　　　2 000

（2）登记三栏式现金日记账

现金日记账期初余额　　　　　　　　　　600
收方本期发生额　　　　　　　　　　　2 200
支方本期发生额　　　　　　　　　　　2 085
期末余额　　　　　　　　　　　　　　　715

具体格式及登记方法如表 7–1 所示。

表7-1 现金日记账(三栏式)

第×页　　　单位：元

年		凭证		摘要	对方科目	收入	支出	余额
月	日	种类	编号					
6	1			期初余额				600
6	1			购买文具	管理费用		25	575
6	2			付电报费	管理费用		10	565
6	3			提现金	银行存款	200		765
6	4			付购料运费	材料采购		50	715
6	5			提现金	银行存款	2 000		2 715
6	6			发工资	应付职工薪酬		2 000	715
6	30			合计		2 200	2 085	715

(二)

(1) 编制会计分录：

① 借：银行存款　　　　　　　　　2 000
　　贷：应收账款　　　　　　　　　　　2 000

② 借：应付账款　　　　　　　　　4 000
　　贷：银行存款　　　　　　　　　　　4 000

③ 借：库存现金　　　　　　　　　200
　　贷：银行存款　　　　　　　　　　　200

④ 借：材料采购　　　　　　　　　3 000
　　贷：银行存款　　　　　　　　　　　3 000

⑤ 借：库存现金　　　　　　　　　2 000
　　贷：银行存款　　　　　　　　　　　2 000

⑥ 借：银行存款　　　　　　　　　5 000
　　贷：主营业务收入　　　　　　　　　5 000

(2) 登记多栏式银行存款日记账：

银行存款日记账期初余额　　　　　15 000
收入方合计（借方）　　　　　　　　7 000
支出方合计（贷方）　　　　　　　　9 200
期末余额　　　　　　　　　　　　 12 800

(3) 具体格式及登记方法如表7-2所示。

表7-2 银行存款日记账（多栏式）

存款种类：人民币　　　　　　　　　　　　　　　　第×页　　　　单位：元

年		凭证		摘要	收入（借方）			支出（贷方）				余额
					对方科目（贷方）			对方科目（借方）				
月	日	种类	编号		应收账款	主营业务收入	合计	材料采购	库存现金	应付账款	合计	
6	1			期初余额								15 000
6	1			收回欠款	2 000		2 000					17 000
6	2			付欠款						4 000	4 000	13 000
6	3			提现金					200		200	12 800
6	4			付料款				3 000			3 000	9 800
6	5			提现金					2 000		2 000	7 800
6	6			销售产品		5 000	5 000					12 800
6	30			合计			7 000				9 200	12 800

（三）

（1）原材料总账和明细账的期初余额见表7-3至表7-6。

（2）编制会计分录

①　借：生产成本　　　　　　　　　　　　　1 700
　　　　贷：原材料　　　　　　　　　　　　　1 700
　　　　　　——甲材料　　　　　　　　　　　1 000
　　　　　　——乙材料　　　　　　　　　　　　500
　　　　　　——丙材料　　　　　　　　　　　　200

②　借：原材料　　　　　　　　　　　　　　1 400
　　　　——甲材料　　　　　　　　　　　　　800
　　　　——乙材料　　　　　　　　　　　　　600
　　　　贷：银行存款　　　　　　　　　　　　1 400

（3）原材料总账本期借方发生额　　　　　　1 400
　　　本期贷方发生额　　　　　　　　　　　1 700
　　　期末余额　　　　　　　　　　　　　　5 700

各明细账本期发生额：

甲材料借方发生额：　　　　　　　　　　　　800
　　　贷方发生额：　　　　　　　　　　　　1 000
乙材料借方发生额：　　　　　　　　　　　　600
　　　贷方发生额：　　　　　　　　　　　　500

丙材料贷方发生额: 200

各明细账期末余额:

  甲材料   1 800

  乙材料   2 600

  丙材料   1 300

总账、明细账登记见表7-3至表7-6。

表7-3 总账(借贷余额式)

总账科目:原材料   单位:元

年		凭证号码	摘要	对方科目	借方	贷方	借或贷	余额
月	日							
3	1		期初余额				借	6 000
3	5		生产领料	生产成本		1 700	借	4 300
3	10		购入材料	银行存款	1 400		借	5 700
3	31		合计		1 400	1 700	借	5 700

表7-4 明细账

总账科目:原材料   明细科目:甲料   单位:元

年		凭证号码	摘要	收入		支出		结余	
月	日			数量	金额	数量	金额	数量	金额
3	1		期初余额						2 000
3	5		生产领料				1 000		1 000
3	10		购入材料		800				1 800
3	31		合计		800		1 000		1 800

表7-5 明细账

总账科目:原材料   明细科目:乙料   单位:元

年		凭证号码	摘要	收入		支出		结余	
月	日			数量	金额	数量	金额	数量	金额
3	1		期初余额						2 500
3	5		生产领料				500		2 000
3	10		购入材料		600				2 600
3	31		合计		600		500		2 600

表 7-6 明细账

总账科目：原材料　　　　　　　　　明细科目：丙料　　　　　　　　　　　单位：元

年		凭证号码	摘要	收入		支出		结余	
月	日			数量	金额	数量	金额	数量	金额
3	1		期初余额						1 500
3	5		生产领料				200		1 300
3	31		合计				200		1 300

（四）

第一笔属于分录错误，已记金额大于应记金额，应采用红字冲账法更正。

第二笔属于分录错误，对应账户名称错误，应采用红字冲账法更正。

第三笔属于分录错误，对应账户名称错误，应采用红字冲账法更正。

第四笔属于记账过程中单纯数字错误，应采用划线更正法更正。

更正的会计分录如下：

① 更正　借：原材料　　　　　　　　18 000

　　　　　　贷：应付账款　　　　　　18 000

② 更正　借：管理费用　　　　　　　1 800

　　　　　　贷：原材料　　　　　　　1 800

　　　　　借：生产成本　　　　　　　1 800

　　　　　　贷：原材料　　　　　　　1 800

③ 更正　借：原材料　　　　　　　　80

　　　　　　贷：银行存款　　　　　　80

　　　　　借：原材料　　　　　　　　80

　　　　　　贷：银行存款　　　　　　80

将上述分录登记入账：

原材料　　　　　　　　　　　　　　　　　　　　应付账款

① 　20 000　　　　　　　　　　　　　　　　　　　　　　　　① 　20 000

③ 　　80　　　②　　1 800　　　　　　　　　　　　　　　　　更① 　18 000

更正① 　1 800　　更② 　1 800

更③ 　80　　　　更② 1 800

更③ 　80

第7章 会计账簿

管理费用		库存现金	
② 1 800		④ 200	更③ 80
更② 1 800		~~2 000~~	

银行存款		生产成本	
③ 80			
④ 200			更② 1 800
~~2 000~~			
更③	80		

八、讨论及网络题（略）。

第8章 会计核算组织程序

复习提要

1. 了解会计核算组织程序的概念及其意义;
2. 理解会计核算组织程序的种类及其记账程序;
3. 掌握各种会计核算程序的特点、优缺点及其适用范围。

8.1 会计核算组织程序概述

1. 会计核算组织程序的概念和意义

所谓会计核算组织程序,是以账簿体系为核心,把会计凭证、会计账簿、会计报表和记账程序、记账方法有机结合起来的技术组织方式。具体就是规定会计凭证、账簿的种类、格式和登记方法及各种会计凭证之间、账簿之间和各种会计凭证与账簿之间,以及各种报表之间,各种账簿与报表之间的相互联系及编制的程序。

选用合适的会计核算组织程序,对于科学地组织本单位的会计核算工作具有重要意义:

① 可以提供正确、完整、及时的信息资料,提高会计核算工作的效率;
② 可以迅速形成财务信息,提高会计核算资料的质量,满足经营管理的需要;
③ 可以减少不必要的核算环节和手续,节省人力、物力和财力的消耗,提高会计核算工作的效益。

2. 会计核算组织程序的种类

企业在选用适合本单位的会计核算组织程序时,应考虑以下几方面的因素:

① 根据本单位经济活动的特点,规模的大小、业务的繁简等实际情况,选用会计核算组织程序;
② 根据本单位经营管理和提高经济效益的需要,选用会计核算组织程序;
③ 根据简化核算手续的要求,选用会计核算组织程序。

目前,我国常采用的会计核算组织程序有:

① 记账凭证核算组织程序；
② 汇总记账凭证核算组织程序；
③ 科目汇总表核算组织程序；
④ 多栏日记账核算组织程序；
⑤ 日记总账核算组织程序。

8.2　各种会计核算组织程序的记账程序

1. 记账凭证核算组织程序

（1）记账凭证核算组织程序的记账程序

记账凭证核算组织程序，是根据收款凭证、付款凭证和转账凭证直接地、逐笔地登记总分类账的一种会计核算组织程序。

记账程序是：

① 根据原始凭证、原始凭证汇总表编制记账凭证；
② 根据原始凭证、原始凭证汇总表和各种记账凭证，登记明细分类账；
③ 根据收款凭证和付款凭证登记日记账；
④ 根据各种记账凭证逐笔登记总分类账；
⑤ 月末，日记账、明细账与总账进行核对；
⑥ 月末，根据总账和明细账的资料编制会计报表。

（2）记账凭证核算组织程序的特点、优点、缺点及适用范围

特点：根据每一张记账凭证直接登记总分类账。

优点：对应关系清楚，操作简单，程序简明。

缺点：登账次数多，工作繁重，总账与日记账有重复。

适用范围：适用于经营规模不大，经济业务较少的单位。

2. 汇总记账凭证核算组织程序

（1）汇总记账凭证核算组织程序的记账程序

汇总记账凭证核算组织程序，是定期将收款凭证、付款凭证和转账凭证按照会计账户的对应关系进行汇总，分别编制"汇总收款凭证"、"汇总付款凭证"和"汇总转账凭证"，然后再根据各种汇总记账凭证登记总分类账的一种会计核算组织程序。

记账程序是：

① 根据原始凭证、原始凭证汇总表编制记账凭证；
② 根据原始凭证、原始凭证汇总表和各种记账凭证，登记明细分类账；
③ 根据收款凭证、付款凭证登记日记账；
④ 根据各种记账凭证汇总编制各种汇总记账凭证；
⑤ 根据各种汇总记账凭证登记总分类账；

⑥ 月末，日记账、明细账与总账进行核对；
⑦ 月末，根据总账和明细账的资料编制会计报表。
（2）汇总记账凭证核算组织程序的特点、优点、缺点及适用范围
特点：根据汇总记账凭证定期汇总登记总账。
优点：可以减少登账工作量，对应关系清楚。
缺点：汇总凭证工作量较大。
适应范围：适合规模较大、业务量较多的企业采用。

3. 科目汇总表核算组织程序

（1）科目汇总表核算组织程序的记账程序

科目汇总表核算组织程序，是定期将收款凭证、付款凭证和转账凭证按会计科目进行汇总，编制科目汇总表，再据以登记总账的一种会计核算组织程序。

记账程序是：
① 根据原始凭证、原始凭证汇总表编制记账凭证；
② 根据原始凭证、原始凭证汇总表和各种记账凭证，登记明细分类账；
③ 根据收款凭证、付款凭证登记日记账；
④ 根据各种记账凭证汇总编制科目汇总表；
⑤ 根据科目汇总表登记总账；
⑥ 月末，日记账、明细账和总账进行核对；
⑦ 月末，根据总账、明细账编制会计报表。

（2）科目汇总表核算组织程序的特点、优点、缺点及适用范围
特点：根据汇总的科目汇总表定期登记总账。
优点：可以简化登账手续。
缺点：看不出科目的对应关系，不便于对账、查账和了解经济业务的全貌。
适用范围：适合业务量较多的企业采用。

4. 多栏日记账核算组织程序

（1）多栏日记账核算组织程序的记账程序

多栏日记账核算组织程序，是平时把转账业务逐笔过入总账，货币资金业务先登记多栏式日记账，月底再过入多栏式总账的一种会计核算组织程序。

记账程序是：
① 根据原始凭证、原始凭证汇总表编制记账凭证；
② 根据原始凭证、原始凭证汇总表和记账凭证登记明细分类账；
③ 根据收款凭证、付款凭证登记多栏式日记账；
④ 根据转账凭证登记总账；
⑤ 月末，根据多栏式日记账登记总账；
⑥ 月末，总账与明细账进行核对；

⑦ 月末，根据总账、明细账的资料编制会计报表。

(2) 多栏式日记账核算组织程序的特点、优点、缺点及适用范围

特点：平时，总账中只登记转账业务，不登记货币资金业务。货币资金业务平时在日记账中进行登记，月底再从日记账集中转入总账。

优点：货币资金月底集中结转，可以减少记账工作量；采用多栏式总账，账户对应关系清楚，便于看账、查账。

缺点：转账业务逐笔过账，工作量较大，科目多的单位总账篇幅较大，不便使用。

适用范围：适合于中、小企业采用。

5. 日记总账核算组织程序

(1) 日记总账核算组织程序的记账程序

日记总账核算组织程序，是指设置并登记日记总账的一种会计核算组织程序。

记账程序是：

① 根据原始凭证、原始凭证汇总表编制记账凭证；
② 根据原始凭证、原始凭证汇总表、记账凭证登记明细账；
③ 根据收款凭证、付款凭证登记日记账；
④ 根据各种记账凭证登记日记总账；
⑤ 月末，日记账、明细账、总账进行核对；
⑥ 月末，根据总账、明细账编制会计报表。

(2) 日记总账核算组织程序的特点、优点、缺点及适用范围

特点：企业需设置日记总账，并以所有经济业务编制的记账凭证为依据直接登记日记总账。

优点：在一本账上既序时、又分类地登记全部经济业务，可清晰地反映经济业务全貌和各会计科目之间的对应关系；便于进行会计分析和会计检查；且易行、易学。

缺点：业务量大的单位，运用的会计科目多，日记总账篇幅大；登记日记总账工作量大。

适用范围：适用于规模不大、业务量不多的企业。

练习题

一、名词解释

1. 会计核算组织程序　　　　　　2. 记账凭证核算组织程序
3. 汇总记账凭证核算组织程序　　4. 科目汇总表核算组织程序
5. 多栏式日记账核算组织程序　　6. 日记总账核算组织程序
7. 日记总账　　　　　　　　　　8. 汇总收款凭证
9. 汇总付款凭证　　　　　　　　10. 汇总转账凭证

二、填空题

1. 记账凭证核算组织程序是直接依据_____登记总账。
2. 在记账凭证核算组织程序下，现金日记账一般采用_____的日记账簿。
3. 在多栏日记账核算组织程序下，银行存款日记账一般采用设有专栏的_____日记账簿。
4. 在多栏式日记账核算组织程序下，"库存现金"总账是根据_____登记的。
5. 科目汇总表核算组织程序，是根据_____登记总分类账的核算组织程序。
6. 汇总记账凭证分为_____、_____和_____3种形式。
7. 汇总收款凭证是按_____科目设置的，按与其相对应的_____科目加以归类。
8. 汇总付款凭证是按_____科目设置的，按与其相对应的_____科目加以归类。
9. 汇总转账凭证是按_____科目设置的，按与其相对应的_____科目加以归类。
10. 各种会计核算组织程序的主要区别表现在_____。

三、判断题

1. 记账凭证核算组织程序是其他核算组织程序的基础。（   ）
2. 采用记账凭证核算组织程序，总账与日记账的登记有重复。（   ）
3. 科目汇总表核算组织程序的优点是可以简化登记手续，科目对应关系清楚。（   ）
4. 多栏式日记账核算组织程序的特点是日记账采用多栏式。（   ）
5. 汇总记账凭证可以明确地反映账户之间的对应关系。（   ）
6. 多栏式日记账核算组织程序是将所有的明细账都设为多栏式的日记账格式。（   ）
7. 在汇总记账凭证核算组织程序下，现金日记账可以根据汇总收、付款凭证登记。（   ）
8. 汇总收款凭证是按借方科目设置，按贷方科目归类，定期汇总，按月编制的。（   ）
9. 汇总付款凭证是按借方科目设置，按贷方科目归类，定期汇总，按月编制的。（   ）
10. 科目汇总表可以起到试算平衡的作用。（   ）

四、单项选择题

1. 各种会计核算组织程序的主要区别是_____。
   A. 日记账的登记程序不同   B. 总账的登记依据不同
   C. 会计凭证的种类不同   D. 会计报表的编制依据不同
2. 记账凭证核算组织程序适用于_____的企业。
   A. 规模较大、业务量较多   B. 规模较小、业务量较多
   C. 规模不大、业务量较少   D. 中小型
3. 汇总记账凭证核算组织适用于_____的企业。
   A. 规模较大、业务较多   B. 规模较小、业务不多
   C. 规模较大、业务不多   D. 规模较小、业务较多
4. _____是一种最基本的核算程序，也是其他核算组织程序的基础。
   A. 记账凭证核算组织程序   B. 汇总记账凭证核算组织程序

C. 科目汇总表核算组织程序　　　　D. 日记总账核算组织程序

5. 科目汇总表的汇总范围是_____。
  A. 全部科目的借方余额　　　　B. 全部科目的贷方余额
  C. 全部科目的借、贷方发生额　　　　D. 部分科目的借、贷方发生额

6. 汇总收款凭证是根据_____汇总编制的。
  A. 原始凭证　　　　B. 汇总原始凭证
  C. 付款凭证　　　　D. 收款凭证

7. 汇总记账凭证核算组织程序_____。
  A. 能清楚反映各个科目之间的对应关系
  B. 不能清楚反映各科目之间的对应关系
  C. 能综合反映企业所有经济业务　　　　D. 能序时反映企业所有经济业务

8. 在采用科目汇总表核算组织程序下，一般以_____记账凭证为宜。
  A. 一借多贷　　　　B. 多借多贷
  C. 一借一贷　　　　D. 一贷多借

9. 在编制记账凭证时，要求会计科目按一个借方科目和一个贷方科目相对应，这是为了适应_____的要求。
  A. 编制汇总记账凭证　　　　B. 登记总分类账
  C. 编制科目汇总表　　　　D. 登记多栏日记账

10. 日记总账核算组织程序适用于_____的企业。
  A. 规模大、业务多　　　　B. 规模小、业务多
  C. 规模小、业务不多，所用科目不多　　　　D. 规模大、业务多，所用科目多

五、多项选择题

1. 各种会计核算组织程序的相同点是_____。
  A. 根据原始凭证编制汇总原始凭证
  B. 根据原始凭证或汇总原始凭证编制记账凭证
  C. 根据收、付款凭证登记日记账
  D. 根据总账和明细账编制会计报表
  E. 根据记账凭证直接登记总账

2. 记账凭证核算组织程序适用_____的企业。
  A. 业务量少　　　　B. 规模大　　　　C. 凭证不多　　　　D. 规模小
  E. 业务量多

3. 采用多栏日记账核算组织程序，登记总账的依据有_____。
  A. 多栏式现金日记账　　B. 多栏式银行存款日记账　　C. 收、付款凭证
  D. 转账凭证　　　　E. 明细账

4. 采用汇总记账凭证核算组织程序，总账的登记依据是_____。

A. 汇总收款凭证　　B. 汇总付款凭证　　C. 汇总转账凭证　　D. 转账凭证
E. 收、付款凭证

5. 在汇总记账凭证核算组织程序下，记账凭证一般应采用_____形式。
   A. 一借一贷　　B. 一借多贷　　C. 一贷多借　　D. 多借多贷
   E. 单式记账凭证

6. 日记总账的登记依据是_____。
   A. 记账凭证　　B. 多栏现金日记账　　C. 多栏银行存款日记账
   D. 原始凭证　　E. 转账凭证

7. 采用科目汇总表核算组织程序时，月末应将_____与总账进行核对。
   A. 现金日记账　　B. 银行存款日记账　　C. 科目汇总表　　D. 明细分类账
   E. 会计报表

8. 以记账凭据为依据，按有关科目的贷方设置，按借方科目归类的有_____。
   A. 汇总收款凭证　　B. 汇总转账凭证　　C. 汇总付款凭证　　D. 科目汇总表

9. 科目汇总表能够_____。
   A. 起到试算平衡的作用　　　　　　B. 反映各科目的借、贷方发生额
   C. 反映各科目的期末余额　　　　　D. 反映各科目间的对应关系

10. 在日记总账核算组织程序下，明细账是依据_____登记的。
    A. 原始凭证　　B. 汇总原始凭证　　C. 日记总账　　D. 记账凭证
    E. 日记账

六、简答题

1. 选用合理的会计核算组织程序有何意义？
2. 记账凭证核算组织程序的记账程序是什么？
3. 会计核算组织程序有哪几种？它们的共同点是什么？
4. 简述记账凭证核算组织程序的特点、优缺点及适用范围。
5. 简述汇总记账凭证核算组织程序的特点、优缺点及适用范围。
6. 简述多栏式日记账核算组织程序的特点、优缺点及适用范围。
7. 简述科目汇总表核算组织程序的特点、优缺点及适用范围。
8. 科目汇总表汇总的方法是什么？
9. 如何编制汇总记账凭证？
10. 简述日记总账核算组织程序的特点、优缺点及适用范围。
11. 建立会计核算组织程序的基本要求是什么？
12. 在账簿记录中，设置对应科目栏有什么好处？
13. 日记总账有何特征？
14. 为什么要编制总账科目余额表和明细账余额表？
15. 试对 5 种会计核算组织程序进行比较与评价。

七、核算与计算题

练习记账凭证核算组织程序的记账程序

【资料】

(1) 某企业 2006 年 4 月 30 日部分账户的期初余额如下：

库存现金　　　　　1 000 元
银行存款　　　　100 000 元
原材料　　　　　200 000 元
库存商品　　　　 50 000 元
应收账款　　　　 10 000 元
其中：甲料 150 000 元，乙料 50 000 元

(2) 5 月份发生下列经济业务：

① 5 月 2 日，购进甲料 10 吨，单价 100 元，材料入库，货款以支票支付；

② 5 月 5 日，以现金 100 元支付管理部门零星开支；

③ 5 月 6 日，生产领用甲料 10 吨，价值 1 000 元；

④ 5 月 16 日，销售产品一批，价值 10 000 元，货款存入银行；

⑤ 5 月 20 日，收回前欠销货款 10 000 元。

【要求】

(1) 根据上述业务编制记账凭证。

(2) 登记明细账。

(3) 登记日记账。

(4) 登记总账。

(5) 月末，日记账与明细账和其总账核对（可略）。

(6) 月末，编制会计报表（可略）。

八、讨论与网络题

根据多栏日记账登记总账是否违反《会计法》，为什么？

练习题答案

一、名词解释

1. 会计核算组织程序，是以账簿体系为核心，把会计凭证、会计账簿、会计报表和记账程序、记账方法有机结合起来的技术组织方式。具体就是规定会计凭证、账簿的种类、格式和登记方法及各种会计凭证之间，以及各种报表之间，各种账簿与报表之间的相互联系及编制的程序。

2. 记账凭证核算组织程序，是指根据收款凭证、付款凭证和转账凭证直接地、逐笔地登记总分类账的一种核算组织程序。

3. 汇总记账凭证核算组织程序，是指定期将收款凭证、付款凭证、转账凭证按照会计账户的对应关系进行汇总，分别编制汇总记账凭证，然后再根据各种汇总记账凭证登记总账的一种核算组织程序。

4. 科目汇总表核算组织程序，是定期将收款凭证、付款凭证和转账凭证按会计科目进行汇总，编制科目汇总表，再据以登记总分类账的一种核算组织程序。

5. 多栏式日记账核算组织程序，是平时只根据转账凭证登记总账；月底，再将货币资金业务从多栏日记账中集中转入总账的一种核算组织程序。

6. 日记总账核算组织程序是以所有经济业务编制的记账凭证为依据，直接登记日记总账的一种核算组织程序。

7. 日记总账是把日记账和总分类账结合在一起的联合账簿。

8. 汇总收款凭证是按银行存款和现金科目分别填列，并根据收款凭证按贷方科目归类，定期汇总，每月填列一张，以便于月终据以登记总分类账。

9. 汇总付额凭证是按银行存款和现金科目分别填列，根据付款凭证按借方科目归类，每月填列一张，以便据以登记总分类账。

10. 汇总转账凭证是按每一借（贷）方科目分别设置，并根据转账凭证按贷（借）方科目归类，定期汇总一次，每月填列一张，以便月终据以登记总分类账。

二、填空题

1. 记账凭证逐笔
2. 收、付、余三栏式
3. 多栏式
4. 多栏式现金日记账
5. 科目汇总表
6. 汇总收款凭证　　汇总付款凭证　　汇总转账凭证
7. 借方　　贷方
8. 贷方　　借方
9. 借（贷）方　　贷（借）方
10. 登记总账的依据不同

三、判断题

1. √　　2. √　　3. ×　　4. ×　　5. √
6. ×　　7. ×　　8. √　　9. ×　　10. √

四、单项选择题

1. B　　2. C　　3. A　　4. A　　5. C
6. D　　7. A　　8. C　　9. C　　10. C

五、多项选择题

1. ABCD　　2. ACD　　3. ABD　　4. ABC　　5. ABC

6. A B C E　　7. A B D　　8. B C　　9. A B　　10. A B D

六、简答题

1. 选用合理的会计核算组织程序的意义：
① 可以提供正确、完整、及时的信息资料，提高会计核算工作的效率；
② 可以迅速形成财务信息，提高会计核算资料的质量，满足经济管理的需要；
③ 可以减少不必要的核算环节和手续，节省人力、物力、财力的消耗。

2. 记账凭证核算组织程序的记账程序是：
① 根据原始凭证、原始凭证汇总表编制记账凭证；
② 根据原始凭证、原始凭证汇总表或各种记账凭证，登记明细分类账；
③ 根据收款凭证和付款凭证登记日记账（现金日记账和银行存款日记账）；
④ 根据各种记账凭证逐笔登记总分类账；
⑤ 月末，日记账、明细分类账的余额和总分类账有关账户的余额进行核对；
⑥ 月末，根据总分类账和明细分类账的资料编制会计报表。

3. 会计核算组织程序主要有以下几种：
① 记账凭证核算组织程序；
② 汇总记账凭证核算组织程序；
③ 科目汇总表核算组织程序；
④ 多栏式日记账核算组织程序；
⑤ 日记总账核算组织程序。
它们的共同点、不同点如下。
共同点：都要设置收款、付款、转账 3 种记账凭证和日记账、总账、明细账 3 种账簿，而且在编制记账凭证、登记日记账和明细分类账及编制会计报表的过程方面也是相同的。
不同点：登记总分类账的依据不同。

4. 记账凭证核算组织程序的特点是：根据记账凭证直接逐笔地登记总账。
优点是：对应关系清楚，操作简单，程序简明。
缺点是：登账次数多，工作繁重，总账与日记账有重复。
适用于规模不大、业务量少的单位。

5. 汇总记账凭证核算组织程序的特点是：根据汇总记账凭证定期汇总登记总账。
优点是：可减少登账工作量，对应关系清楚。
缺点是：汇总记账凭证工作量较大。
适合规模大、业务量较多的企业采用。

6. 多栏式日记账核算组织程序的特点是：平时总账只登记转账业务，货币资金月底再从日记账中集中转入总账。
优点是：货币资金月底集中结转，可减少记账工作量；采用多栏式总分类账，账户对应关系清楚，便于看账、查账。

缺点是：转账业务逐笔过账，工作量较大；科目多的单位，总账篇幅较大，不便使用。适用于中小企业。

7. 科目汇总表核算组织程序的特点是：定期将记账凭证按会计科目进行汇总，编制科目汇总表，再据以记总账。

优点是：可简化登账手续。

缺点是：看不出科目的对应关系，不便于对账、查账和了解经济业务的全貌。

适合业务量较多的企业采用。

8. 科目汇总表的汇总方法是：根据一定期间的全部记账凭证，按照相同的会计科目归类，汇总计算每一会计科目的借方本期发生额和贷方本期发生额，填写在有关栏内，用以反映全部会计科目的借方本期发生额和贷方本期发生额的合计。

科目汇总表可以每汇总一次编制一张；也可以按旬汇总一次，每月编制一张。

9. 汇总记账凭证是定期将收款凭证、付款凭证和转账凭证按会计账户的对应关系进行汇总，分别编制"汇总收款凭证"、"汇总付款凭证"、"汇总转账凭证"。一般每隔5天或10天汇总一次，月终一次登入总账。

10. 日记总账核算组织程序的特点是：以所有经济业务编制的记账凭证为依据直接登记日记总账。

优点是：在一本账上既序时又分类地登记全部经济业务，可清晰地反映经济业务的全貌和各会计科目之间的对应关系；便于进行会计分析和会计检查；且易学、易行。

缺点是：业务量大的单位，日记总账篇幅大、工作量大。

适用于规模不大，业务量不多的小型企业。

11. 选择时应考虑以下因素：

① 根据本企业经济活动的特点、规模的大小、业务的繁简等实际情况；

② 根据本企业经营管理和提高经济效益的需要；

③ 根据简化核算手续的要求。

12. 设置对应科目栏的好处：

① 可以了解经济业务的全貌；

② 可以反映经济业务的来龙去脉；

③ 便于进行会计分析和会计检查；

④ 便于查账、对账。

13. 日记总账是把日记账和总账融为一体的总账。其特征是：

① 格式与一般总账不同，是把所有总账科目都集中反映在一张账页上；

② 登记方法也不同，是所有经济业务都按业务发生的时间顺序进行序时逐笔登记，同时根据业务的性质，按科目的对应关系进行总分类记录。

14. ① 可以检查总账和明细账的记录是否完整、正确；

② 可以检查总账余额和其所属明细账的余额之和是否相等；

③ 可以进行会计分析和会计检查。

15. 略。

七、核算与计算题

(1) 根据以上业务编制记账凭证

付 款 凭 证

货方科目　银行存款　　　2006年5月2日　　　　　　　　银付字第1号

摘要	借方总账科目	明细科目	记账符号	金额								
				千	百	十	万	千	百	十	元	角	分
付购甲料款	原材料	甲料	√				1	0	0	0	0	0	0
合计							1	0	0	0	0	0	0

财务主管　　　　　记账　　　　　出纳　　　　　审核　　　　　制单

付 款 凭 证

货方科目　库存现金　　　2006年5月5日　　　　　　　　现付字第1号

摘要	借方总账科目	明细科目	记账符号	金额								
				千	百	十	万	千	百	十	元	角	分
付管理部门零星开支	管理费用		√					1	0	0	0	0	0
合计								1	0	0	0	0	0

财务主管　　　　　记账　　　　　出纳　　　　　审核　　　　　制单

转 账 凭 证

2006 年 5 月 6 日　　　　　　　　　　　　　　　　　　　　　转字第 1 号

摘要	总账科目	明细科目	记账	借方金额 千 百 十 万 千 百 十 元 角 分	记账	贷方金额 千 百 十 万 千 百 十 元 角 分
生产领料	生产成本		√	1 0 0 0 0 0		
	原材料	甲料			√	1 0 0 0 0 0
合计				1 0 0 0 0 0		1 0 0 0 0 0

财务主管　　　　　记账　　　　　出纳　　　　　审核　　　　　制单

收 款 凭 证

借方科目　银行存款　　　　2006 年 5 月 16 日　　　　　　　　银收字第 1 号

摘要	贷方总账科目	明细科目	记账符号	金额 千 百 十 万 千 百 十 元 角 分
销售产品一批	主营业务收入		√	1 0 0 0 0 0 0
合计				1 0 0 0 0 0 0

财务主管　　　　　记账　　　　　出纳　　　　　审核　　　　　制单

收 款 凭 证

借方科目　银行存款　　　　　　　　2006年5月20日　　　　　　　　银收字第2号

摘要	贷方总账科目	明细科目	记账符号	金额									
				千	百	十	万	千	百	十	元	角	分
收回前欠销货款	应收账款		√				1	0	0	0	0	0	0
合计							1	0	0	0	0	0	0

财务主管　　　　　记账　　　　　出纳　　　　　审核　　　　　制单

（2）根据原始凭证、记账凭证登记明细账

甲材料明细账　　　　　　　　　　　　　　　　　　　　　　单位：元

年		凭证		摘要	收入			支出			结存		
月	日	字	号		数量	单价	金额	数量	单价	金额	数量	单价	金额
5	1	银		期初余额							1 500	100	150 000
5	2	付	1	购进	10	100	1 000				1 510	100	151 000
5	6	转	1	发出				10	100	1 000	1 500	100	150 000
5	30			结存							1 500	100	150 000

乙材料明细账　　　　　　　　　　　　　　　　　　　　　　单位：元

年		凭证		摘要	收入			支出			结存		
月	日	字	号		数量	单价	金额	数量	单价	金额	数量	单价	金额
5	1			期初余额							1 000	50	50 000
5	30			期末结存							1 000	50	50 000

（3）登记日记账

现金日记账 单位：元

年		凭证		摘要	对方科目	借方	贷方	余额
月	日	字	号					
5	1			期初结存				1 000
5	5	现付	1	付零星开支	管理费用		100	900
				本日合计			100	900
5	30			期末余额			100	900

银行存款日记账 单位：元

年		凭证		摘要	对方科目	借方	贷方	余额
月	日	字	号					
5	1			期初余额				100 000
5	2	银付	1	购料	原材料		1 000	99 000
				本日合计			1 000	99 000
5	16	银收	1	销售产品	主营业务收入	10 000		109 000
				本日合计		10 000		109 000
5	20	银收	2	收前销货款	应收账款	10 000		119 000
				本日合计		10 000		
5	30			期末结存		20 000	100	119 000

（4）根据记账凭证逐笔登记总账

会计科目：库存现金 单位：元

年		凭证		摘要	借方	贷方	借或贷	余额
月	日	字	号					
5	1			期初余额			借	1 000
5	5	现付	1	付零星开支		100	借	900
5	30			期末余额		100	借	900

会计科目：银行存款 单位：元

年		凭证		摘要	借方	贷方	借或贷	余额
月	日	字	号					
5	1			期初余额			借	100 000
5	2	银付	1	购料			借	99 000
5	16	银收	1	销售产品	10 000	1 000	借	109 000
5	20	银收	2	收回欠款	10 000		借	119 000
5	30			期末余额	20 000	1 000	借	119 000

会计科目：应收账款　　　　　　　　　　　　　　　　　　　　　　单位：元

年		凭证		摘要	借方	贷方	借或贷	余额
月	日	字	号					
5	1			期初余额			借	10 000
5	20	银收	2	收回欠款		10 000		0
5	30			期末余额		10 000		0

会计科目：原材料　　　　　　　　　　　　　　　　　　　　　　　单位：元

年		凭证		摘要	借方	贷方	借或贷	余额
月	日	字	号					
5	1			期初余额			借	200 000
5	2	银付	1	购进	1 000		借	201 000
5	6	转	1	发出		1 000	借	200 000
5	30			期末余额	1 000	1 000	借	200 000

会计科目：生产成本　　　　　　　　　　　　　　　　　　　　　　单位：元

年		凭证		摘要	借方	贷方	借或贷	余额
月	日	字	号					
5	6	转	1	领料	1 000		借	1 000

会计科目：管理费用　　　　　　　　　　　　　　　　　　　　　　单位：元

年		凭证		摘要	借方	贷方	借或贷	余额
月	日	字	号					
5	5	现付	1	零星开支	100		借	100

会计科目：主营业务收入　　　　　　　　　　　　　　　　　　　　单位：元

年		凭证		摘要	借方	贷方	借或贷	余额
月	日	字	号					
5	16	银收	1	销货		10 000	贷	10 000

(5) 月末日记账、明细账与其总账核对（略）

(6) 月末编制会计报表（略）

八、讨论及网络题（略）。

第9章 财产清查

复习提要

1. 了解财产清查的意义和程序；
2. 理解存货盘存制度和财产清查的方法；
3. 掌握财产清查的账务处理。

9.1 财产清查的意义和种类

1. 财产清查的概念

财产清查也叫财产检查，是通过实地盘点、核对账目来确定各项实物财产、货币资金和债权债务的实存数，将实存数与账面结存数进行核对，借以查明账实是否相等及账实不符的原因的一种会计核算专门方法。

2. 财产清查的意义

1）造成账实不符的原因

（1）正常原因

① 收发实物财产时，由于计量、检验不准确而发生了品种、数量或质量上的差错；

② 工作人员在登记账簿时，发生漏记、错记、重记或计算上的错误；

③ 实物财产保管过程中发生的自然损耗或升溢；

④ 结算过程中的未达账项。

（2）非正常原因

① 由于管理不善或工作人员的失职而发生的实物财产的残损、变质、短缺及由于账目混乱造成的账实不符；

② 由于不法分子的贪污盗窃、营私舞弊等非法行为而造成的财产损失；

③ 发生的自然灾害等非常损失。

2) 财产清查的意义

① 确保会计核算资料的真实可靠；

② 健全实物财产的管理制度；

③ 提高实物财产的使用效率；

④ 保证结算制度的贯彻执行。

在财产清查中，对于债权债务等往来结算账款，也要与对方逐一核对清楚，对于各种应收、应付账款应及时核算，已确认的坏账要按规定处理，避免长期拖欠和常年挂账，共同维护结算纪律和商业信用。

3. 财产清查的种类

（1）按照财产清查对象的范围分类

① 全面清查；

② 局部清查。

（2）按照财产清查的时间分类

① 定期清查；

② 不定期清查。

（3）按财产清查的执行单位分类

① 内部清查；

② 外部清查。

（4）按财产清查的对象分类

① 实物财产清查；

② 货币资金清查；

③ 往来账项清查。

4. 财产清查的程序

不同目的的财产清查，应按不同的程序进行，但就其一般程序来说，可以分为3个阶段，即准备阶段、实施阶段、分析及处理阶段。

9.2 财产清查的方法

1. 实物财产的清查

1）确定实物财产账面结存数量的方法

（1）永续盘存制

永续盘存制又称"账面盘存制"。它是指平时对各项实物财产的增减变动都必须根据会计凭证逐日逐笔地在有关账簿中登记，并随时结算出其账面结存数量的一种盘存方法。采用这种方法，需按实物财产的项目设置数量金额式明细账并详细记录，以便及时地反映各项实物财产的收入、发出和结存的情况。

其优点是有利于加强对实物财产的管理，不足之处是日常的工作量较大。而且，由于自然和人为的原因，也可能发生账实不符。因此，采用永续盘存制的单位，仍需对实物财产进行实地盘点以确定其实存数并与账面结存数核对。在实际工作中，大多数单位采用永续盘存制。

（2）实地盘存制

实地盘存制又称"定期盘存制"，也叫"以存计销制"或"依存计耗制"。它是指平时只在账簿记录中登记各项实物财产的增加数，不登记减少数，期末通过实物盘点来确定其实有数并据以倒算出本期实物财产减少数的一种盘存方法。其计算公式如下：

$$本期减少数 = 期初结存数 + 本期增加数 - 期末实有数$$

实地盘存制的优点是：平时工作手续简便，省去了物资减少数及每日结存数的详细记录。其缺点是：账簿中无法随时反映实物财产的减少数和结存数，并有可能将损耗、浪费、被盗等的实物财产全部算入本期的发出（减少）额，不利于对实物财产的控制。而且采用该方法对实物财产进行实地盘点的结果，只能作为计算其本期减少数的依据，而不能用来核对账实是否相符。但对有些实物资产，比如餐饮业中的鲜活物品，则只能使用实地盘存制来确定结存数量。

2）实物财产的清查方法

（1）实地盘点法

（2）技术推算法

3）实物财产的清查及报告

为明确经济责任，盘点时有关实物财产的实物保管人员必须在场，并参与盘点工作。盘点工作不但指清点实物数量，还包括实物质量的检查，以便及时发现和处理短缺、毁损、霉变、过时的物资。盘点之后要及时地对盘点结果形成记录并报告。

（1）如实记录"盘存单"

"盘存单"是记录盘点日期实物财产实存数量的书面证明，是财产清查的重要原始凭证之一。它必须由参加盘点的人员和实物保管员共同签章才能生效。

（2）填制"实存账存对比表"

根据"盘存单"所记录的实存数额与账面结存余额核对，发现某些实物财产账实不符时，填制"实存账存对比表"，据以确定盘盈或盈亏的数额。"实存账存对比表"既是调整账面记录的原始依据，也是分析差异的原因，查明经济责任的依据。

2. 货币资金的清查方法

（1）库存现金的清查

库存现金的清查，除了现金出纳每天业务终了进行清点外，有关部门还要定期或不定期地进行抽查。库存现金的清查主要采用实地盘点的方法。清查前，出纳人员将截至清查时止的全部现金收付凭证登记入账，结出现金日记账余额。为明确责任，现金清查时出纳人员必须在场。

库存现金的清查包括以下内容：
① 库存现金实有数是否与现金日记账余额一致；
② 有无以不具备法律效力的私人借条或收据抵充现金；
③ 库存现金数是否超过规定的库存限额；
④ 是否有挪用公款的现象。

库存现金盘点后，应根据盘点结果填制"库存现金盘点表"。库存现金盘点表是一张重要的财产清查原始凭证，它起到了"盘存单"与"实存账存对比表"的双重作用，应该认真填写。

对于库存现金溢缺必须查明原因，短缺部分由责任者赔偿，不能以溢余数抵消短缺数。对于库存国库券、企业债券等有价证券的清查方法与现金相同。

（2）银行存款的清查

银行存款的清查通过企业单位的银行存款日记账与收到的银行对账单逐笔核对进行。

为说明银行存款日记账的余额与银行对账单余额的差异是由于未达账项所造成的，反映经调节后的企业和银行的双方存款账面余额，企业要编制"银行存款余额调节表"。

银行存款余额调节表的编制步骤如下：
① 按银行存款日记账登记的先后顺序逐笔与银行对账单核对，对双方都已登记的事项打"√"；
② 分析日记账和对账单中未打"√"的事项属于记账错误，还是属于未达账项；
③ 对查出的企业记账错误按照一定的错账更正方法进行更正，登记入账，调整银行存款日记账账面余额；对银行记账错误通知银行更正，并调整银行对账单余额。
④ 编制银行存款余额调节表，将属于未达账项的事项计入调节表，计算调节后的余额。

采用这种方法进行调整，双方调节后的余额相等，说明企业、银行双方账面已有记录正确，且双方未达账项已全部找出，否则说明记账有错误应予更正。

然而，编制银行存款余额调节表的目的，只是为了检查账簿记录的正确性，并不是要更改账簿记录，对于调节表中的未达账项均不做账务处理。因为调节表不是证明银行存款收付业务发生的原始凭证。待以后结算凭证到达并以其为依据填制记账凭证后，再做账务处理。

3. 往来账项清查

往来账项包括应收账款、其他应收款、应付账款、其他应付款及预收账款、预付账款等。往来账项的清查重点是应收、应付款项，采用查询核实法，即是通过信函、电询或面询等方式，同对方单位核对账目的方法。在核对前，清查单位应先检查各往来账项的正确性及完整性，查明账上记录无误后，一式两联，一份由对方留存，另一份作为回单。对方单位如核对相符，应在回单上注明"核对相符"字样，并盖章返回；如发现数额不符，应在回单上注明不符情况或另抄对账单一并退回，作为进一步核对的依据。往来账项清查结束，应编制"往来账项清查表"，填制各项应收、应付款项的余额。

在核对过程中如发现未达账项，双方都应采用调节账面余额的方法，核对往来账项是否相符。

出租、出借的实物财产及外埠存款、银行借款等也可采用查询核实法进行清查。

9.3 财产清查结果的账务处理

1. 概述

财产清查结果的账务处理分以下两步。

第一步：根据已查明属实的财产盘盈、盘亏或毁损的数字编制的"实存账存对比表"，填制记账凭证，据以登记有关账簿，调整账簿记录，使各项实物财产的实存数与账存数一致。

第二步：待查清原因，明确责任以后，再根据上级有关部门审批后的处理决定文件，填制记账凭证，分别记入有关的账户。

2. 账户设置

为了核算财产清查结果的账务处理情况，需设置"待处理财产损溢"账户。该账户属于资产类。

借方	待处理财产损溢	贷方
（1）发生的财产物资盘亏和毁损金额		（1）发生的财产物资盘盈金额
（2）转销批准处理的财产物资盘盈金额		（2）转销批准处理的财产物资盘亏和毁损金额

3. 财产清查结果的账务处理

1) 现金清查结果的账务处理

（1）现金盘盈

① 依据"现金盘点报告表"中所列盘盈的现金溢余款，按实际溢余的金额借记"库存现金"科目，贷记"待处理财产损溢——待处理流动资产损溢"科目。

② 待查明原因并按规定程序报经有关部门批准后作如下处理：

• 属于应支付给有关人员或单位的，借记"待处理财产损溢——待处理流动资产损溢"科目，贷记"其他应付款——应付现金溢余（××个人或单位）"科目；

• 属于无法查明原因的现金溢余，经批准后，借记"待处理财产损溢——待处理流动资产损溢"科目，贷记"营业外收入——现金溢余"科目。

（2）现金盘亏

① 依据"现金盘点报告表"中所列盘亏的现金短缺款，按实际短缺的金额借记"待处理财产损溢——待处理流动资产损溢"科目；贷记"库存现金"科目。

② 待查明原因并按规定程序报经有关部门批准后作如下处理：

- 属于应由责任人赔偿的部分，借记"其他应收款——应收现金短缺款（××个人）"科目或"库存现金"科目，贷记"待处理财产损溢——待处理流动资产损溢"科目；
- 属于应由保险公司赔偿的部分，借记"其他应收款——应收保险赔款"科目，贷记"待处理财产损溢——待处理流动资产损溢"科目；
- 属于无法查明的其他原因，根据管理权限，经批准后处理，借记"管理费用——现金短缺"科目，贷记"待处理财产损溢——待处理流动资产损溢"科目。

2）往来账项清查结果的账务处理

往来账项清查中如发现记账错误，应立即查明并按规定予以更正。对于其中有争执的款项以及不可能收回或无须支付的款项，应将情况在清查表上详细说明；对于长期悬置的债权债务，应查明原因及时催收或清偿；对于长期不能收回的应收账款，经查证落实后确认为坏账损失，按既定的程序予以核销，冲减应收账款。

凡平时提取坏账准备金的单位，发生坏账损失时，借记"坏账准备"科目，贷记"应收账款"科目。

对于长期无法支付的应付账款，经查证落实按规定程序报批后，转为资本公积，借记"应付账款"科目，贷记"营业外收入"科目。

3）存货清查结果的账务处理

（1）存货盘盈

① 发现盘盈的存货，按照同类或类似存货的市场价格，先借记存货类科目，贷记"待处理财产损溢——待处理流动资产损溢"科目。

② 盘盈的各种存货，于期末前查明原因，并根据企业的管理权限，经股东大会或董事会，或经理（厂长）会议或类似机构批准后，冲减当期的管理费用。

（2）存货盘亏

① 发现盘亏、毁损的存货，按照实际成本（或估计价值）或计划成本，先借记"待处理财产损溢——待处理流动资产损溢"科目，贷记存货类科目及相关科目。

② 发生盘亏或毁损的存货，报经批准以后，根据造成盘亏和毁损的原因分别以下情况进行处理：

- 属于自然损耗产生的定额内损耗，经批准后转成管理费用；
- 属于计量收发差错和管理不善等原因造成的存货短缺或毁损，应先扣除残料价值、可以收回的保险赔偿和过失人的赔偿，然后将净损失记作管理费用；
- 属于自然灾害或意外事故造成的存货毁损，应先扣除残料价值和可以收回的保险赔偿，然后将净损失转入"营业外支出"账户进行核算。

如盘盈或盘亏的存货，在期末结账前尚未经批准的，在对外提供财务会计报告时先按上述方法进行处理，并在会计报表附注中做出说明；如果其后批准处理的金额与已处理的金额不一致，调整当期会计报表相关项目的年初数。

4）固定资产清查结果的账务处理

（1）固定资产盘盈

① 按同类或类似固定资产的市场价格，减去按该项资产的新旧程度估计的价值损耗后的余额，借记"固定资产"科目，贷记"待处理财产损溢——待处理固定资产损溢"科目。

② 结转"待处理财产损溢"科目。盘盈的固定资产查明原因后，经核准列作营业外收入。

（2）固定资产盘亏

① 按该固定资产的账面价值，借记"待处理财产损溢——待处理固定资产损溢"科目，按已提折旧，借记"累计折旧"科目，按该项固定资产已计提的减值准备，借记"固定资产减值准备"科目，按固定资产原价，贷记"固定资产"科目。

② 结转"待处理财产损溢——待处理固定资产损溢"科目。

● 属于自然灾害所造成的固定资产毁损，扣除保险公司赔款和残值收入后，经批准应列作营业外支出；

● 属于责任事故所造成的固定资产毁损，应由责任人酌情赔偿损失；

● 属于丢失的固定资产，经批准应列作营业外支出。

如盘盈或盘亏的固定资产，在期末结账前尚未经批准的，在对外提供财务会计报告时先按上述方法进行处理，并在会计报表附注中做出说明；如果其后批准处理的金额与已处理的金额不一致，调整当期会计报表相关项目的年初数。

☞ 练习题

一、名词解释

1. 财产清查
2. 全面清查
3. 局部清查
4. 定期清查
5. 不定期清查
6. 实地盘存制
7. 永续盘存制
8. 未达账项
9. 技术推算法
10. 实地盘点法

二、填空题

1. 财产清查的目的，就是要查明发生_____不符的种种原因。
2. 财产清查按照清查的对象和范围可分为_____和_____。
3. 财产清查按照清查的时间可以分为_____和_____。
4. 银行存款的清查主要是通过_____与_____核对进行。
5. 实物数量清查的方法一般有_____和技术推算法两种。
6. 存货盘存制度通常有_____和_____两种。
7. 各种财产物资的数量方面的清查主要采用实地盘点和_____两类方法。

8. 现金清查的方法是_____。

9. 存货盘存制度是确定存货_____的方法。

10. 实存账存对比表是调整账面记录的_____凭证。

三、判断题

1. 会计部门要在财产清查之前将所有的经济业务登记入账并结出余额，做到账账相符、账证相符，为财产清查提供可靠的依据。（　　）

2. 定期清查财产一般是在结账以后进行。（　　）

3. 实地盘存制是指平时根据会计凭证在账簿中登记各种财产的增加数和减少数，在期末时再通过盘点实物，来确定各种财产的数量，并据以确定账实是否相符的一种盘存制度。

4. 采用永续盘存制的企业，对财产物资一般不需进行实地盘点。（　　）

5. 坏账损失应批准后可直接冲减"坏账准备"账户，不需要通过"待处理财产损溢"账户。（　　）

6. 库存现金盘点报告表必须有盘点人员及出纳人员同时签字盖章才有效。（　　）

7. 如果银行对账单与企业银行存款账面余额不符，说明其中一方记账有误。（　　）

8. 对在银行存款清查时出现的未达账项，可编制银行存款余额调节表来调整，编制好的银行存款余额调节表是调节账面余额的原始凭证。（　　）

9. 未达账项是指在企业和银行之间，由于凭证的传递时间不同，而导致了记账时间不一致，即一方已接到有关结算凭证已经登记入账，而另一方由于尚未接到有关结算凭证尚未入账的款项。（　　）

10. 为了反映和监督各单位在财产清查过程中查明的各种资产的盈亏或毁损及报废的转销数额，应设置"待处理财产损溢"账户，该账户属于资产类性质账户。（　　）

四、单项选择题

1. 实地盘存制与永续盘存制的主要区别是_____。
   A. 盘点的方法不同　　　　B. 盘点的目标不同
   C. 盘点的工具不同　　　　D. 盘亏结果处理不同

2. 对于现金的清查，应将其结果及时填列_____。
   A. 盘存单　　　　　　　　B. 实存账存对比表
   C. 现金盘点报告单　　　　D. 对账单

3. 对于大量成堆难以清点的财产物资，应采用的清查方法是_____。
   A. 实地盘点法　　　　　　B. 抽样盘点法
   C. 查询核对法　　　　　　D. 技术推算法

4. 下列项目的清查应采用询证核对法的是_____。
   A. 原材料　　　　　　　　B. 应付账款
   C. 实收资本　　　　　　　D. 交易性金融资产

5. 对于盘盈的固定资产的净值经批准后应贷记的会计科目是_____。

A. 营业外收入　　　　　　　　B. 营业外支出
C. 管理费用　　　　　　　　　D. 待处理财产损溢

6. 企业对于无法收回的应收账款应借记的会计科目是_____。
A. 财务费用　　　　　　　　　B. 营业外支出
C. 待处理财产损溢　　　　　　D. 管理费用

7. 采用实地盘存制，平时账簿记录中不能反映_____。
A. 财产物资的购进业务　　　　B. 财产物资的减少数额
C. 财产物资的增加和减少数额　D. 财产物资的盘盈数额

8. 核销存货的盘盈时，应贷记的会计科目是_____。
A. 管理费用　　　　　　　　　B. 营业外收入
C. 待处理财产损溢　　　　　　D. 其他业务收入

五、多项选择题

1. 使企业银行存款日记账余额大于银行对账单余额的未达账项是_____。
A. 企业先收款记账而银行未收款未记的款项
B. 银行先收款记账而企业未收款未记的款项
C. 企业和银行同时收款的款项
D. 银行先付款记账而企业未付款未记账的款项
E. 企业先付款记账而银行未付款未记账的款项

2. 企业进行全部清查主要发生的情况有_____。
A. 年终决算后　　　　B. 清产核资时　　　　C. 关停并转时
D. 更换现金出纳时　　E. 单位主要负责人调离时

3. "银行存款余额调节表"是_____。
A. 原始凭证　　　　　B. 盘存表的表现形式　　C. 只起到对账作用
D. 银行存款清查的方法　E. 调整账面记录的原始依据

4. 采用实地盘点法进行清查的项目有_____。
A. 固定资产　　　　　B. 库存商品　　　　　　C. 银行存款
D. 往来款项　　　　　E. 现金

5. 查询核实法适用于_____。
A. 固定资产的清查　　B. 现金的清查　　　　　C. 外埠存款的清查
D. 短期借款的清查　　E. 预付账款的清查

6. 全面清查的对象包括_____。
A. 货币资金　　　　　B. 各种实物资产　　　　C. 往来款项
D. 在途材料、商品　　E. 委托加工、保管的物资

7. 编制"银行存款余额调节表"时，计算调节后的余额应以企业银行存款日记账余额_____。

A. 加企业未入账的收入款项
B. 加银行未入账的收入款项
C. 加双方都未入账的收入款项
D. 加企业未入账的支出款项
E. 减企业未入账的支出款项

8. 对于盘亏的财产物资，经批准后进行账务处理，可能涉及的借方账户有_____。
   A. 管理费用   B. 营业外支出   C. 营业外收入
   D. 其他应收款   E. 待处理财产损溢

9. 进行不定期清查的情况有_____。
   A. 更换财产和现金保管人员时
   B. 发生自然灾害和意外损失时
   C. 会计主体发生改变或隶属关系变动时
   D. 财税部门对本单位进行会计检查时
   E. 企业关停并转、清产核资、破产清算时

10. 下列可用做原始凭证，调整账簿记录的有_____。
    A. 实存账存对比表   B. 未达账项登记表   C. 现金盘点报告表
    D. 银行存款余额调节表   E. 结算款项核对登记表

六、简答题

1. 进行财产清查有什么意义？
2. 什么情况下需要对企业的资产进行全面清查？
3. 什么是定期清查？定期清查一般什么时候进行？举例说明。
4. 什么是不定期清查？什么情况下需要进行不定期清查？
5. 财产清查按清查的对象分为哪几类？
6. 说明财产清查的程序。
7. 什么是永续盘存制？它有哪些优缺点？
8. 在永续盘存制下是否需要财产清查？为什么？
9. 什么是实地盘存制？它有哪些优缺点？
10. 清查实物财产可采用的清查方法有哪些？
11. 库存现金的清查采用什么方法？主要包括哪些内容？
12. 企业与银行之间的未达账项有哪几种？
13. 说明银行存款余额调节表的编制步骤。
14. 银行存款余额调节表可以作为调账依据吗？
15. 财产清查结果的账务处理分为哪两步？

七、核算与计算题

（一）练习永续盘存制和实地盘存制的应用

【资料】

某企业 2006 年 9 月 1 日 A 材料期初库存 700 公斤，单价 20 元。本期发生下列材料的收发业务：

(1) 3 日，购入 A 材料 2 000 公斤，单价 20 元；

(2) 5 日，购入 A 材料 4 000 公斤，单价 20 元；

(3) 6 日，生产领用 A 材料 5 000 公斤，单价 20 元；

(4) 10 日，生产领用 A 材料 1 000 公斤，单价 20 元；

(5) 18 日，购进 A 材料 500 公斤，单价 20 元；

(6) 22 日，生产领用 A 材料 600 公斤，单价 20 元；

(7) 30 日，实地盘点 A 材料库存 550 公斤，单价 20 元。

【要求】

(1) 在永续盘存制下，根据上述资料计算 A 材料的本期减少数、期末账面结存数和确定期末账实差异数。

(2) 在实地盘存制下，根据上述资料计算 A 材料的本期减少数和账面结存数。

(二) 练习银行存款余额调节表的编制

【资料】

某企业 2006 年 8 月 31 日的银行存款日记账账面余额为 1 383 200 元，而银行对账单上企业存款余额为 1 363 200 元，经逐笔核对，发现 8 月份有以下未达账项：

(1) 8 月 26 日企业开出转账支票 6 000 元，持票人尚未到银行办理转账，银行尚未登账；

(2) 8 月 28 日企业委托银行代收款项 8 000 元，银行已收款入账，但企业未接到银行的收款通知，因而未登记入账；

(3) 8 月 29 日，企业送存购货单位签发的转账支票 30 000 元，企业已登账，银行尚未登记入账；

(4) 8 月 30 日，银行代企业支付水电费 4 000 元，企业尚未接到银行的付款通知，故未登记入账。

【要求】

根据以上有关内容，编制"银行存款余额调节表"，并分析调节后是否需要编制有关会计分录。

(三) 练习银行存款余额调节表的编制

【资料】

某企业 2006 年 5 月最后三天银行存款日记账（表 9 – 1）与银行对账单的记录（表 9 – 2）（假定以前的记录是核对相符的）如下。

表9-1 银行存款日记账

2006年		凭证		摘要	结算凭证		收入	支出	余额
月	日	字	号		种类	号码			
				余额					70 000
5	29	银付	28	付业务招待费	转支	241602		120	
	29	银付	29	付运费	转支	241603		100	
	30	银收	15	收销货款			10 000		
	31	银收	16	收销货款			6 300		
	31	银付	30	付购料款	转支	241604		1 400	84 680

表9-2 银行对账单

2006年		摘要	结算凭证		收入	支出	余额
月	日		种类	号码			
		余额					70 000
5	29	代收货款			10 000		
	30	代付电费				2 700	
	31	收收货款			3 500		
	31	付业务招待费	转支	241602		120	
	31	付运费	转支	241603		100	80 580

【要求】

(1) 根据资料内容将银行存款日记账和银行对账单进行核对,确定未达账项。

(2) 编制该企业2006年5月31日银行存款余额调节表。

(四) 练习存货盘盈的会计处理

【资料】

红星公司经财产清查,发现盘盈A材料1 600吨。经查明是由于计量上的错误所造成的,市场价格为每吨4元。

【要求】

进行批准前和批准后的账务处理。

(五) 练习存货盘亏的会计处理

【资料】

红星公司经财产清查,发现盘亏B材料100吨,每吨单价200元。经查明,属于定额内合理的损耗有5吨,计1 000元;属于过失人造成的由责任人赔偿40吨,计8 000元;属于自然灾害造成的损失为55吨,计11 000元,但由保险公司赔偿6 000元。该材料购进时发生的增值税已抵扣,增值税税率为17%。

【要求】

进行批准前和批准后的账务处理。

（六）练习固定资产盘盈的会计处理

【资料】

红星公司在财产清查中，发现盘盈全新机器设备一台，市场上类似机器的售价为200 000元。

【要求】

进行批准前和批准后的账务处理。

（七）练习固定资产盘亏的会计处理

【资料】

红星公司在财产清查中，发现盘亏机器设备一台，账面原值为280 000元，已提折旧额为200 000元。

【要求】

进行批准前和批准后的账务处理。

八、讨论及网络题

2006年11月财政部发布的《企业会计准则——应用指南》中对财产清查结果的会计处理与旧的行业会计制度相比有哪些变化？

练习题答案

一、名词解释

1. 财产清查也叫财产检查，是通过实地盘点、核对账目来确定各项实物财产、货币资金和债权债务的实存数，将实存数与账面结存数进行核对，借以查明账实是否相等及账实不符的原因的一种会计核算专门方法。

2. 全面清查就是对属于本单位或存放在本单位的所有实物财产、货币资金和各项债权债务进行全面盘点和核对。对资产负债表内所列的项目，要一一盘点、核对。全面清查的内容多，范围广，投入的人力多，花费的时间长。

3. 局部清查就是根据管理的需要或依据有关规定，对部分实物财产、债权债务进行盘点和核对。局部清查相对于全面清查而言，需要投入的人力少，花费的时间短，但清查的范围小。

4. 定期清查就是按事先计划安排的时间对实物财产、债权债务进行的清查。

5. 不定期清查是事先并无计划安排，而是根据实际需要所进行的临时性清查。

6. 实地盘存制又称"定期盘存制"，也叫"以存计销制"或"依存计耗制"。它是指平时只在账簿记录中登记各项实物财产的增加数，不登记减少数，期末通过实物盘点来确定其实有数并据以倒算出本期实物财产减少数的一种盘存方法。

第9章 财产清查

7. 永续盘存制又称"账面盘存制",它是指平时对各项实物财产的增减变动都必须根据会计凭证逐日逐笔地在有关账簿中登记,并随时结算出其账面结存数量的一种盘存方法。

8. 未达账项是指企业单位与银行之间,对同一项经济业务,由于凭证传递上的时间差所形成的一方已经登记入账,而另一方因未收到相关凭证,尚未登记入账的事项。

9. 技术推算法,是通过技术推算确定实物财产实存数量的一种方法。对有些价值低、数量大或难以逐一清查的实物财产,可以在抽样盘点的基础上,进行技术推算,从而确定其实存数量。

10. 实地盘点法,是通过实地逐一点数或用计量器具确定实物财产实存数量的一种清查方法,适用于一般实物资产。

二、填空题

1. 账实
2. 全面清查　　局部清查
3. 定期清查　　不定期清查
4. 银行日记账　　银行对账单
5. 实地盘点法
6. 永续盘存制　　实地盘存制
7. 技术推算
8. 实地盘点法
9. 账面结存数量
10. 原始

三、判断题

1. √　　2. ×　　3. ×　　4. ×　　5. √
6. √　　7. ×　　8. ×　　9. √　　10. ×

四、单项选择题

1. B　　2. C　　3. D　　4. B　　5. A　　6. D　　7. B　　8. A

五、多项选择题

1. A D　　2. A B C E　　3. C D　　4. A B E　　5. C D E
6. A B C D E　　7. A E　　8. A B D　　9. A B C D E　　10. A C

六、简答题

1. 进行财产清查有如下意义:
   (1) 确保会计核算资料的真实可靠;
   (2) 健全实物财产的管理制度;
   (3) 提高实物财产的使用效率;
   (4) 保证结算制度的贯彻执行。

2. 一般是在以下几种情况下,才需要对企业的资产进行全面清查。

（1）年终决算之前，要进行一次全面清查。

（2）单位撤销、合并或改变隶属关系时，要进行一次全面清查，以明确经济责任。

（3）开展资产评估、清产核资等活动，需要进行全面清查，摸清家底，以便按需要组织资金的供应。

3. 定期清查就是按事先计划安排的时间对实物财产、债权债务进行的清查。一般是在年度、季度、月份、每日结账时进行。例如，每日结账时，要对现金进行账实核对。定期清查，可以是局部清查，也可以是全面清查。

4. 不定期清查是事先并无计划安排，而是根据实际需要所进行的临时性清查。一般是在以下几种情况下，才需要进行不定期清查。

（1）更换实物财产和现金的保管人员时，要对有关人员所保管的实物财产和现金进行清查，以分清经济责任。

（2）发生自然灾害等非常损失时，要对受灾损失的有关实物财产进行清查，以查明损失情况。

（3）单位撤销、合并或改变隶属关系时，应对本单位的各项实物财产、货币资金、债权债务进行清查，以摸清家底。不定期清查，可以是局部清查，也可以是全面清查。

5. 财产清查按清查对象的不同，可分为实物财产清查、货币资金清查和往来账项清查。

6. 财产清查是一项复杂而细致的工作，涉及面比较广、工作量比较大，必须有计划、有组织地按一定程序进行。不同目的的财产清查，应按不同的程序进行，但就其一般程序来说，可以分为3个阶段，即准备阶段、实施阶段、分析及处理阶段。

7. 永续盘存制又称"账面盘存制"。它是指平时对各项实物财产的增减变动都必须根据会计凭证逐日逐笔地在有关账簿中登记，并随时结算出其账面结存数量的一种盘存方法。采用这种方法，需按实物财产的项目设置数量金额式明细账并详细记录，以便及时地反映各项实物财产的收入、发出和结存的情况。

其优点是有利于加强对实物资产的管理，不足之处是日常的工作量较大。

8. 在永续盘存制下仍需要财产清查。这是因为由于自然和人为的原因，也可能发生账实不符的现象。因此，采用永续盘存制的单位，仍需对实物财产进行实地盘点，以确定其实存数并与账面结存数核对。

9. 实地盘存制又称"定期盘存制"，也叫"以存计销制"或"依存计耗制"。它是指平时只在账簿记录中登记各项实物财产的增加数，不登记减少数，期末通过实物盘点来确定其实有数并据以倒算出本期实物财产减少数的一种盘存方法。其计算公式如下：

本期减少数 = 期初结存数 + 本期增加数 − 期末实有数

实地盘存制的优点是：平时工作手续简便，省去了物资减少数及每日结存数的详细记录。其缺点是：账簿中无法随时反映实物财产的减少数和结存数，并有可能将损耗、浪费、被盗等的实物财产全部算入本期的发出（减少）额，不利于对实物财产的控制。而且采用该方法对实物财产进行实地盘点的结果，只能作为计算其本期减少数的依据，而不能用来核对账实是否相符。

10. 清查实物财产可采用的清查方法有实地盘点法、技术推算法。
11. 库存现金的清查采用实地盘点的方法。库存现金的清查包括以下内容：
（1）库存现金实有数是否与现金日记账余额一致；
（2）有无以不具备法律效力的私人借条或收据抵充现金；
（3）库存现金数是否超过规定的库存限额；
（4）是否有挪用公款的现象。
12. 企业与银行之间的未达账项有4种：
（1）企业已收，银行未收；
（2）企业已付，银行未付；
（3）银行已收，企业未收；
（4）银行已付，企业未付。
13. 银行存款余额调节表的编制步骤如下。
（1）按银行存款日记账登记的先后顺序逐笔与银行对账单核对，对双方都已登记的事项打"√"。
（2）分析日记账和对账单中未打"√"事项属于记账错误，还是属于未达账项。
（3）对查出的企业记账错误按照一定的错账更正方法进行更正，登记入账，调整银行存款日记账账面余额；对银行记账错误通知银行更正，并调整银行对账单余额。
（4）编制银行存款余额调节表，将属于未达账项的事项计入调节表，计算调节后的余额。
14. 银行存款余额调节表不可以作为调账依据。因为调节表不是证明银行存款收付业务发生的原始凭证。待以后结算凭证到达并以其为依据填制记账凭证后，再做账务处理。
15. 第一步：根据已查明属实的财产盘盈、盘亏或毁损的数字编制的"实存账存对比表"，填制记账凭证，据以登记有关账簿，调整账簿记录，使各项实物财产的实存数与账存数一致。

第二步：待查清原因，明确责任以后，再根据上级有关部门审批后的处理决定文件，填制记账凭证，分别记入有关的账户。

七、核算与计算题

（一）

（1）根据永续盘存制计算如下：

① A材料本期减少数 = （5 000 + 1 000 + 600）× 20 = 132 000（元）

② A材料期末账面结存数 = 期初结存数 + 本期增加数 − 本期减少数 = 700 × 20 + (2 000 + 4 000 + 500) × 20 − 132 000 = 12 000（元）

③ A材料期末账实差异数 = 实存数 − 账存数 = 550 × 20 − 12 000 = −1 000（元）

故该企业A材料盘亏50公斤，单价20元，共计1 000元。

(2) 根据实地盘存制计算如下：

① A 材料期末账面结存数 = 550×20 = 11 000（元）（以实存数作为账存数）

② A 材料本期减少数 = 期初结存数 + 本期增加数 − 期末实有数

$$= 700×20 + (2\,000 + 4\,000 + 500) ×20 − 11\,000$$
$$= 133\,000（元）$$

（二）编制"银行存款余额调节表"如表 9-3 所示。

表 9-3　银行存款余额调节表

2006 年 8 月 31 日　　　　　　　　　　　　　　　　单位：元

项　目	金　额	项　目	金　额
企业银行存款日记账余额	1 383 200	银行对账单余额	1 363 200
加：银行已收企业未收	8 000	加：企业已收银行未收	30 000
减：银行已付企业未付	4 000	减：企业已付银行未付	6 000
调节后的存款余额	1 387 200	调节后的存款余额	1 387 200

银行存款余额调节表只是银行存款清查的方法，它只起到对账作用，不能作为调节账面余额的原始凭证。银行存款日记账的登记，还应待收到有关原始凭证后再进行。

（三）

（1）根据资料确定未达账项有：

① 5 月 30 日，银行代企业付电费 2 700 元，企业尚未入账；

② 5 月 31 日，银行代收企业货款 3 500 元，企业尚未入账；

③ 5 月 31 日，企业送存销货款转账支票一张，价值 6 300 元，银行尚未入账；

④ 5 月 31 日，企业开出转账支票 1 400 元付购料货款，银行尚未入账。

（2）编制银行存款余额调节表 9-4 所示。

表 9-4　银行存款余额调节表

2006 年 5 月 31 日　　　　　　　　　　　　　　　　单位：元

项　目	金　额	项　目	金　额
企业银行存款日记账余额	84 680	银行对账单余额	80 580
加：银行已收企业未收	3 500	加：企业已收银行未收	6 300
减：银行已付企业未付	2 700	减：企业已付银行未付	1 400
调节后的存款余额	85 480	调节后的存款余额	85 480

（四）

批准前：

借：原材料　　　　　　　　　　　　　　　　　　　　　　6 400

　　贷：待处理财产损溢——待处理流动资产损溢　　　　　6 400

批准后:
借:待处理财产损溢——待处理流动资产损溢　　6 400
　　　贷:管理费用　　　　　　　　　　　　　　　　6 400

(五)

批准前:
借:待处理财产损溢——待处理流动资产损溢　　23 400
　　　贷:原材料　　　　　　　　　　　　　　　　　20 000
　　　　　应交税费——应交增值税（进项税额转出）　3 400

批准后:

(1) 对于属于定额内合理损耗的处理:
借:管理费用　　　　　　　　　　　　　　　　　　1 170
　　　贷:待处理财产损溢——待处理流动资产损溢　　1 170

(2) 对于属于由责任人赔偿的处理:
借:其他应收款　　　　　　　　　　　　　　　　　8 000
　　　贷:待处理财产损溢——待处理流动资产损溢　　8 000

(3) 对于属于自然灾害造成的损失的处理:
借:营业外支出　　　　　　　　　　　　　　　　　8 230
　　其他应收款——保险公司　　　　　　　　　　　6 000
　　　贷:待处理财产损溢——待处理流动资产　　　　14 230

(六)

批准前:
借:固定资产　　　　　　　　　　　　　　　　　　200 000
　　　贷:待处理财产损溢——待处理固定资产损溢　　200 000

批准后:
借:待处理财产损溢——待处理固定资产损溢　　　　200 000
　　　贷:营业外收入　　　　　　　　　　　　　　　　200 000

(七)

批准前:
借:待处理财产损溢——待处理固定资产损溢　　　　80 000
　　累计折旧　　　　　　　　　　　　　　　　　　200 000
　　　贷:固定资产　　　　　　　　　　　　　　　　280 000

批准后:
借:营业外支出　　　　　　　　　　　　　　　　　80 000
　　　贷:待处理财产损溢——待处理固定资产损溢　　80 000

八、讨论及网络题答案略。

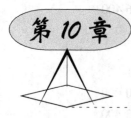

第10章 会计循环与期末账项调整

复习提要

1. 了解会计循环的含义;
2. 掌握会计循环的步骤及期末账项调整在会计循环中所处的位置,了解各步骤的作用;
3. 掌握持续经营假设、会计分期假设、配比原则、权责发生制原则的含义及它们之间的关系;
4. 掌握会计处理基础的概念,掌握收付实现制与权责发生制的不同;
5. 掌握期末账项调整的内容和方法。

10.1 会计循环

1. 会计循环的含义

会计是对企业的交易和事项进行会计处理,最终为会计信息使用者提供财务报告。会计处理工作包括许多具体的会计方法、程序,实际工作中,在每一个会计期间内,这些具体的会计方法都要按一定的顺序逐步依次完成,循环往复,习惯上将这种按一定程序依次继起的账务处理方法称为会计循环。对会计循环的含义另有多种表述,如"会计循环是指在每一个会计期间内,依照相同次序、依次继起、周而复始重复进行的会计处理步骤";"会计循环,指在各个会计期间,从会计事项发生开始,到编制出一套完整的财务报表为止的一系列会计处理程序";"会计循环就是周而复始地进行的会计工作步骤";"企业的会计工作是周而复始进行的,其进行的具体程序与事项叫会计循环"。会计人员借助于会计循环,可以将错综复杂的以货币表现的经济业务有条不紊地加以综合和汇总,从而形成系统的会计信息。

2. 会计循环的一般程序和步骤

一个完整的会计循环包括下面几个基本步骤。

① 对经济业务的内容进行分析,按复式记账原理编制会计分录、填写记账凭证。

② 根据记账凭证内的会计分录，按一定程序登记有关账簿，即分别过入总分类账和相应的明细分类账。

③ 计算总分类账户余额，编制调整前的试算平衡表，进行第一次试算平衡。

④ 期末对应调整事项，按权责发生制原则的要求，编制期末调整分录，并过入相应的分类账、结出余额。

⑤ 编制调整后的试算表。

这是第二次编制试算表，目的是检验调账过程中的账务处理是否正确（具体编制方法同第一次）。

⑥ 根据调整后试算表，编制财务报表。

做完上一项工作，再进行财产清查后，进入本步骤工作，即根据有关总分类账户和明细分类账户提供的资料编制财务报表。

⑦ 编制结清有关账户的会计分录，结清如收入、费用等暂记性账户，过账、结余额。

⑧ 编制结账后试算表。

这是第三次编制试算表，以检验会计结账过程中的账务处理是否正确（编制方法同第一次）。

⑨ 如果有必要，编制转回分录。

以上为一个会计循环应包括的步骤和应完成的工作，这些工作每一个会计期间都从第一步开始到最后一步结束，连续不断地重复进行。

10.2 账项调整

1. 账项调整的理论基础

会计假设与会计原则构成了期末账项调整的理论基础。

（1）持续经营假设

持续经营假设是假定企业在可以预见的未来，其生产经营活动将会以它现实的形式和状态并按既定的目标持续不断地经营下去，不会面临破产、清算、停业，也不会大规模削减业务。

持续经营假设并不意味着企业将永远存在下去，也不意味着企业的资产永远不能以清算价值计量，而是指企业能存在足够长的时间，能按其既定的目标开展经营活动，按已有的承诺偿清其债务。

持续经营假设的意义在于：它可使会计原则建立在非清算基础之上，从而为解决很多常见的资产计价和收益确认问题提供基础。持续经营为采用权责发生制奠定了基础。

企业是否持续经营对会计政策的选择，影响很大。在持续经营前提下，如有迹象表明企业经营欠佳，维持经营现状将有困难，而判定企业不符合持续经营前提，就应当放弃持续经营前提，改变会计核算的方法，如改以营业期限届满的自动歇业，对部分资产进行重新估价，或因资不抵债而宣告破产，被迫清算等为会计前提。

（2）会计分期假设

会计分期假设是持续经营假设的必要补充或必然结果。根据持续经营前提，一个企业将要按当前的规模和状况继续经营下去。为此，就要将企业持续不断的生产经营活动人为地划分为一个个相等的、较短的期间来计算利润，分期核算和反映企业的财务状况和经营成果。这种人为的分期就是会计期间。

会计期间可长可短，最常见的会计期间是一年，以一年确定的会计期间称为会计年度，它的起讫时间可由任一时间开始，12个月后结束，会计年度可以与日历年度一致，也可与自然营业年度一致。每一会计年度还具体划分为季度、月份。

我国会计准则规定以日历年度作为我国企业的会计年度，即以公历1月1日起至12月31日止为一个会计年度。

会计分期这一基本前提的意义在于：界定了会计信息的时间段落，会计分期假设与持续经营假设一起，奠定了可比性原则、权责发生制原则、一贯性原则、配比原则、及时性原则、划分收益性支出与资本性支出原则及谨慎性原则等会计原则的理论与实务基础。由此，会计分期对会计原则和会计政策的选择有着重要影响。由于会计分期，产生了当期与其他期间的差别，从而出现权责发生制和收付实现制的区别，进而出现了应收、应付、递延、预提、待摊这样的会计方法。

2. 会计处理基础

在持续经营条件下，企业的生产经营活动是持续不断又分属不同会计期间的，因此必须划清哪些收入属于本期收入，哪些费用属于本期费用，只有将本期收入与本期费用进行比较才能正确计算本期盈亏。

收入和费用的收支期间，是指收入实际收到了货币资金和费用实际用货币资金支付了的会计期间。收入和费用的归属期间，则是指应获得收入和应负担费用的会计期间。

收入和费用的收支期间与收入和费用的归属期间是否一致有以下3种情况。

一是本期收到的收入就是本期应获得的收入，本期已付出的费用，就是本期应负担的费用。

二是本期收到的收入并不是本期应获得的收入，本期内支付而不应由本期负担的费用。

三是本期应获得但尚未收到的收入（即应计收入），本期应负担但尚未支付的费用（即应计费用）。

上述第一种情况，收入和费用的收支期间与收入和费用的归属期间一致，属于同一会计期间，可直接将本期收入和费用相比较后计算本期损益。而第二、第三种情况下，收入和费用的收支期间和归属期间不一致。

企业在本期内收到的各种收入，以及在本期内支付的各种费用，其收支期间和应归属期间大多数情况是一致的，确认本期的收入和费用不存在任何问题。但有时是不一致的，这时，确认本期的收入和费用时，就产生了两种不同的处理方法，称为"会计处理基础"。

第 10 章 会计循环与期末账项调整

会计处理基础，也称记账基础，是指确定收入和费用归属期间的标准。分为收付实现制和权责发生制（现金收付基础和应计基础）两种。

（1）收付实现制

它是以款项的实际收付作为标准来处理经济业务，确定本期收入和费用的一种会计处理基础。凡在本期收到的收入和支付的费用，不管其是否应归属本期，都作为本期的收入和费用处理；凡本期未收到的收入和未支付的费用，即使应当归属于本期，也不作为本期的收入和费用处理。

在收付实现制下，不考虑预收收入、预付费用，以及应计收入和应计费用的存在。按收付实现制确定的本期收入和费用与会计账簿日常记录的收入和费用是完全一致的，这样，会计期末也就不需要对会计账簿日常记录进行调整。

然而收付实现制下的会计处理不尽合理，不能准确计算和确定会计主体各个会计期间的损益，不能公正地表达会计主体各期的经营成果。这种会计处理基础的好处在于：在会计期末不需进行账项调整，计算简便，也符合人们的习惯。

（2）权责发生制

以款项的应收应付作为标准来处理经济业务，确定本期收入和费用的一种会计处理基础。在权责发生制下，凡是应当归属于本期获得的收入，不管其款项是否收到，都作为本期的收入处理；凡属于本期应当负担的费用，不管款项是否付出，都作为本期的费用处理。反之，凡不应归属本期的收入，即使其款项已经收到并入账，也不作为本期的收入处理；凡不应归属本期的费用，即使其款项已经付出并入账，也不作为本期的费用处理。

在权责发生制下，应当归属本期的收入和费用，不仅包括收支期间与应归属期间相一致的收入和费用、应计收入、应计费用，还包括以前会计期内收到而应在本期获得的收入，以及在以前会计期内支付而应由本期负担的费用，但不包括本期的预收收入和预付费用。

按权责发生制的要求，会形成相当的预收、预付、应收、应付等会计项目，所以在会计期末，要正确确认本期的收入和费用，还要根据账簿记录，按照应归属原则，对收入和费用进行账项调整。

权责发生制主要从时间选择上确定会计确认的基础，其核心是根据权责关系的实际发生和影响来确认本期的收入、费用和损益。采用权责发生制的会计处理比较科学、合理，但会计处理手续较复杂。

（3）收付实现制和权责发生制的比较

收付实现制和权责发生制下的会计处理有以下不同之处。

① 组织核算时设置的会计科目不完全相同。

② 计算出的损益不可能完全相同。

③ 计算的盈亏结果其准确程度不同。就所确定的本期收入和费用从而计算企业的盈亏来说，权责发生制比收付实现制更为合理。

④ 是否需要对账项进行调整是不同的。会计期末，采用收付实现制不需对账簿记录进

行账项调整,采用权责发生制则须对账簿记录进行账项调整。因此,就会计处理手续而言,前者比后者更为简便。

3. 期末账项调整的必要性

会计期间假设是持续经营假设的必然结果,会计期间的产生又使会计核算要考虑权责发生制的采用,而坚持权责发生制和配比原则使得期末账项调整成为必然。

从权责发生制的角度来看,由于平时对部分业务按现金收支的行为入账,企业账簿中的日常记录不能确切反映本期的收入、费用,所以每个会计期末计算利润时,必须在期末结账前对这些账项按权责发生制原则进行调整。通过调整,合理确认各期的收入和费用,并将费用与收入配比,从而正确计算各期盈亏,合理反映企业的经营成果。

期末需要调整的主要内容是调整各期的收入、费用。这种期末按权责发生制要求对部分会计事项予以调整的行为,就是账项调整;期末账项调整要根据权责发生制的要求,符合会计期间假设,遵循收入确认和配比等会计原则。账项调整时所编制的会计分录,也就是记录需要调整的交易及内部事项的会计分录,我们称为调整分录。

4. 期末账项调整的项目

期末需要进行账项调整的项目主要有3种类型,分别是:应计项目、递延项目、成本分配和摊销项目。

1) 应计项目

指由于收入或费用的确认期先于其现金收支期所引起的。应计项目有两种,即应计费用和应计收入。

(1) 应计收入的记录

应计收入又称应收收入。会计期间终了时,有一些按权责发生制标准已经赚取,但现金尚未收到的收入,就是本期已经实现而尚未收到款项的各项收入,称为应计收入。这些收入因款项尚未收到,平时未予记录,但凡属本期的收入,不管其款项是否收到,都应作为本期的收入,在会计期末,应进行账项调整,将已发生或实现的收入,列作收入,以使收入恰当地归属到应归入的会计期间。尚未收到的款项,列作资产。

(2) 应计费用的记录

应计费用又称应付费用,它是指本期已经发生或耗用,已使本期受益,应由本期负担的费用,这些费用要在以后会计期内支付,即本会计期内偿付义务已经形成、但本期尚未支付现金故而也未入账的费用。会计期末,应将已发生或实现的未入账的费用调整入账,列作费用。

2) 递延项目

由于现金的收支期先于相应的收入或费用的确认期所引起,它也有两种,即递延收入和递延费用。

(1) 递延收入的分配

递延收入又称预收收入,是指已经收到现金,但尚未交付产品或提供服务、将来需以提供产品或劳务来抵偿的收入。按权责发生制原则，企业虽然已收到现金，但相应的义务没有履行，就不能确认收入，是一种负债性质的款项。在以后期间里，企业有履行提供劳务或交付产品的义务。其后的某一会计期间，只要企业履行了义务，收入确认条件成立，就应当将预收收入确认为当期收入，这时，当期期末要对预收收入进行账项调整，将已实现的预收收入分配作为当期收入，未实现的部分递延到下期。

（2）递延费用的摊销

递延费用又称预付费用，是指在本期已支付、但本期并不受益，后续会计期间受益，因而应由以后各期负担的费用。预付费用要根据以后各期的受益比例，分别摊销记入各受益期。因而，期末在计算费用时，应将这部分费用进行调整入账。

对于支付与受益的时间差不超过一个会计年度的，我们称之为收益性支出，它在一个会计年度内按实际发生或受益情况，全部摊销完毕；对于支付与受益的时间长于一个会计年度的，我们称之为资本性支出，应该按它的可能受益年限分摊。前者在我国被称为待摊费用，在企业日常经营活动中有多种类型。后者如企业大量的固定资产支出，固定资产支出的分摊，称为折旧。

3）成本分配和摊销项目

在会计期末，除对递延和应计项目进行账项调整外，还要为有关成本分配的事项编制调整分录，即将有关资产的成本摊配为费用。编制这类调整分录通常依赖于金额估计。这类调整的例子如：计提备抵坏账、计提折旧、结转销货成本等。

（1）计提折旧

企业购买的固定资产，可在许多会计期间受益，所以购买固定资产的支出，也是支付在先、受益在后的预付费用，购入时按原始成本一次入账，在整个受益期间内摊销为费用。固定资产的成本是递延成本，分成两部分：一是已消耗的部分，通过计提折旧，转入当期费用；二是期末尚未消耗部分，作为递延转入下期。

（2）销货成本的调整

永续盘存制下，收入、发出存货及期末结存存货在存货账上均有详细记录，会计期末，销售成本账户的余额即表示期末余额，无需作调整分录。定期盘存制下，购买商品及其有关项目，如运费、购货退回、购货折让等分别设置账户记载，而不列作存货账户。会计期末，须根据实地盘点存货来确定期末存货成本，再倒轧计算本期销货成本。所以，要根据权责发生制和配比原则对销货成本进行账项调整，以正确反映本期应负担的销货成本。

除上面已列举的以外，企业根据情况，会计期末还有其他一些账项调整事项，如产成品的计列、存货盘盈盘亏的调整、坏账准备的计提、无形资产及长期待摊费用的摊销、投资收益的确认与列计、汇兑损益的计列调整。这会在以后的课程里学习。

期末账项调整是按照权责发生制及正确计算盈亏等要求进行的，以上所有调整分录作成后，均应立即过入总分类账户。经过对账和试算平衡，确保无误后，即可进行账项的结转，从而结算出本期的经营成果。

☞ 练习题

一、名词解释
1. 会计循环　　　　2. 持续经营假设
3. 会计分期假设　　4. 会计年度
5. 收付实现制　　　6. 账项调整
7. 应计收入　　　　8. 预付费用

二、填空题
1. 期末对应调整事项，按_____的要求，编制期末调整分录。
2. _____假设规定了会计核算的空间范围，_____则为会计核算做出了时间上的规定。
3. 持续经营假设使会计原则建立在_____基础之上，从而为解决很多常见的资产计价和收益确认问题提供了基础。
4. 会计分期假设是_____假设的必要补充或必然结果。
5. 以一年确定的会计期间称为_____。
6. 自然营业年度就是以每年经济活动的最低点即_____作为年度终止日。
7. 不管以日历年度还是以营业年度作为会计年度，每个会计年度的长度应当是_____的，以便于各期信息能相互比较。
8. 按会计年度编制的财务会计报告称为_____，根据法令规定或管理需要，按月、按季或半年编制的财务报告，称为_____。
9. 现有的两种记账基础是_____和_____。

三、判断题
1. 会计期间是会计的一项基本假设。（　　）
2. 要正确报告企业的经营成果，理论上应于企业经营活动全部结束时才能做到。（　　）
3. 划分会计期间是客观的，不是人为的结果。（　　）
4. 存货盘盈盘亏时所进行的账项调整也是权责发生制的要求。（　　）
5. 收入和费用的收支期间与应归属时间在任何时候都是一致的。（　　）
6. 权责发生制确定收入和费用的标准是实收实付。（　　）
7. 权责发生制不存在期末对账簿记录的调整问题。（　　）
8. 账项调整仅限于满足权责发生制的要求。（　　）
9. 在实际工作中，企业往往不是严格地采用权责发生制。（　　）
10. 利息收入和股利收入一般都是按权责发生制记账。（　　）

四、单项选择题
1. 设置待摊预提性质的账户，是适应_____的需要。

A. 经济核算制 B. 经营责任制
C. 收付实现制 D. 权责发生制

2. 我国工业企业对本期收益和费用的确定采用_____。
   A. 实地盘存制 B. 永续盘存制
   C. 实收实付制 D. 应收应付制

3. 我国行政事业等预算单位对本期收益和费用的确定采用_____。
   A. 实地盘存制 B. 永续盘存制
   C. 实收实付制 D. 应收应付制

4. 会计期间通常为_____。
   A. 一年 B. 一个月
   C. 半年 D. 三个月

5. 理论上讲，会计年度的起讫点应定在企业经营活动的_____。
   A. 旺季 B. 淡季
   C. 日历年初 D. 企业经营活动的开始

6. 收入和费用的收支期间与应归属期间有时不一致是因为_____。
   A. 持续经营假设 B. 会计主体假设
   C. 货币计量假设 D. 持续经营和人为会计期间的划分

7. 在实际工作中，企业对记账基础的采用往往是_____。
   A. 严格采用权责发生制 B. 严格采用收付实现制
   C. 以收付实现制为主辅之以权责发生制
   D. 以权责发生制为主辅之以收付实现制

8. 实际工作中企业对于股利收益一般按收付实现制记账是出于_____考虑。
   A. 谨慎性原则 B. 客观性原则
   C. 重要性原则 D. 实质重于形式原则

9. "预提费用"账户属于_____性质的账户。
   A. 资产 B. 负债
   C. 收入 D. 费用

10. "待摊费用"账户会计上是用于核算本期_____的。
    A. 预提费用 B. 预付费用
    C. 应计费用 D. 实际支付费用

五、多项选择题

1. 目前世界上通用的营业年度主要是_____。
   A. 本年7月1日到下年6月30日
   B. 本年1月1日到本年12月31日
   C. 本年4月1日到下年3月31日

D. 本年 8 月 1 日到下年 7 月 31 日
　　E. 一个营业周期
2. 按权责发生制的要求，本期收益包括_____。
　　A. 收到货款的本期销售收入
　　B. 收到上期销售所欠货款
　　C. 本期销售的应收货款
　　D. 预收下期货款
　　E. 应属本期的其他收入
3. 按权责发生制的要求，本期费用包括_____。
　　A. 预付的费用　　　　　B. 预提费用
　　C. 待摊费用摊销　　　　D. 预提费用支付
　　E. 应付费用
4. 下列属于本期收入但尚未收到款项的账项有_____。
　　A. 尚未结算的本期销售收入
　　B. 尚未收到入账的本期销售收入
　　C. 尚未收到入账的上期销售收入
　　D. 应收出租包装物租金收入
　　E. 应收银行存款利息
5. 下列属于本期费用但尚未支付款项的账项有_____。
　　A. 应付工资　　　　　　B. 应付贷款利息
　　C. 预提修理费用　　　　D. 预提水电费用
　　E. 计提折旧费
6. 下列属于本期已付款，而不属于或不完全属于本期费用的账项有_____。
　　A. 预付的保险费　　　　B. 预付的租金
　　C. 预付的报纸杂志费　　D. 支付本期水电费
　　E. 支付本期租金
7. 实际工作中，企业对于_____一般按收付实现制记账。
　　A. 利息收入　　　　　　B. 股利收益
　　C. 数额较小的应计收入　D. 数额较小的应计费用
　　E. 利息费用
8. 下列属于按权责发生制的要求进行账项调整的是_____。
　　A. 计提大修理费用　　　B. 计提坏账准备
　　C. 存货盘盈盘亏调整账项　D. 错账调整
　　E. 计提水电费用
9. 下述各项目中，属于跨期摊提账户的有_____。

A. "待处理财产损溢"账户　　B. "预提费用"账户
C. "累计折旧"账户　　　　　D. "待摊费用"账户

10. 企业3月份发生的下述各项经济业务中，月末须进行账项调整的是_____。
    A. 本月销售产品一批，价款共计2万元待收
    B. 元月1日出租厂房，租期1年，收取第一季度租金3万元存入银行
    C. 年初以银行存款支付本年度保险费9万元
    D. 年初以银行存款支付上年度的货款利息4万元

六、简答题

1. 收入和费用的收支期间与收入和费用的归属期间是否一致有3种情况，都是什么？
2. 什么是会计处理基础？
3. 有哪两种会计处理基础？
4. 划分会计期间的目的和意义是什么？
5. 为什么说将会计年度的起讫点定在淡季为宜？
6. 收付实现制下如何确定本期收入和费用？
7. 权责发生制下如何确定本期收入和费用？
8. 比较权责发生制与收付实现制有什么不同点？
9. 权责发生制下期末为什么必须进行账项调整？
10. 为什么说权责发生制下，计算的本期盈亏比较正确？
11. 权责发生制下期末必须进行哪几种类型的会计事项的调整？
12. 按权责发生制的要求本期收益包括哪些内容？
13. 按权责发生制的要求本期费用包括哪些内容？
14. 企业会计核算采用权责发生制的意义是什么？
15. 一次完整的会计循环通常应进行几次试算？各有什么作用？

七、核算与计算题

（一）

【资料】

某企业2006年3月份发生如下经济业务：
（1）以银行存款支付上月水电费2 500元；
（2）以银行存款预付下半年报纸杂志费400元；
（3）预提本月份借款利息300元；
（4）计算本月折旧费600元；
（5）预收下月份货款20 000元；
（6）收回上月销货款10 000元；
（7）本月销售产品货款5 000元，已通过银行收回；

(8) 本月销货款 6 000 元尚未收回。

【要求】

根据以上资料分别按权责发生制与收付实现制计算本月的收入、费用和利润，填入表 10 – 1 中。

表 10 – 1　计算企业本月的收入、费用和利润

经济业务	权责发生制			收付实现制		
	收入	费用	利润	收入	费用	利润
(1) 以银行存款支付上月水费 2 500 元						
(2) 以银行存款预付下半年报刊费 400 元						
(3) 预提本月借款利息 300 元						
(4) 计提本月折旧 600 元						
(5) 预收下月销售款 20 000 元						
(6) 收回上月销售款 10 000 元						
(7) 收回本月销售款 5 000 元						
(8) 本月销售款 6 000 元尚未收回						
合　　计						

（二）

【资料】

（1）振连工厂 2006 年 11 月底与诺威公司签订合同，将部分空闲仓库租给诺威公司，租期从 2006 年 12 月 1 日至 2007 年 3 月 31 日共计 4 个月，期满时诺威公司将一次性支付租金 8 000 元。2006 年 12 月 31 日，振连工厂对此业务应做何账务处理？

（2）振连工厂 2006 年 12 月 18 日出售一批商品给诺威公司，计 6 000 元，收到对方开出的利率 8%、期限 60 天的票据一张。到 12 月 31 日，本公司持有该票据 13 天，振连工厂对此业务应做何账务处理？

（3）振连工厂应计第一季度每个月的银行存款利息 1 000 元，3 月底银行通知本季度的实际银行存款利息为 2 800 元。第一季度前两个月及第三个月应做什么分录？

（4）振连工厂 2006 年初与金龙广告公司签订一项服务合同，由金龙广告公司为其进行广告宣传，为期两年。振连工厂到期一次性支付全部的广告费 20 000 元。振连工厂 2006 年年末，对此业务应做何调整分录？

（5）振连工厂于 2006 年 11 月 1 日向银行借入半年期短期借款 60 000 元，年利率 5%。12 月 31 日振连工厂对此业务应做何调整分录？

（6）2006 年 11 月，振连工厂按相应的税率计算本期应交营业税金 50 000 元，所得税 30 000 元，期末应做何调整分录？

（7）振连工厂在 2006 年 8 月收到东方公司购买货物的预付货款 100 000 元，振连工厂

在 2006 年 10 月份向东方公司供货价值 60 000 元，振连工厂对此项业务在 8 月份和 10 月份应当做何调整分录？

（8）振连工厂于 2005 年 11 月一次性支付次年全年的报刊订阅费 2 400 元。振连工厂 2005 年 11 月和 2006 年 11 月份对此业务应做何调整分录？

（9）振连工厂 6 月份以银行存款支付第三季度的财产保险费 18 000 元。对此业务，振连工厂在 6、7、8、9 月份应做何分录？

（10）振连工厂的生产设备，在 12 月份经计算，应当计提 72 000 元折旧。应当对此做何调整分录？

【要求】
振连工厂采用权责发生制作为记账基础，请你替该厂对上面的业务进行账务处理。

（三）
【资料】
振连工厂 6 月份发生下列经济业务：
（1）6 月 15 日，用银行存款预付下年度财产保险费 2 000 元；
（2）6 月 21 日，用银行存款支付本季度银行借款利息 6 000 元；
（3）6 月 30 日，摊销本月份应负担的保险费 500 元；
（4）6 月 30 日，预提本月份应负担的银行借款利息 1 800 元。

【要求】
分别用权责发生制和收付实现制对其进行账务处理。

（四）
【资料】
振连工厂 8 月份发生的经济业务如下：
（1）销售产品 56 000 元，收到现款 36 000 元存入银行，另有 2 000 元货款尚未收到；
（2）收到上月提供劳务收入 560 元；
（3）预付下半年度房租 1 800 元；
（4）支付本月份的水电费 680 元；
（5）支付上月份借款利息 340 元；
（6）本月应计劳务收入 890 元；
（7）预收销货款 24 000 元；
（8）本月负担年初已支付的保险费 210 元；
（9）上月预收货款的产品本月实现销售收入 18 900 元；
（10）本月负担下月支付的修理费 150 元。

【要求】
分别采用权责发生制和收付实现制来计算 8 月份的收入、费用和利润。

（五）

【资料】

振连工厂2006年3月份月末需要进行账项调整的资料如下：

（1）1月份曾预付本年度房屋租金4 560元；

（2）支付第一季度借款利息305元；1、2月份已预提利息费用共计200元；

（3）1月份曾预付本年度财产保险费6 000元；

（4）固定资产中，机器设备原值20 000元，年折旧率8%；房屋原值50 000元，年折旧率6%，其中生产用房占全部房屋价值的80%；

（5）本月份应付水电费1 000元，其中生产车间应负担70%；

（6）本月份应交产品增值税金500元；

（7）本月份应收存款利息200元。

【要求】

根据以上资料，按照权责发生制基础，编制3月份的调整分录（假定预收收入、预付及应付的费用在各月均匀实现和负担）。

（六）

【资料】

振连工厂2006年12月31日所有受到期末账项调整影响的账户及其调整前和调整后余额列示如表10-2所示。

表10-2 振连工厂账户调整前和调整后的余额

	调整前	调整后
应收收入	1 000	1 500
预提费用	400	800
待摊费用	900	600
预收收入	5 000	4 000
累计折旧	15 000	18 500

2003年期末调整前的利润为20 000

【要求】

计算该企业期末调整后的正确利润。

（七）

【资料】

振连工厂2006年12月份需要进行的账项调整的有关项目如下：

（1）生产车间使用的机器设备及房屋应计提折旧6 700元，行政管理部门使用的房屋应计提折旧1 100元；

（2）支付第四季度短期借款利息1 620元，10、11月份已预提利息费用共计1 000元；

(3) 本月有应付未付的消费税2 000元；
(4) 本月份出租办公楼，每月房屋租金收入2 400元，先预收半年租金；
(5) 本月份应计存款利息收入900元；
(6) 本月出租包装物，预收3个月租金，每月租金收入500元。

【要求】
根据上列资料，编制必要的调整分录。

(八)
【资料】
振连工厂采用权责发生制作为本厂的会计基础，2006年1月31日，公司的资产总额为543 000元，负债总额为110 000元，所有者权益总额为433 000元（其中包括本期利润33 000元）。会计人员1月底复查有关会计记录后，发现在编制报表时，忽略了下列调整事项：

(1) 预收出租包装物一年租金7 800元，全部列作本期收入；
(2) 应付短期借款利息1 400元，尚未入账；
(3) 预付上半年度房屋租金6 000元，全部列作当期费用；
(4) 价值100 000元的办公楼，应按每年6%的折旧率提折旧，本期尚未入账；
(5) 提供劳务收入2 000元，按合同规定，客户将于下月支付该项劳务款项。

【要求】
(1) 根据上述资料编制必要的调整分录。
(2) 重新计算本期资产、负债、所有者权益及本期利润的正确数额。

八、讨论及网络题
试设想，如果不进行会计工作，没有会计资料，证券交易和证券交易市场将是什么情况。

练习题答案

一、名词解释

1. 会计循环是指在每一个会计期间内，依照相同次序、依次继起、周而复始重复进行的会计处理步骤。

2. 持续经营假设是假定企业在可以预见的未来，其生产经营活动将会以它现实的形式和状态并按既定的目标持续不断地经营下去，不会面临破产、清算、停业，也不会大规模削减业务。

3. 会计分期假设是指将企业持续不断的生产经营活动人为地划分为一个个相等的、较短的期间来计算利润，分期核算和反映企业的财务状况和经营成果。

4. 以一年确定的会计期间称为会计年度，它的起讫时间可由任一时间开始，12个月后结束。

5. 收付实现制是以款项的实际收付作为标准来处理经济业务、确定本期收入和费用的一种会计处理基础。在收付实现制下，不考虑收入和费用的归属期间与现金收支行为是否一致。凡在本期收到的收入和支付的费用，不管其是否应归属本期，都作为本期的收入和费用处理；凡本期未收到的收入和未支付的费用，即使应当归属于本期，也不作为本期的收入和费用处理。也就是说，现金收支行为在其发生的期间全部记为收入和费用，而不考虑与现金收支行为相连的经济业务实质上是否发生。由于款项的收付实际上以现金收付为准，所以又称为现金制。

6. 期末按权责发生制要求，为了合理反映各会计期间取得的收入和应负担的费用，使各会计期间的收入和费用在相互适应的基础上进行配比，从而正确地计算出各会计期间的损益，在期末结账前对部分会计事项予以调整的行为，就是账项调整。

7. 应计收入是企业在本期已向其他单位（或个人）销售商品、提供劳务或让渡资产使用权，获得的属于本期的收入，但由于尚未结算或对方延期付款等原因，致使本期的收入尚未收到。属于本期的收入，不管其款项是否收到，都应作为本期的收入，期末将尚未收到的款项调整入账。

8. 预付费用又称递延费用，它是在营业活动前支付，在整个受益期间分期摊销。此项费用分成两部分，一部分代表当期已消耗的部分，列作费用；另一部分代表未消耗的部分，要继续保留在账上，作为递延费用转入下期，仍列作资产。

二、填空题
1. 权责发生制原则
2. 会计主体　　持续经营
3. 非清算
4. 持续经营
5. 会计年度
6. 营业淡季
7. 相等
8. 年度财务报告　　中期财务报告
9. 收付实现制　　权责发生制

三、判断题
1. √ 2. √ 3. × 4. √ 5. ×
6. × 7. × 8. × 9. √ 10. ×

四、单项选择题
1. D 2. D 3. C 4. A 5. B
6. D 7. D 8. A 9. B 10. B

五、多项选择题

1. A C
2. A C E
3. B C E
4. A B D E
5. A B C D
6. A B C
7. B C D
8. A E
9. B D
10. B C

六、简答题

1. 收入和费用的收支期间与收入和费用的归属期间是否一致有如下 3 种情况。

一是本期收到的收入就是本期应获得的收入，本期已付出的费用，就是本期应负担的费用。如本期销售商品，本期收到货款；本期支付本期的房屋租金。

二是本期收到的收入并不是本期应获得的收入，本期内支付而不应由本期负担的费用。如上期销货，本期收回货款及预收收入、本期支付下年度的报刊费用即预付费用。

三是本期应获得但尚未收到的收入，即应计收入，如本期销货，下期收回货款；本期应负担但尚未支付的费用（即应计费用），如本期应负担但未支付的利息费用。

2. 会计处理基础，也称记账基础，是指确定收入和费用归属期间的标准。

3. 会计处理基础有两种：收付实现制和权责发生制（应计基础和现金收付基础）。

4. 由于企业的经营活动是一个连续不断的过程，所以为了使会计信息成为管理中的有用信息，为了使企业的各种利害关系人及时获取企业的各种经营成果信息和财务状况，以便正确地做出决策，需要将企业这种连续不断的生产、经营活动，进行会计分期，定期地总结账簿中的记录，并编出会计报表。

5. 因为在企业经营活动的淡季，各项会计要素的变化较小，便于对会计要素进行计量，便于计算确定本会计年度的盈亏；而且在淡季的经济业务较小，会计人员有充裕的时间办理年度结算业务，及时编制会计报表。所以营业年度的起讫点一般选择在存货、生产、销售、结算等处于最低点的月份，即企业经营活动的淡季。

6. 在收付实现制下，凡是在本期实际收到的收入，不论该项收入发生在什么时间，均作为本期收入处理；凡是在本期实际支付的费用，不论该项费用发生在什么时间，均作为本期费用处理。反之，凡是在本期未收到的收入或未支付的费用，即使应归属于本期，也不作为本期的收入或费用处理。

7. 在权责发生制下，凡属于本期已获得的收入，不管其款项是否收到，都应作为本期的收入处理；凡是属于本期应当负担的费用，不论款项是否付出，都作为本期的费用处理。在权责发生制下确定本期收入和费用时，不但应考虑实收收入、实付费用，而且应考虑预收收入、预付费用，以及应收收入和应付费用。

8. ① 权责发生制与收付实现制是两种不同的核算基础，处理业务的标准不同。前者是以应收应付为标准，后者是以实收实付为标准。② 从会计处理手续的角度讲，权责发生制期末要进行必要的账项调整，相对于收付实现制核算处理的手续烦琐。③ 从计算企业盈亏的角度来说，权责发生制下计算的本期盈亏相对于收付实现制来讲较为正确。

9. 从权责发生制的观点来看，账簿的日常记录还不能确切地反映本期的收入和费用。

有些收入款项虽在本期内已收到和入账,但并不应归属本会计期;而有些收入虽在本期内尚未收到,却应归属本会计期。有些费用虽在本会计期内已经支付和入账,但并不归属本期;而有些费用虽在本期内尚未支付,却应归属本期。所以,在期末结账以前,必须对账簿的日常已记入账项进行必要的调整。

10. 采用权责发生制,确定本期的收益和费用以应否归属为标准,相应收入与费用的配比关系比较合理。而只有这种费用和收入在相互适应的基础上的合理配比,才能使计算的本期盈亏比较正确,从而比较正确地反映企业的经营成果。

11. ① 属于本期费用尚未支付款项的账项。② 属于本期收入尚未收到款项的账项。③ 本期已收款,而不属于或不完全属于本期收入款项的账项。④ 本期已付款,而不属于或不完全属于本期费用的账项。⑤ 属于本期支出,尚未支付税金的账项。

12. 按权责发生制的要求,本期收益包括:收到货款的本期销售收入;本期销售产品的应收货款;收到款项的本期其他收入;未收到款项的本期其他收入。

13. 按权责发生制的要求,本期费用包括:为生产本期产品而支付货币资金的费用;计算提取的应由本期产品负担的费用;应由本期产品负担的转账费用;预提应由本期产品负担的预提费用;摊销应由本期产品负担的待摊费用;本期应付未付的各项费用。

14. 在权责发生制下,反映的本期收益和费用比较真实,确定的经营成果比较合理,相应地在权责发生制下编制的会计报表较为正确。对企业这一营利单位而言,真实地反映企业的财务状况和经营成果关系到企业自身和社会多方面的经济利益。所以,企业会计核算应采用权责发生制进行。

15. 一次完整的会计循环通常应进行三次试算。

第一次试算在会计循环的第 3 步。即根据分类账中的各账户资料,计算总分类账户余额,在月末调整账项之前编制试算平衡表,进行第一次试算平衡。其作用是为了检查和证实过账工作是否正确。

第二次试算在会计循环的第 5 步,即经过第 4 步的账项调整程序之后进行的试算。此次试算之目的是检验调账过程中的账务处理是否正确。

第三次试算在会计循环的第 8 步。经过了第 6 步 "根据调整后试算表,编制财务报表" 和第 7 步 "结账" 之后,需要进行第三次试算,即编制结账后试算表,目的是检验会计结账过程中的账务处理是否正确。

七、核算与计算题

(一)

表 10 – 3 企业本月的收入、费用和利润计算结果

经济业务	权责发生制			收付实现制		
	收入	费用	利润	收入	费用	利润
(1) 以银行存款支付上月水费 2 500 元					2 500	

续表

经济业务	权责发生制			收付实现制		
	收入	费用	利润	收入	费用	利润
(2) 以银行存款预付下半年报刊费400元					400	
(3) 预提本月借款利息300		300				
(4) 计提本月折旧600元		600				
(5) 预收下月销售款20 000元				20 000		
(6) 收回上月销售款10 000元	5 000			10 000		
(7) 收回本月销售款5 000元	6 000			5 000		
(8) 本月销售款6 000元尚未收回						
合　　计	11 000	900	10 100	35 000	2 900	32 100

（二）

(1) 借：其他应收款——诺威公司　　　　　2 000
　　　贷：其他业务收入——租金收入　　　　　　2 000

(2) 利息计算：6 000×8%×13天÷360天≈17.33
　　借：应收票据　　　　　　　　　　　17.33
　　　贷：财务费用　　　　　　　　　　　　　17.33

(3) 10月份、11月份作相同的会计分录
　　借：其他应收款　　　　　　　　　　1 000
　　　贷：财务费用　　　　　　　　　　　　　1 000

　　3月份收到银行存款利息2 800元，分录如下。
　　借：银行存款　　　　　　　　　　　2 800
　　　贷：其他应收款　　　　　　　　　　　　2 000
　　　　　财务费用　　　　　　　　　　　　　　800

(4) 借：销售费用　　　　　　　　　　　10 000
　　　贷：其他应付款　　　　　　　　　　　　10 000

(5) 借：财务费用——利息费用　　　　　　250
　　　贷：预提费用　　　　　　　　　　　　　250

(6) 借：营业税金及附加　　　　　　　　50 000
　　　　所得税费用　　　　　　　　　　30 000
　　　贷：应交税费　　　　　　　　　　　　80 000

(7) 8月份：
　　借：银行存款　　　　　　　　　　　100 000
　　　贷：预收账款——东方公司　　　　　　100 000

10月份编制调整分录：
  借：预收账款——旭日公司 60 000
   贷：主营业务收入   60 000

(8) 2001年11月：
  借：待摊费用   2 400
   贷：银行存款   2 400
 2002年11月：
  借：管理费用   200
   贷：待摊费用   200

(9) 6月份预付保险费用时：
  借：待摊费用   18 000
   贷：银行存款   18 000
 7、8、9月份摊销费用时应做会计分录如下。
  借：管理费用   6 000
   贷：待摊费用   6 000

(10) 借：制造费用   72 000
   贷：累计折旧   72 000

（三）
(1) 采用权责发生制
 ①借：待摊费用   2 000
   贷：银行存款   2 000
 ②借：预提费用   6 000
   贷：银行存款   6 000
 ③借：管理费用   500
   贷：待摊费用   500
 ④借：管理费用   1 800
   贷：预提费用   1 800

(2) 采用收付实现制
 ①借：制造费用   2 000
   贷：银行存款   2 000
 ②借：财务费用   6 000
   贷：银行存款   6 000
 ③、④ 不进行账务处理

（四）
(1) 采用权责发生制

收入 = 56 000 + 890 + 18 900 = 75 790（元）

费用 = 680 + 210 + 150 = 1 040（元）

利润 = 75 790 − 1 040 = 74 750（元）

(2) 采用收付实现制

收入 = 36 000 + 560 + 24 000 = 60 560（元）

费用 = 1 800 + 680 + 340 = 2 820（元）

利润 = 60 560 − 2 820 = 57 740（元）

(五)

(1) 借：管理费用　　　　　　　　　　　380

　　　贷：待摊费用　　　　　　　　　　　　380

(2) 借：财务费用　　　　　　　　　　　105

　　　预提费用　　　　　　　　　　　200

　　　贷：银行存款　　　　　　　　　　　　305

(3) 借：管理费用　　　　　　　　　　　500

　　　贷：待摊费用　　　　　　　　　　　　500

(4) 借：制造费用　　　　　　　　　　4 000

　　　管理费用　　　　　　　　　　　600

　　　贷：累计折旧　　　　　　　　　　　4 600

(5) 借：制造费用　　　　　　　　　　　700

　　　管理费用　　　　　　　　　　　300

　　　贷：待摊费用　　　　　　　　　　　1 000

(6) 借：应交税费　　　　　　　　　　　500

　　　贷：银行存款　　　　　　　　　　　　500

(7) 借：其他应收款　　　　　　　　　　200

　　　贷：财务费用　　　　　　　　　　　　200

(六)

利润 = 20 000 + 500 − 400 − 300 + 1 000 − 3 500 = 17 300（元）

(七)

(1) 借：制造费用　　　　　　　　　　6 700

　　　管理费用　　　　　　　　　　1 100

　　　贷：累计折旧　　　　　　　　　　　7 800

(2) 借：财务费用　　　　　　　　　　　620

　　　预提费用　　　　　　　　　　1 000

　　　贷：银行存款　　　　　　　　　　　1 620

(3) 借：营业税金及附加　　　　　　　2 000

    贷：应交税费——应交消费税   2 000
（4）借：银行存款   12 000
    贷：其他业务收入   2 400
      预收账款   9 600
（5）借：其他应收款   900
    贷：财务费用   900
（6）借：银行存款   1 500
    贷：其他业务收入   500
      预收账款   1 000

（八）调整分录如下。
（1）借：其他业务收入   7 150
    贷：预收账款   7 150
（2）借：财务费用   1 400
    贷：预提费用   1 400
（3）借：待摊费用   5 000
    贷：管理费用   5 000
（4）借：管理费用   500
    贷：累计折旧   500
（5）借：应收账款   2 000
    贷：其他业务收入   2 000

重新计算的本期资产、负债、所有者权益及本期利润为：
资产 = 543 000 + 5 000 + 2 000 − 500 = 549 500（元）
负债 = 110 000 + 1 400 + 7 150 = 118 550（元）
所有者权益 = 433 000 − 7 150 + 2 000 − 1 400 + 5 000 − 500 = 430 950（元）
本期利润 = 33 000 − 7 150 − 1 400 + 5 000 − 500 + 2 000 = 30 950（元）

八、讨论及网络题（略）。

第11章 财务会计报告

复习提要

1. 了解财务会计报告的意义、构成，会计报表的种类，财务报表分析的目的、基本程序与方法及财务分析的局限性；
2. 理解财务会计报告的意义、质量特性和编制要求，资产负债表、利润表等主要会计报表的概念、作用；
3. 掌握资产负债表、利润表的格式及编制方法，以及关键财务指标的计算。

11.1 财务会计报告概述

1. 财务会计报告的意义

财务会计报告是提供会计信息的一种重要手段。财务会计报告是指企业对外提供的反映企业某一特定日期财务状况和某一会计期间经营成果、现金流量的文件。

企业编制财务会计报告，对于改善企业外部有关方面的经济决策环境和加强企业内部经营管理，具有重要作用。主要表现在以下几个方面：

① 企业的投资者（包括潜在的投资者）和债权人（包括潜在的债权人）为了进行正确的投资决策和信贷决策，需要利用财务会计报告了解有关企业经营成果、财务状况及现金流动情况的会计信息；

② 企业管理者为了考核和分析财务成本计划或预算的完成情况，总结经济工作的成绩和存在的问题，评价经济效益，需要利用财务会计报告掌握本企业有关财务状况、经营成果和现金流动情况的会计信息；

③ 国家有关部门为了加强宏观经济管理，需要各单位提供财务会计报告资料，以便通过汇总分析，了解和掌握各部门、各地区经济计划（预算）完成情况，各种财经法律制度的执行情况，并针对存在的问题，及时运用经济杠杆和其他手段，调控经济活动，优化资源配置。

2. 财务会计报告的构成

财务会计报告分为年度、半年度、季度和月度财务会计报告。

财务会计报告包括会计报表及其附注和其他应当在财务会计报告中披露的相关信息和资料。

财务报表至少应当包括下列五个组成部分：资产负债表、利润表、现金流量表、所有者权益变动表、附注。

3. 会计报表的种类

（1）按会计报表反映的经济内容分类，可分为资产负债表、利润表、现金流量表、所有者权益变动表

（2）按会计报表及反映的资金形态分类，可分为静态报表和动态报表

（3）按照会计报表的编报时间，可分为月报、季报、半年报和年报

（4）按会计报表编制的单位分类，可分为企业会计报表和汇总会计报表

（5）按会计报表包括的会计主体范围分类，可分为个别会计报表和合并会计报表

4. 会计报表的质量特性和编制要求

1）质量特性

会计报表的质量特性是使财务报表提供的信息对使用者有用的那些性质，主要包括可理解性、相关性、可靠性和可比性。

2）编制要求

（1）数字真实

会计核算应当以实际发生的经济业务及证明经济业务发生的合法凭证，如实反映企业财务状况和经营成果。会计报表所列数字应该是客观有根据的，没有任何偏见，不受任何外界影响。

（2）计算准确

会计报表应根据有关资料正确分析、填制，要求编报人员必须细心，避免出现计算错误。

（3）内容完整

会计报表只有提供内容完整的会计信息资料，全面反映企业生产经营状况，才能满足不同使用者的不同需要。

（4）报送及时

会计报表必须按规定的期限和程序，及时编制，及时报送，便于报表使用者及时了解企业的财务状况和经营成果，便于上级主管部门及时进行汇总。

11.2 资产负债表

1. 资产负债表的概念与作用

资产负债表是反映企业在某一特定日期（月末、季末、半年末、年末）财务状况的报表，又称财务状况表。

资产负债表作为企业主要会计报表之一，对企业财务报告的使用者分析评价企业的财务状况具有以下作用：

① 通过资产负债表可以了解企业所掌握的经济资源及这些资源的分布与结构；

② 通过资产负债表可以了解企业资金来源的构成和企业的偿债能力；

③ 通过资产负债表可以了解企业未来财务状况的发展趋势。

2. 资产负债表的格式

（1）账户式

账户式资产负债表将"资产＝负债＋所有者权益"这一平衡公式展开，按照"T"型账户的形式设计，把表分为左右两方，资产项目在左方，负债和所有者权益项目在右方，左方的资产总额等于右方的负债和所有者权益总额。

账户式资产负债表的优点是资产和权益间的恒等关系一目了然，但要编制比较资产负债表，尤其要做旁注时，不太方便。

按照我国《企业会计准则第30号——财务报表列报》应用指南的规定，企业的中期报告和年度报告中的资产负债表采用账户式。

（2）报告式

报告式资产负债表是将资产负债表的项目自上而下排列，首先列示资产的数额，然后列示负债的数额，最后再列示所有者权益的数额。其依据的会计恒等式为"资产＝权益"或"资产－负债＝所有者权益"。

报告式资产负债表的优点是有利于编制比较资产负债表，有较多空间进行旁注。其缺点是资产与负债和所有者权益之间的恒等关系不如账户式资产负债表一目了然。

不管采用哪种格式，资产都按流动性大小进行列示，具体分为流动资产、非流动资产等；负债也按流动性大小进行列示，具体分为流动负债、非流动负债等；所有者权益则按实收资本、资本公积、盈余公积、未分配利润等项目分项列示。

3. 资产负债表中各项目数据的来源

我国企业资产负债表各项目的数据来源，主要通过以下几种方式取得。

① 根据总账科目余额直接填列。资产负债表各项目的数据来源主要根据总账科目期末余额直接填列，如"短期借款"项目，直接根据"短期借款"总账科目的期末余额填列。

② 根据总账科目余额计算填列。如"货币资金"项目，根据"库存现金"、"银行存款"、"其他货币资金"科目的期末余额合计数填列。

③ 根据明细科目余额计算填列。如"应收账款"项目，根据"应收账款"、"预收账款"科目所属相关明细科目的期末借方余额计算填列。

④ 根据总账科目和明细科目余额分析计算填列。如"长期借款"项目，根据"长期借款"总账科目余额扣除"长期借款"科目所属的明细科目中反映的将于一年内到期的长期借款部分分析计算填列。

⑤ 根据科目余额减去其备抵项目后的净额填列。如"持有至到期投资"项目，由"持

有至到期投资"科目的期末余额减去其"持有到期投资减值准备"备抵科目余额后的净额填列。

11.3 利润表

1. 利润表的性质与作用

利润表又称收益表或损益表，是反映企业在一定期间经营成果的会计报表。由于利润是企业经营业绩的综合体现，又是进行利润分配的主要依据，因此利润表是会计报表中的主要报表。

利润表的作用主要体现在以下几个方面：

① 利润表提供的信息，可用于反映与评价企业的经营成果与获利能力，预测企业未来的盈利趋势；

② 利润表综合反映企业生产经营活动的各个方面，有利于企业管理当局改善经营管理；

③ 利润表是企业决策机构确定可供分配的利润或发放的股利和税务机关课征所得税的重要依据。

2. 利润表的格式

（1）多步式利润表

多步式利润表从营业收入开始，分别从以下几个步骤展示企业的经营成果及其影响因素。

第一步，反映营业利润，即从营业收入中减去营业成本、营业税金及附加、销售费用、管理费用、财务费用、资产减值损失加上公允价值变动收益和投资收益后的余额。

第二步，反映利润总额，即营业利润加上营业外收入减去营业外支出项目后的余额。

第三步，反映净利润，即利润总额减所得税后的余额。

多步式利润表的优点在于，便于对企业生产经营情况进行分析，有利于不同企业之间进行比较。由于它提供的信息比单步式利润表更为丰富，便于报表使用者分析企业的盈利能力。

按照我国《企业会计准则第30号——财务报表列报》应用指南的规定，企业的中期报告和年度报告中的利润表采用多步式。

（2）单步式利润表

单步式利润表是将本期所有的收入和所有的费用分别加以汇总，用收入总额减去费用总额即为企业的利润总额。它实际上是将"收入－费用＝利润"这一会计等式表格化，由于它仅有一个相减的步骤，故称为单步式利润表。

在单步式利润表下，利润表分为营业收入和收益、营业费用和损失、净收益三部分，格式简便，便于编制，且表示的均是未经加工的原始资料，便于报表使用者理解。但是由于收入、费用的性质不加以区分，硬性归为一类，不能提供利润中各要素之间的内在联系，不能提供一些重要的中间信息，如主营业务利润、利润总额等，不便于报表使用者进行盈利分析与预测。

不管采用哪种格式，在利润表中，企业通常按各项收入、费用及构成利润的各个项目分类分项列示。也就是说，收入按其重要性进行列示，主要包括营业收入、投资收益、营业外收入；费用按其功能进行列示，主要包括营业成本、营业税金及附加、销售费用、管理费用、财务费用、营业外支出、所得税费用等；利润按营业利润、利润总额和净利润等利润的构成分类分项列示。

3. 利润表的编制方法

利润表中各项目的数据主要来源于对企业收入、成本费用、利润总分类科目和明细科目的分析。"本期金额"栏反映各项目的本期实际发生数；"上期金额"栏反映各项目的上期实际发生数。

11.4 现金流量表

1. 现金流量表的性质与作用

现金流量表是以现金为基础编制的，反映企业一定期间内现金流入和流出情况的财务状况变动表。现金流量表的作用体现在以下几方面：

① 现金流量表能够说明企业一定期间内现金流入和现金流出的原因；
② 现金流量表能够说明企业偿债能力和支付股利的能力；
③ 现金流量表能够分析企业未来获取现金的能力；
④ 现金流量表能够分析企业投资和理财活动对经营成果和财务状况的影响；
⑤ 现金流量表能够提供不涉及现金的投资和筹资活动信息。

2. 现金流量表的编制基础

现金流量表是以现金及现金等价物为编制基础的。这里的现金是指企业库存现金、可以随时用于支付的存款，具体包括以下几方面。

（1）库存现金
（2）银行存款
（3）其他货币资金

现金等价物，是指企业持有的期限短、流动性高、易于转换为已知金额的现金、价值变动风险很小的短期投资。现金等价物通常是指购买在3个月或更短时间内即到期或即可转换为现金的投资。

3. 现金流量的分类

① 经营活动产生的现金流量；
② 投资活动产生的现金流量；
③ 筹资活动产生的现金流量。

4. 经营活动产生的现金流量的列报方法
（1）直接法
（2）间接法

5. 现金流量表的结构

现金流量表会计准则中提供了现金流量表的参考格式。该表分为两部分，第一部分为正表，第二部分为补充资料。

11.5 财务报表分析

1. 财务报表分析的目的

财务报表分析是指以财务报表和其他资料为依据和起点，采用专门方法，系统分析和评价企业的过去和现在的经营成果、财务状况及其变动，目的是了解过去、评价现在、预测未来，帮助财务报表使用者改善决策。

不同的财务报表使用者由于利益倾向的差异，进行财务报表分析的目的不完全相同。

2. 财务报表分析的基本程序

① 明确分析目的；
② 收集有关的信息；
③ 选择分析的方法，并确定各项指标比较、评价的基础；
④ 计算各项指标，研究指标之间的联系；
⑤ 解释结果，提供对决策有帮助的信息。

3. 财务报表分析的基本方法

① 趋势分析法，是指根据企业连续数期的会计报表，比较各期有关项目的金额，以揭示本期经营成果与财务状况变化趋势的方法。常用的有横向比较法和纵向比较法。
② 比率分析法，是指两个金额之间计量其相对比率关系的一种分析方法。
③ 因素分析法，是指依据分析指标和影响因素的关系，从数量上确定各因素对指标的影响程度。

4. 财务报表分析的财务指标

1）企业盈利能力的分析
（1）销售毛利率

$$销售毛利率 = \frac{销售毛利}{销售收入} \times 100\%$$

（2）销售净利率

$$销售净利率 = \frac{净利润}{销售收入} \times 100\%$$

（3）资产净利率

$$资产净利率 = \frac{净利润}{平均资产总额} \times 100\%$$

平均资产总额 =（期初资产总额 + 期末资产总额）÷2

(4) 净资产收益率

$$净资产收益率 = \frac{净利润}{平均净资产} \times 100\%$$

平均净资产 =（年初净资产 + 年末净资产）÷2

2) 偿债能力分析

(1) 短期偿债能力分析

① 流动比率。

$$流动比率 = \frac{流动资产}{流动负债}$$

② 速动比率。

$$速动比率 = \frac{速动资产}{流动负债}$$

(2) 长期偿债能力

① 资产负债率。

$$资产负债率 = \frac{负债总额}{资产总额} \times 100\%$$

② 利息保障倍数。

$$利息保障倍数 = \frac{（利润总额 + 利息费用）}{利息费用}$$

3) 营运能力分析

(1) 应收账款周转率

$$应收账款周转率（次数）= \frac{销售收入}{平均应收账款}$$

$$应收账款周转天数 = \frac{360}{应收账款周转率} = \frac{平均应收账款 \times 360}{销售收入}$$

(2) 存货周转率

$$存货周转率（次数）= \frac{销售成本}{平均存货}$$

$$存货周转天数 = \frac{360}{存货周转率} = \frac{平均存货 \times 360}{销售成本}$$

(3) 流动资产周转率

$$流动资产周转率（次数）= \frac{销售收入}{平均流动资产}$$

$$流动资产周转天数 = \frac{360}{流动资产周转次数} = \frac{平均应收账款 \times 360}{销售收入}$$

5. 财务报表分析的局限性
（1）财务报表本身的局限性
（2）报表的真实性
（3）企业会计政策选择的自主性
（4）比较基础问题

☞ 练习题

一、名词解释
1. 财务会计报告　　　　　2. 资产负债表
3. 利润表　　　　　　　　4. 现金流量表
5. 现金等价物　　　　　　6. 财务报表分析
7. 资产净利率　　　　　　8. 净资产收益率
9. 流动比率　　　　　　　10. 资产负债率

二、填空题
1. 编制会计报表的基本要求是_____、_____、_____、_____。
2. 财务报表由_____、_____、_____、_____、_____ 5 部分组成。
3. 资产负债表采取了_____和负债与所有者权益总额相平衡对照的结构，其格式有_____和_____两种。
4. 利润总额 = _____ + _____ – 营业外支出。
5. 资产负债表是反映企业在_____财务状况的报表。
6. 资产负债表的资产类项目按其流动性顺序列示为_____、_____、_____、_____等。
7. 汇总会计报表是根据_____和_____汇总而成。
8. 速动比率是指企业_____与流动负债的比率。
9. 应收账款周转率越大，说明应收账款的周转速度越_____。

三、判断题
1. 会计报表是综合反映企业资产、负债和所有者权益的情况及一定时期的经营成果和现金流量的书面文件。（　　）
2. 会计报表按其反映的内容，可以分为动态会计报表和静态会计报表。资产负债表是反映在某一特定时期内企业财务状况的会计报表，属于静态会计报表。（　　）
3. 会计报表按照编制单位不同，可以分为个别会计报表和合并会计报表。（　　）
4. 利用资产负债表可以评价企业的偿债能力。（　　）
5. 目前国际上比较普遍的利润表的格式主要有多步式损益表和单步式损益表两种。为简便明晰起见，我国企业采用的是单步式损益表格式。（　　）

6. 资产负债表的"期末余额"栏各项目主要是根据总账或有关明细账本期发生额直接填列的。（ ）

7. 资产负债率越高，债权人债务的安全程度越高。（ ）

8. 资产负债表中"货币资金"项目，应主要根据"银行存款"各种结算账户的期末余额填列。（ ）

9. 资产负债表中"应收账款"项目，应根据"应收账款"账户所属各明细账户的期末借方余额合计填列。如"预付账款"账户所属有关明细账户有借方余额的，也应包括在本项目内。如"应收账款"账户所属明细账户有贷方余额，应包括在"预付账款"项目内填列。（ ）

10. 不论何种格式的利润表都是按照收入减费用计算利润的。（ ）

四、单项选择题

1. 会计报表编制的根据是_____。
   A. 原始凭证   B. 记账凭证
   C. 科目汇总表   D. 账簿记录

2. 依照我国的会计准则，资产负债表采用的格式为_____。
   A. 单步报告式   B. 多步报告式
   C. 账户式   D. 混合式

3. 依照我国的会计准则，利润表所采用的格式为_____。
   A. 单步报告式   B. 多步报告式
   C. 账户式   D. 混合式

4. 在下列各个会计报表中，属于反映企业对外的静态报表的是_____。
   A. 利润表   B. 利润分配表
   C. 现金流量表   D. 资产负债表

5. 期末"预提费用"账户的借方余额，应在资产负债表中_____。
   A. 以负数列示在预提费用项目中
   B. 用红字列示在预提费用项目中
   C. 不做反映，而在利润表中列示
   D. 与"待摊费用"账户借方余额相加后列示在待摊费用项目中

6. "应收账款"科目所属明细科目如有贷方余额，应在资产负债表_____项目中反映。
   A. 预付账款   B. 预收账款
   C. 应收账款   D. 应付账款

7. 某企业"应付账款"明细账期末余额情况如下：W 企业贷方余额为 200 000 元，Y 企业借方余额为 180 000 元，Z 企业贷方余额为 300 000 元。假如该企业"预付账款"明细账均为借方余额，则根据以上数据计算的反映在资产负债表上应付账款项目的数额为_____元。

A. 680 000　　　　　B. 320 000
C. 500 000　　　　　D. 80 000

8. 不能通过资产负债表了解的会计信息是_____。
   A. 企业固定资产的新旧程度
   B. 企业资金的来源渠道和构成
   C. 企业所掌握的经济资源及其分布情况
   D. 企业在一定期间内现金的流入和流出的信息及其现金增减变动的原因

9. 资产负债表的下列项目中，需要根据几个总账账户的期末余额进行汇总填列的是_____。
   A. 交易性金融资产　　　B. 短期借款
   C. 货币资金　　　　　　D. 累计折旧

五、多项选择题

1. 下列指标中用来评价企业偿债能力的是_____。
   A. 资产负债率　　　　　B. 流动比率
   C. 速动比率　　　　　　D. 资本金利润率

2. 在利润表中，一般应设入"营业税金及附加"项目中的税金有_____。
   A. 增值税　　　　　　　B. 消费税
   C. 城市维护建设税　　　D. 资源税
   E. 教育费附加

3. 利润表提供的信息包括_____。
   A. 实现的主营业务收入　B. 发生的主营业务支出
   C. 其他业务利润　　　　D. 利润或亏损总额
   E. 企业的财务状况

4. 下列账户中，可能影响资产负债表中"应付账款"项目金额的有_____。
   A. 应收账款　　　　　　B. 预收账款
   C. 应付账款　　　　　　D. 预付账款

5. 下列各项目中，属于资产负债表中的流动资产项目的有_____。
   A. 货币资金　　　　　　B. 预付账款
   C. 应收账款　　　　　　D. 预收账款

6. 下列项目中，影响营业利润的有_____。
   A. 营业收入　　　　　　B. 管理费用
   C. 营业外收入　　　　　D. 营业税金及附加

7. 按照会计报表所反映的经济内容不同，可分为_____。
   A. 资产负债表　　　　　B. 损益表
   C. 个别会计报表　　　　D. 合并会计报表

E. 现金流量表
8. 会计报表的使用者包括_____。
   A. 债权人　　　　　　　　B. 企业内部管理层
   C. 投资者　　　　　　　　D. 潜在的投资者
   E. 国家政府部门
9. 资产负债表的"存货"项目应根据下列总账科目的合计数填列的有_____。
   A. 发出商品　　　　　　　B. 自制半成品
   C. 在建工程　　　　　　　D. 周转材料
   E. 分期收款发出商品
10. 在编制资产负债表中，应根据总账科目的期末借方余额直接填列的项目有_____。
    A. 应收利息　　　　　　　B. 应收票据
    C. 坏账准备　　　　　　　D. 累计折旧
    E. 短期借款

六、简答题

1. 编制财务会计报告有什么意义？
2. 编制会计报表有哪些要求？
3. 资产负债表对企业财务报告的使用者分析评价企业的财务状况有什么作用？
4. 资产负债表的格式有几种？各自的编制依据是什么？有什么优缺点？
5. 资产负债表项目的填列方法有哪几种？试举例说明之。
6. 利润表有什么作用？
7. 现金流量表的作用体现在哪几方面？
8. 现金流量表的编制基础是什么？
9. 现金流量表将企业一定期间内产生的现金流量分为哪几类？
10. 财务报表分析的基本程序是什么？
11. 财务报表分析的基本方法有哪些？
12. 什么是盈利能力？评价企业盈利能力的指标有哪些？
13. 什么是短期偿债能力？评价短期企业偿债能力的指标有哪些？
14. 什么是营运能力分析？评价企业营运能力的指标有哪些？
15. 财务报表分析的局限性表现在哪几方面？

七、核算与计算题

（一）练习资产负债表的编制

【资料】

红星公司 2006 年 12 月 31 日总账各账户余额如表 11 - 1 所示。

"应收账款"明细账户余额：

A 公司：52 000 元（借方）　　　　B 公司：20 000 元（贷方）

"应付账款"明细账户余额：

C 公司：25 600 元（贷方）　　　　D 公司：9 600 元（借方）

表 11-1　红星公司 2006 年 12 月 31 日总账各账户余额　　　　　单位：元

账户名称	借方余额	账户名称	贷方余额
库存现金	512	坏账准备	260
银行存款	67 488	累计折旧	70 080
交易性金融资产	4 000	短期借款	32 000
应收账款	32 000	应付账款	16 000
其他应收款	240	应付职工薪酬	22 400
生产成本	34 800	应付股利	39 040
原材料	99 600	应交税费	5 600
库存商品	24 000	长期借款	28 800
长期股权投资	30 500	实收资本	360 000
固定资产	400 000	资本公积	52 000
无形资产	12 000	盈余公积	22 400
		未分配利润	56 560
合计	705 140	合计	705 140

【要求】

编制红星公司 2006 年 12 月 31 日的资产负债表。

（二）练习利润表的编制

【资料】

红光公司 2006 年损益类账户发生额如表 11-2 所示。

表 11-2　红光公司 2006 年损益类账户发生额　　　　　单位：元

	12 月份	1—11 月累计数
主营业务收入	160 000	1 440 000
主营业务成本	96 000	864 000
营业税金及附加	16 000	144 000
销售费用	8 000	72 000
管理费用	6 400	57 600
财务费用	4 000	36 000
其他业务收入	24 000	216 000
其他业务成本	16 000	144 000
投资收益	1 600	14 400
营业外收入	4 000	36 000
营业外支出	6 400	57 600

按利润总额的 33% 计算应交所得税。

【要求】

编制 2006 年 12 月份利润表。

（三）练习财务指标的计算

【资料】

甲公司为上市公司，2006 年度简化财务报表如表 11-3、表 11-4 所示。

表 11-3 资产负债表

编制单位：甲公司　　　　　　　　2006 年 12 月 31 日　　　　　　　　　　　单位：万元

资　　产	金　额		负债及所有者权益	金　额	
	年初数	期末数		年初数	期末数
货币资金	1 300	660	应付账款	1 200	700
应收账款	2 520	800	应付票据	1 568	912
存货	1 400	4 000	其他流动负债	400	620
长期股权投资	2 180	2 540	长期负债	3 720	5 776
固定资产	4 800	7 200	股本（每股面值 1 元）	4 000	4 000
			盈余公积	800	1 262
			未分配利润	512	1 930
资产合计	12 200	15 200	负债及所有者权益合计	12 200	15 200

表 11-4 利润表

编制单位：甲公司　　　　　　　　2006 年度　　　　　　　　　　　　　　单位：万元

项　　目	本月数	本年累计数
一、营业收入		9 460
减：营业成本		4 000
营业税金及附加		1 000
销售费用		48
管理费用		44
财务费用		72
加：投资收益（损失以"-"号填列）		104
二、营业利润（亏损以"-"号填列）		4 400
营业外收入		
减：营业外支出		
三、利润总额（亏损以"-"号填列）		4 400
减：所得税费用		1 320
四、净利润（净亏损以"-"号填列）		3 080

备注：财务费用假定全部为利息费用，税率为30%。

【要求】

（1）计算该公司有关的财务比率（按表11-5列出的比率指标计算）。

（2）与行业平均水平比较，说明该公司可能存在的问题。

表11-5　甲公司的比率指标

财务比率	本公司	行业平均水平
流动比率		2
速动比率		1
存货周转率		6次
应收账款周转率		9次
负债比率		50%
利息倍数		4倍
资产净利率		8%
每股净利		0.3

八、讨论及网络题

1. 对比企业会计制度和2006年《企业会计准则——应用指南》，指出资产负债表发生了哪些变化？

2. 商业零售企业与商业批发企业速动比率可能会有不同吗？

3. 企业存货计价方法的不同会对流动比率产生影响吗？

练习题答案

一、名词解释

1. 财务会计报告是指企业对外提供的反映企业某一特定日期财务状况和某一会计期间经营成果、现金流量的文件。

2. 资产负债表是反映企业在某一特定日期（月末、季末、半年末、年末）财务状况的报表，又称财务状况表。

3. 利润表又称收益表或损益表，是反映企业在一定期间经营成果的会计报表。

4. 现金流量表是以现金为基础编制的，反映企业一定期间内现金流入和流出情况的财务状况变动表。

5. 现金等价物，是指企业持有的期限短、流动性高、易于转换为已知金额的现金、价值变动风险很小的短期投资。现金等价物虽然不是现金，但其支付能力与现金的差别不大，可视为现金。现金等价物通常是指购买在3个月或更短时间内即到期或即可转换为现金的投资。

6. 财务报表分析是指以财务报表和其他资料为依据和起点，采用专门方法，系统分析和评价企业的过去和现在的经营成果、财务状况及其变动，目的是了解过去、评价现在、预测未来，帮助财务报表使用者改善决策。

7. 资产净利率是企业净利润与平均资产总额的百分比。其计算公式为：

$$资产净利率 = \frac{净利润}{平均资产总额} \times 100\%$$

$$平均资产总额 = （期初资产总额 + 期末资产总额）\div 2$$

资产净利率把企业一定期间的净利润与企业的资产相比较，表明企业资产利用的综合效果。

8. 净资产收益率是指净利润与平均净资产的百分比，也叫净值报酬率或权益报酬率，其计算公式为：

$$净资产收益率 = \frac{净利润}{平均净资产} \times 100\%$$

$$平均净资产 = （年初净资产 + 年末净资产）\div 2$$

净资产收益率反映所有者投资的获利能力，该比率越高，说明所有者投资带来的收益越高。

9. 流动比率是流动资产与流动负债的比率，其计算公式如下：

$$流动比率 = \frac{流动资产}{流动负债}$$

流动比率表示企业用它的流动资产偿还其流动负债的能力。

10. 资产负债率

资产负债率是负债总额除以资产总额的百分比。该比率反映在总资产中有多大比率是通过负债来获得的，可以衡量企业在清算时保护债权人利益的程度。计算公式如下：

$$资产负债率 = \frac{负债总额}{资产总额} \times 100\%$$

二、填空题

1. 数字真实　　计算准确　　内容完整　　报送及时
2. 资产负债表　　利润表　　现金流量表　　所有者权益变动表　　附注
3. 资产总额　　账户式　　报告式
4. 营业利润　　营业外收入
5. 某一特定日期
6. 流动资产　　长期股权投资　　固定资产　　无形资产及其他资产
7. 所属企业会计报表　　汇总单位本身会计报表
8. 速动资产
9. 快

三、判断题
1. √   2. ×   3. ×   4. √   5. ×
6. ×   7. ×   8. ×   9. ×   10. √

四、单项选择题
1. D   2. C   3. B   4. D   5. A
6. B   7. C   8. D   9. C

五、多项选择题
1. A B C   2. B C D E   3. A B C D   4. C D
5. A B C   6. A B D   7. A B E   8. A B C D E
9. A B D E   10. A B

六、简答题

1. 财务会计报告是指企业对外提供的反映企业某一特定日期财务状况和某一会计期间经营成果、现金流量的文件。按照一定的形式编制财务会计报告，总括、综合地反映企业的经济活动过程和结果，为有关方面进行管理和决策提供所需的会计信息。主要表现在以下几个方面。

① 企业的投资者（包括潜在的投资者）和债权人（包括潜在的债权人）为了进行正确的投资决策和信贷决策，需要利用财务会计报告了解有关企业经营成果、财务状况及现金流动情况的会计信息。

② 企业管理者为了考核和分析财务成本计划或预算的完成情况，总结经济工作的成绩和存在的问题，评价经济效益，需要利用财务会计报告掌握本企业有关财务状况、经营成果和现金流动情况的会计信息。

③ 国家有关部门为了加强宏观经济管理，需要各单位提供财务会计报告资料，以便通过汇总分析，了解和掌握各部门、各地区经济计划（预算）完成情况，各种财经法律制度的执行情况，并针对存在的问题，及时运用经济杠杆和其他手段，调控经济活动，优化资源配置。

2. 编制会计报表的要求如下。

（1）数字真实

会计核算应当以实际发生的经济业务及证明经济业务发生的合法凭证，如实反映企业财务状况和经营成果。会计报表所列数字应该是客观有根据的，没有任何偏见，不受任何外界影响。

（2）计算准确

会计报表应根据有关资料正确分析、填制，要求编报人员必须细心，避免出现计算错误。

（3）内容完整

会计报表只有提供内容完整的会计信息资料，全面反映企业生产经营状况，才能满足不同使用者的不同需要。

（4）报送及时

会计报表必须按规定的期限和程序，及时编制，及时报送，便于报表使用者及时了解企业的财务状况和经营成果，便于上级主管部门及时进行汇总。

3. 资产负债表对企业财务报告的使用者分析评价企业的财务状况具有以下作用：

① 通过资产负债表可以了解企业所掌握的经济资源及这些资源的分布与结构；

② 通过资产负债表可以了解企业资金来源的构成和企业的偿债能力；

③ 通过资产负债表可以了解企业未来财务状况的发展趋势。

4. 资产负债表的格式一般有账户式、报告式两种。

账户式资产负债表将"资产 = 负债 + 所有者权益"这一平衡公式展开，按照"T"型账户的形式设计，把表分为左右两方，资产项目在左方，负债和所有者权益项目在右方，左方的资产总额等于右方的负债和所有者权益总额。

账户式资产负债表的优点是资产和权益间的恒等关系一目了然，但要编制比较资产负债表，尤其要做旁注时，不太方便。

报告式资产负债表是将资产负债表的项目自上而下排列，首先列示资产的数额，然后列示负债的数额，最后再列示所有者权益的数额。其依据的会计恒等式为"资产 = 权益"或"资产 – 负债 = 所有者权益"。

报告式资产负债表的优点是有利于编制比较资产负债表，有较多空间进行旁注。其缺点是资产与负债和所有者权益之间的恒等关系不如账户式资产负债表一目了然。

5. 我国企业资产负债表各项目的数据来源，主要通过以下几种方式取得。

① 根据总账科目余额直接填列。资产负债表各项目的数据来源主要是根据总账科目期末余额直接填列，如"短期借款"项目，直接根据"短期借款"总账科目的期末余额填列。

② 根据总账科目余额计算填列。如"货币资金"项目，根据"库存现金"、"银行存款"、"其他货币资金"科目的期末余额合计数填列。

③ 根据明细科目余额计算填列。如"应收账款"项目，根据"应收账款"、"预收账款"科目所属相关明细科目的期末借方余额计算填列。

④ 根据总账科目和明细科目余额分析计算填列。如"长期借款"项目，根据"长期借款"总账科目余额扣除"长期借款"科目所属的明细科目中反映的将与一年内到期的长期借款部分分析计算填列。

⑤ 根据科目余额减去其备抵项目后的净额填列。如"持有至到期投资"项目，由"持有至到期投资"科目的期末余额减去其"持有至到期投资减值准备"备抵科目余额后的净额填列。

6. 利润表的作用主要体现在以下几个方面：

① 利润表提供的信息，可用于反映与评价企业的经营成果与获利能力，预测企业未来的盈利趋势；

② 利润表综合反映企业生产经营活动的各个方面，有利于企业管理当局改善经营管理；

③ 利润表是企业决策机构确定可供分配的利润或发放的股利和税务机关课征所得税的重要依据。

7. 现金流量表的作用体现在以下几方面：

① 现金流量表能够说明企业一定期间内现金流入和现金流出的原因；

② 现金流量表能够说明企业偿债能力和支付股利的能力；

③ 现金流量表能够分析企业未来获取现金的能力；

④ 现金流量表能够分析企业投资和理财活动对经营成果和财务状况的影响；

⑤ 现金流量表能够提供不涉及现金的投资和筹资活动信息。

8. 现金流量表是以现金及现金等价物为编制基础的。这里的现金是指企业库存现金、可以随时用于支付的存款，具体包括库存现金、银行存款、其他货币资金。

现金等价物，是指企业持有的期限短、流动性高、易于转换为已知金额的现金、价值变动风险很小的短期投资。现金等价物通常是指购买在3个月或更短时间内即到期或即可转换为现金的投资。

9. 现金流量表按照企业经营业务发生的性质，将企业一定期间内产生的现金流量分为如下3类：

① 经营活动产生的现金流量；

② 投资活动产生的现金流量；

③ 筹资活动产生的现金流量。

10. 财务报表分析的基本程序一般来说包括以下几个步骤：

① 明确分析目的；

② 收集有关的信息；

③ 选择分析的方法，并确定各项指标比较、评价的基础；

④ 计算各项指标，研究指标之间的联系；

⑤ 解释结果，提供对决策有帮助的信息。

11. 财务报表分析的基本方法有如下几种。

① 趋势分析法，是指根据企业连续数期的会计报表，比较各期有关项目的金额，以揭示本期经营成果与财务状况变化趋势的方法。常用的有横向比较法和纵向比较法。

② 比率分析法，是指两个金额之间计量其相对比率关系的一种分析方法。

③ 因素分析法，是指依据分析指标和影响因素的关系，从数量上确定各因素对指标的影响程度。

12. 盈利能力是指企业赚取利润的能力。反映企业盈利能力的指标有很多，使用较多的有销售毛利率、销售净利率、资产净利率、净资产收益率等。

13. 短期偿债能力是指企业偿还短期债务的能力。反映企业短期偿债能力的指标主要有流动比率和速动比率。

14. 营运能力分析是指对企业资金周转状况进行的分析，一般来说，资金周转得越快，说明资金利用效率越高。企业营运能力分析包括应收账款周转率、存货周转率及流动资产周转率等。

15. 财务报表分析的局限性表现在：

① 财务报表本身的局限性；

② 报表的真实性；

③ 企业会计政策选择的自主性；

④ 比较基础问题。

七、核算与计算题

（一）编制 2006 年 12 月 31 日资产负债表如表 11-6 所示。

表 11-6 资产负债表

会企 01 表

编制单位：红星公司　　　　　2006 年 12 月 31 日　　　　　　　　　　单位：元

资产	期末余额	年初余额	负债及所有者权益（或股东权益）	期末余额	年初余额
流动资产：			流动负债：		
货币资金	68 000		短期借款	32 000	
交易性金融资产	4 000		交易性金融负债		
应收票据			应付票据	88 000	
应收账款	51 740		应付账款	25 600	
预付款项	9 600		预收款项	20 000	
应收利息	4 000		应付职工薪酬	22 400	
应收股利			应交税费	5 600	
其他应收款	240		应付利息		
存货	158 400		应付股利	39 040	
一年内到期的非流动资产			其他应付款		
其他流动资产			一年内到期的长期负债		
流动资产合计	291 980		其他流动负债		
非流动资产：			流动负债合计	144 640	
可供出售金融资产			非流动负债：		
持有至到期投资			长期借款	28 800	
长期应收款			应付债券		
长期股权投资	30 500		长期应付款		
投资性房地产			专项应付款		
固定资产	329 920		预计负债		
在建工程			递延所得税负债		
工程物资			其他非流动负债		
固定资产清理			非流动负债合计	28 800	
生产性生物资产			负债合计	173 440	
油气资产			所有者权益（或股东权益）：		

续表

资产	期末余额	年初余额	负债及所有者权益（或股东权益）	期末余额	年初余额
无形资产	12 000		实收资本（或股本）	360 000	
开发支出			资本公积	52 000	
商誉			减：库存股		
长期待摊费用			盈余公积	22 400	
递延所得税资产			未分配利润	56 560	
其他非流动资产			所有者权益（或股东权益）合计	490 960	
非流动资产合计	372 420				
资产总计	664 400		负债和所有者权益（或股东权益）总计	664 400	

（二）编制 2006 年 12 月份利润表如表 11 - 7 所示。

表 11 - 7　利润表

会企 02 表

编制单位：红星公司　　　　　　2006 年 12 月　　　　　　　　　　　　单位：元

项目	本期金额	上期金额
一、营业收入	184 000	
减：营业成本	112 000	
营业税金及附加	16 000	
销售费用	8 000	
管理费用	6 400	
财务费用	4 000	
资产减值损失		
加：公允价值变动损益（损失以"-"号填列）		
投资收益（损失以"-"号填列）	1 600	
其中：对联营企业和合营企业的投资收益		
二、营业利润（亏损以"-"号填列）	39 200	
加：营业外收入	4 000	
减：营业外支出	6 400	
其中：非流动资产处置损失		
三、利润总额（亏损以"-"号填列）	36 800	
减：所得税费用	12 144	
四、净利润（净亏损以"-"号填列）	24 656	
五、每股收益：		
（一）基本每股收益		
（二）稀释每股收益		

(三)
(1) 甲公司有关的财务比率计算如表 11-8 所示。

表 11-8 甲公司有关的财务比率计算结果

财务比率	本公司	行业平均水平
流动比率	2.45	2
速动比率	0.65	1
存货周转率	1.48	6 次
应收账款周转率	5.42	9 次
资产负债率	52.68%	50%
利息保障倍数	62.11	4 倍
资产净利率	23%	8%

$$流动比率 = \frac{660 + 800 + 4\,000}{700 + 912 + 620} = \frac{5\,460}{2\,232} \approx 2.45$$

$$速动比率 = \frac{660 + 800}{700 + 912 + 620} = \frac{1\,460}{2\,232} \approx 0.65$$

$$存货周转率 = \frac{4\,000}{\frac{1\,400 + 4\,000}{2}} = \frac{4\,000}{2\,700} \approx 1.48$$

$$应收账款周转率 = \frac{9\,000}{\frac{2\,520 + 800}{2}} = \frac{9\,000}{1\,660} \approx 5.42 \text{(次)}$$

$$资产负债率 = \frac{700 + 912 + 620 + 5\,776}{15\,200} = \frac{8\,008}{15\,200} \approx 52.68\%$$

$$利息保障倍数 = \frac{4\,400 + 72}{72} = \frac{4\,472}{72} \approx 62.11 \text{(倍)}$$

$$资产净利率 = \frac{3\,080 + 72}{\frac{12\,200 + 15\,200}{2}} = \frac{3\,152}{13\,700} \approx 23\%$$

(2) 从表 11-8 中可以看出，该公司流动比率接近行业平均水平，但是速动比率代于行业平均水平，表明公司短期偿债能力并不是非常好，这可能是由于流动资产中存货占用资金过大、周转速度较慢所造成的。

该公司存货周转速度和应收账款的周转速度均比行业平均水平低，说明公司存货和应收账款的管理存在问题，存货资产和应收账款利用水平较低。公司应检查信用政策制定得是否合理，并加强应收账款和存货的管理。

该公司全部资产报酬率高于行业平均水平，说明虽然公司负债比率高于行业平均水平，但由于公司盈利水平较高，从而使公司股东获得了杠杆收益。

该公司利息保障倍数高于行业平均水平，说明利息的支付保障程度比较高。

八、讨论及网络题（略）。

第 12 章 会计工作组织

复习提要

1. 了解会计工作组织的必要性和原则；
2. 了解设置会计机构设置的几种情况；
3. 掌握会计机构的组织形式；
4. 掌握我国的会计规范体系。

12.1 组织会计工作的必要性和原则

1. 会计工作组织的必要性

会计工作是一项综合性很强的经济管理工作，它的每一个环节都离不开周密细致的安排和组织。科学地组织会计工作，使会计工作按照预先规定的手续和处理程序有条不紊地进行，对于全面完成会计工作的任务，充分发挥会计在经济管理中的作用具有重要的意义。

科学地组织会计工作，可以有效防止手续遗漏、工作程序脱节和数字差错。各会计管理环节之间需要有效地组织和协调，所以合理组织会计工作，使会计工作按照会计管理的内在规律和设计流程按部就班地运行，才能真正发挥会计管理在企业管理中的中枢作用，才能提高会计工作的质量和效率，实现会计目标。

2. 合理组织会计工作的意义

① 有利于贯彻落实《中华人民共和国会计法》；
② 有利于提高会计工作的质量和效率；
③ 有利于贯彻落实单位各项内部管理制度。

3. 会计工作组织的原则

科学地组织会计工作，应注意遵循以下原则：
① 组织会计工作应遵从国家宏观会计管理的统一要求；
② 结合本单位生产经营管理的特点来组织会计工作；

③ 注意协调同其他经济管理工作的关系；
④ 组织会计工作应以不断提高会计工作质量和效率为目标。

12.2 会计机构和会计人员

会计机构是各单位办理会计业务的职能部门。会计人员是单位内部直接从事会计管理工作、处理日常会计业务的人员。建立健全会计机构，配备素质和数量与工作要求相当的、具备从业资格的会计人员，是做好会计工作，充分发挥会计职能作用的重要保证。

1. 会计机构的组织形式

在会计核算工作中，有"集中核算"和"非集中核算"两种会计机构组织形式。

① 集中核算。整个单位的会计工作主要集中于会计机构统一进行的一种组织核算形式，其他部门和下属单位只对其发生的经济业务填制原始凭证或原始凭证汇总表，送交会计部门。实行集中核算，可以减少核算层次，精简机构，减少会计人员。但不便于内部各有关部门及时利用核算资料，不便于进行日常的分析和考核。

② 非集中核算，亦称分散核算，就是将会计工作分散在各有关部门相对独立进行，各会计部门负责本单位范围内的会计工作，单位内部会计部门以外的其他部门和下属单位，在会计部门的指导下，对发生在本部门或本单位的经济业务进行核算。下属单位定期将会计核算资料上报财会部门，最后由财会部门实行统一核算，编制会计报表。实行非集中核算，便于企业内部各有关部门及时地利用核算资料进行日常的考核和分析，但会相应地增加一些核算层次和手续。

2. 设置会计机构

为了科学合理地组织开展会计工作，确保会计工作顺利进行和充分发挥作用，保证本单位正常的经济核算，各会计主体原则上都应设置会计机构。

《中华人民共和国会计法》对会计机构的设置做出了规定，有这样几种情况：

第一，设置会计机构应以会计业务需要为基本前提，各单位可以根据本单位的会计业务繁简情况自主决定是否设置会计机构；

第二，不设置会计机构的单位，应当在有关机构中配备专职会计人员，并指定会计主管人员；

第三，不具备设置会计机构和会计人员条件的，可以实行代理记账。

3. 会计机构岗位责任制

会计工作岗位，是在一个单位的会计机构内部，按照会计工作的内容和会计人员的配备情况，将会计工作进行具体、合理分工而设置的各个职能岗位。会计工作岗位责任制则是在此基础上，规定每个岗位的职责和权限，建立相应的责任制度，使每一项会计工作都有专人负责，每一个会计人员都有明确的职责。

（1）设置会计工作岗位的原则

① 以满足本单位会计业务需要为原则；
② 符合内部牵制制度的要求；
③ 有利于会计人员全面熟悉业务，不断提高业务素质；
④ 有利于建立岗位责任制。

（2）会计机构内部一般可设置如下岗位：会计机构负责人（或会计主管人员）、出纳、财产物资核算、工资核算、成本费用核算、财务成果核算、资金核算、往来结算、总账报表、稽核、档案管理等，开展会计电算化和管理会计的单位，可以根据需要设置相应的工作岗位，也可以与其他工作岗位相结合。

（3）会计人员岗位责任制度
主要内容包括：
① 会计人员工作岗位的设置，各个会计工作岗位的职责和工作标准；
② 会计工作岗位的人员和具体分工；
③ 会计工作岗位轮换办法；
④ 对各会计工作岗位的考核办法等。

4. 会计人员

会计人员是各单位在会计机构内部从事会计工作、处理会计业务、完成会计任务的人员，包括会计机构负责人以及具体从事会计工作的会计师、会计员和出纳员等。

各企事业单位，都应根据实际需要配备一定数量的会计人员。作为会计人员，必须具备相应的从业资格，各单位对于会计人员的职责和权限、专业职务、任免和奖惩等，都应严格遵循《会计法》和财政部有关会计人员管理法规的具体规定。

1）会计人员的任职要求
① 取得会计从业资格证书；
② 会计人员应当具备必要的专业知识和专业技能，熟悉国家有关法律、法规、规章和国家统一会计制度，遵守职业道德。

2）会计机构负责人与会计主管人员
会计机构负责人与会计主管人员，是在一个单位内具体负责会计工作的中层领导人员。在单位领导人的领导下，会计机构负责人或会计主管人员负有组织、管理包括会计基础工作在内的所有会计工作的责任。

《会计基础工作规范》对会计机构负责人与会计主管人员任职的基本条件做了规定，主要内容如下。
① 政治素质要求。即能遵纪守法，坚持原则，廉洁奉公，具备良好的职业道德。
② 专业技术资格条件。即要求会计机构负责人与会计主管人员应当具有会计专业技术资格。
③ 工作经历要求。要求作为会计机构的负责人及会计主管人员，须具有一定的实践经验。

④ 政策业务水平。即应熟悉国家财经法律、法规、规章制度，掌握财务会计理论及本行业业务管理知识。

⑤ 组织能力。要求其必须具备较强的领导才能和组织能力，包括协调能力、综合分析能力等。

⑥ 身体条件。作为会计机构负责人与会计主管人员，必须有较好的身体状况，以适应和胜任本职工作。

3）总会计师

（1）我国总会计师制度的建立

（2）总会计师的设置范围

根据《会计法》规定，"国有的和国有资产占控股地位或者主导地位的大、中型企业必须设置总会计师"；其他单位可以根据业务需要，视情况自行决定是否设置总会计师。

（3）总会计师的地位

总会计师不是一种专业技术职务，也不是会计机构的负责人或会计主管人员，而是一种行政职务。总会计师作为单位财务会计工作的主要负责人，全面负责本单位的财务会计管理和经济核算，参与本单位的重大经营决策活动，总会计师依法行使职权。

（4）总会计师的职责

根据《总会计师条例》的规定，总会计师的职责主要包括两个方面：一是由总会计师负责组织的工作；二是由总会计师协助、参与的工作。

（5）总会计师的权限

根据《总会计师条例》的规定，总会计师有以下权限：一是对违法违纪问题的制止和纠正权；二是建立、健全单位经济核算的组织指挥权；三是对单位财务收支具有审批签署权；四是有对本单位会计人员的管理权，包括本单位会计机构设置、会计人员配备、继续教育、考核、奖惩等。

《总会计师条例》还对总会计师的任职资格、任免程序等问题做出了规定。

4）会计机构和会计人员的职责与权限

（1）会计机构和会计人员的职责

① 依法进行会计核算；

② 依法实行会计监督；

③ 拟定本单位办理会计事务的具体办法；

④ 参与拟订经济计划、业务计划，考核、分析预算、财务计划的执行情况；

⑤ 办理其他会计事项。

（2）会计机构和会计人员的权限：主要是《会计法》赋予的监督职权，即会计人员有权依法对本单位的经济活动实行会计监督。

① 会计机构、会计人员有权拒绝办理或纠正违法会计事项；

② 会计机构、会计人员有权监督会计资料和财产物资。

5. 会计人员回避制度

回避制度是指为了保证执法或执业的公正性，对由于某种原因可能影响其公正执法或执业的人员实行任职回避和业务回避的一种制度。

《会计基础工作规范》规定："国家机关、国有企业、事业单位任用会计人员应当实行回避制度。单位领导人的直系亲属不得担任本单位的会计机构负责人、会计主管人员。会计机构负责人、会计主管人员的直系亲属不得在本单位会计机构中担任出纳工作。"由于会计人员回避制度在防范上的积极作用，其他单位应当有必要对会计人员实行必要的回避。

6. 会计人员职业道德

会计人员职业道德，是会计人员从事会计工作应当遵循的道德规范。会计人员在会计工作中应当遵守职业道德，树立良好的职业品质、严谨的工作作风，严守工作纪律，努力提高工作效率和工作质量。根据《会计基础工作规范》的规定，会计人员职业道德包括6个方面的内容：敬业爱岗、熟悉法规、依法办事、客观公正、搞好服务、保守秘密。

财政部门、业务主管部门和各单位应当定期检查会计人员遵守职业道德的情况，并作为会计人员晋升、晋级、聘任专业职务、表彰奖励的重要考核依据。会计人员违反职业道德的，由所在单位进行处罚；情节严重的，吊销其会计从业资格证书。

12.3 会计档案与会计工作交接

1. 会计档案及其管理

档案是具有法律效力，可供日后查阅参考的书面文件。会计档案是指会计凭证、会计账簿和财务报告及其他会计资料等会计核算的专业材料，它是记录和反映经济业务的重要史料和证据，是总结经验，进行决策所需利用的重要资料，也是进行会计财务检查、审计检查的重要资料。

（1）会计档案的范围

会计档案的范围一般指会计凭证、会计账簿、财务报告及其他会计核算资料等4个部分。

① 会计凭证类：包括原始凭证、记账凭证、汇总凭证及其他会计凭证。

② 会计账簿类：包括总账、明细账、日记账、固定资产卡片、辅助账簿及其他会计账簿。

③ 财务报告类：包括月、季、年度财务报告，还包括会计报表、附表、附注及文字说明，其他财务报告。

④ 其他类：包括银行存款余额调节表、银行对账单、会计档案移交清册、会计档案保管清册、会计档案销毁清册和其他应当保存的会计核算专业资料。

（2）会计档案的管理

会计档案是重要的经济档案材料，为保证其安全完整，必须妥善保管。

2. 会计工作交接

会计工作交接，是指会计人员调动工作或者离职时与接管人员办清交接手续的制度。这是会计工作中的一项重要制度。办理好会计工作交接，有利于分清移交人员和接管人员的责任，防止账目不清、财务混乱和责任不明。可使会计工作前后衔接，保证会计工作顺利进行。

☞ 练习题

一、名词解释

1. 会计机构 2. 会计工作岗位责任制
3. 会计人员 4. 会计法规
5. 会计法   6. 会计准则
7. 会计制度 8. 总会计师
9. 会计档案 10. 会计工作程序图

二、填空题

1. 会计核算工作组织形式，一般有_____和_____两种形式。
2. 会计法、_____和_____都是指导会计工作的规范。
3. 我国会计法规体系按制定机关的不同，可以分为_____、_____、_____、_____。
4. 按照《会计法》的规定，_____管理全国的会计工作；_____管理本地区的会计工作。
5. 我国会计准则分为两个层次，第一个层次是_____，第二个层次是_____。
6. 会计档案是指_____、_____和_____等会计核算专业材料，它是记录和反映经济业务的_____。
7. 企业单位到期的会计档案，由企业领导审查，报_____后销毁。
8. 会计专业职务的名称定为_____、_____、_____、_____。
9. 会计档案是指具有_____可供日后查阅参考的_____。
10. 会计准则和会计制度是以_____作为制定依据。

三、判断题

1. 会计机构是企业、行政、事业单位组织处理会计工作的职能部门。（   ）
2. 会计人员的职责就是进行会计核算、实行会计监督。（   ）
3. 《会计法》只适用于全民所有制单位，不适用于集体企业。（   ）
4. 《企业会计准则》不属于会计法规的范畴。（   ）
5. 会计档案应该永久保存，不得销毁。（   ）
6. 会计档案可由单位财会部门保管一年后再移交给单位的档案部门。（   ）

7. 调阅会计档案，要经单位领导人批准。（　　）
8. 会计机构、会计人员有权代表国家和单位对本单位的财务收支进行会计监督。（　　）
9. 会计人员是专职从事会计工作的专业人员。（　　）
10. 按照规定，每个单位都必须设置单独的会计机构。（　　）

四、单项选择题

1. 年度会计报表按规定应保留_____年。
   A. 15 年　　　　　　　　B. 5 年
   C. 永久保留　　　　　　D. 10 年
2. 会计档案的保管期限应从_____算起。
   A. 会计年度终了后第一天　　B. 会计年度开始之日
   C. 移交档案部门之日　　　　D. 记账日期
3. 下列会计档案中_____应该永久保存。
   A. 总账　　　　　　　　B. 年度决算报表
   C. 原始凭证　　　　　　D. 会计档案销毁册
4. 会计人员对不真实、不合法的原始凭证，应该_____。
   A. 予以退回，要求更正补充　　B. 不予办理，并提出书面意见
   C. 不予受理　　　　　　　　　D. 可以受理
5. 会计人员对记载不准确、不完整的原始凭证，应该_____。
   A. 予以退回，要求更正补充　　B. 不予受理，并提出书面意见
   C. 不予受理　　　　　　　　　D. 可以受理
6. 下列人员中可以担任总会计师职务的是_____。
   A. 高级会计师　　　　　　B. 会计专业博士毕业生
   C. 助理会计师　　　　　　D. 财务负责人
7. 国有企业单位会计档案的销毁需报经_____批准。
   A. 同级财政机关　　　　　B. 上级主管单位
   C. 本单位领导　　　　　　D. 同级档案机关
8. 下列人员中不属于会计人员的是_____。
   A. 报表编制人员　　　　　B. 出纳员
   C. 保管员　　　　　　　　D. 会计主管
9. 违反国家统一的财政财务制度，情节特别严重的行为应_____。
   A. 警告、记过　　　　　　B. 追究刑事责任
   C. 给予行政处分　　　　　D. 罚款
10. 会计核算工作组织形式，有集中核算和_____。
    A. 专业核算　　　　　　　B. 班组核算
    C. 个别核算　　　　　　　D. 非集中核算

五、多项选择题

1. 会计工作组织一般包括_____。
   - A. 会计机构设置
   - B. 会计人员配备
   - C. 会计规范制订
   - D. 会计档案保管
   - E. 会计工作监督

2. 会计档案包括_____。
   - A. 会计报表
   - B. 会计凭证和会计账簿
   - C. 财务计划和预算
   - D. 其他会计资料

3. 下述各项目中,属于我国会计法规体系组成部分的有_____。
   - A. 会计法
   - B. 会计准则
   - C. 会计制度
   - D. 会计组织

4. 下述会计资料中,应当永久保存的是_____。
   - A. 涉及外事和对私改造的会计凭证
   - B. 日记账
   - C. 年度会计报表
   - D. 记账凭证

5. 外单位人员调阅会计档案,必须报经_____批准。
   - A. 本单位领导
   - B. 外单位领导
   - C. 会计主管人员
   - D. 总会计师
   - E. 上级主管人员

6. 《中华人民共和国注册会计师法》在会计法规体系中属于_____。
   - A. 会计行政法律
   - B. 会计法律
   - C. 会计核算法规
   - D. 会计规章
   - E. 会计社会监督法规

7. 各基层单位销毁会计档案时,应由_____派员监销。
   - A. 上级主管部门
   - B. 同级财政部门
   - C. 本单位财会部门
   - D. 本单位主管部门
   - E. 本单位档案部门

8. 下列属于会计人员的有_____。
   - A. 会计机构负责人
   - B. 注册会计师
   - C. 内部审计人员
   - D. 出纳人员
   - E. 计划员

9. 出纳人员不宜担任的工作_____。
   - A. 会计档案保管
   - B. 登记现金账簿
   - C. 保管有价证券
   - D. 登记收入账
   - E. 提现备发工资

10. 会计法将我国会计工作的具体事宜运用_____形式进行。

A. 经济   B. 法律
C. 核算   D. 法规
E. 监督

六、简答题

1. 什么是会计机构？
2. 设置会计机构有什么意义？
3. 会计机构设置有哪几种情况？
4. 会计人员应履行哪些职责？
5. 什么是集中核算？
6. 集中核算有什么优缺点？
7. 什么是非集中核算？
8. 非集中核算有什么优缺点？
9. 什么是会计档案？
10. 简要说明会计档案的整理和保管。
11. 试阐明会计准则和会计制度的关系。
12. 简述我国的会计规范体系。
13. 简述组织会计工作的意义。
14. 会计人员应具备哪些职业道德？
15. 会计工作交接后其会计责任应由谁承担？

七、讨论及网络题

试分析学术界对会计概念的不同观点，提出自己的见解，分析自我辩护的理由。

◆ 练习题答案

一、名词解释

1. 会计机构是专门负责组织领导和直接从事财务会计工作的职能部门。
2. 会计工作岗位责任制是指在会计机构中，按照会计工作的内容和会计人员配备情况，进行合理分工，使各项会计工作都有专人负责。
3. 会计人员是进行会计工作，实现会计职能，完成会计任务的人员。
4. 会计法规是调整会计活动中所发生的社会关系的各种法律规范所形成有机联系的统一整体。
5. 会计法是从事会计工作、办理会计事务的法律规范，是据以拟定各项会计法规、准则、制度的基本法。
6. 会计准则是进行会计核算工作规范，企业进行价值确认、计量、记录和报告必须遵循的标准。

7. 会计制度是进行会计工作所应遵循的规则、方法和程序的总称。

8. 总会计师是单位的行政领导，协助单位主要行政领导人工作，直接对单位主要行政领导人负责。

9. 会计档案是指会计凭证、会计账簿、会计报表等会计核算专业材料，它是记录和反映经济业务的史料和证据。

10. 会计工作程序图就是用图表形式，详细列明财务会计部门中各个职能组、每个工作岗位、每个会计人员及企业其他职能部门、车间、仓库等内部单位所应完成的会计工作的具体内容和完成的期限。

二、填空题

1. 集中核算　　非集中核算
2. 会计准则　　会计制度
3. 会计法律　　行政会计法规　　地方会计法规　　会计规章
4. 国务院财政部门　　地方各级人民政府财政部门
5. 基本准则　　具体准则
6. 会计凭证　　会计账簿　　会计报表　　史料和证据
7. 上级主管单位批准
8. 会计员　　助理会计师　　会计师　　高级会计师
9. 法律效力　　书面文件
10.《会计法》

三、判断题

| 1. √ | 2. × | 3. × | 4. × | 5. × |
| 6. √ | 7. × | 8. √ | 9. × | 10. × |

四、单项选择题

| 1. C | 2. A | 3. B | 4. C | 5. A |
| 6. A | 7. C | 8. C | 9. B | 10. D |

五、多项选择题

1. A B C D E　　2. A B D　　3. A B C　　4. A C
5. A C　　　　6. B E　　　7. C E　　　8. A B C D
9. A D　　　　10. B E

六、简答题

1. 会计机构是各单位办理会计业务的职能部门，是各单位依据会计工作需要所设置的、专门负责办理本单位会计业务事项、进行会计核算、实行会计监督、组织领导和直接从事会计工作的机构。

2. 建立健全会计机构，配备素质和数量与工作要求相当的、具备从业资格的会计人员，是做好会计工作，充分发挥会计职能作用的重要保证。

3. 根据《中华人民共和国会计法》规定，在我国关于一个单位是否和如何设置会计机构，有这样几种情况：

第一，设置会计机构应以会计业务需要为基本前提，各单位可以根据本单位的会计业务繁简情况自主决定是否设置会计机构；

第二，不设置会计机构的单位，应当在有关机构中配备专职会计人员，并指定会计主管人员；

第三，不具备设置会计机构和会计人员条件的，可以实行代理记账。

4. 会计机构和会计人员的职责主要有以下几方面。

① 依法进行会计核算：按照会计法规、规章、制度的规定，认真办理会计核算业务，及时、准确、完整地记录、计算、反映财务收支和经济活动情况，为会计信息使用者提供合法、真实、准确、完整的会计信息。

② 依法实行会计监督：通过会计工作，对财务收支和本单位经济活动的合法性、合理性、有效性及会计资料的完整性、真实性及内部预算执行情况进行监督。

③ 拟定本单位办理会计事务的具体办法：根据国家会计法律、法规、规章、制度和本单位的具体情况，制定本单位会计工作所必须遵守的具体要求及对经济事务的具体处理规定和办理会计事务的制度、办法。

④ 参与拟订经济计划、业务计划，考核、分析预算、财务计划的执行情况：财务会计部门积极参与制订经济计划、业务计划、成本、费用计划等，通过掌握的会计信息和会计特有的方法，比较分析各项计划的合理性和效益性，并通过考核、分析，查明完成或未完成计划、预算的原因，发现问题，揭露矛盾，提出建议和措施，不断提高经营管理水平和经济效益。

⑤ 办理其他会计事项。

5. 集中核算，就是把整个单位的会计工作主要集中于会计机构统一进行的一种组织核算形式，其他部门和下属单位只对其发生的经济业务填制原始凭证或原始凭证汇总表，送交会计部门。原始凭证或原始凭证汇总表由会计部门审核，然后据以填制记账凭证，登记有关账簿，编制会计报表。

6. 实行集中核算，可以减少核算层次，精简机构，减少会计人员。但不便于内部各有关部门及时利用核算资料，不便于进行日常的分析和考核。

7. 非集中核算，亦称分散核算，就是将会计工作分散在各有关部门相对独立进行，各会计部门负责本单位范围内的会计工作，单位内部会计部门以外的其他部门和下属单位，在会计部门的指导下，对发生在本部门或本单位的经济业务进行核算。下属单位定期将会计核算资料上报财会部门，最后由财会部门实行统一核算，编制会计报表。

8. 实行非集中核算，可便于企业内部各有关部门及时地利用核算资料进行日常的考核和分析，但会相应地增加一些核算层次和手续。

9. 会计档案是指会计凭证、会计账簿和财务报告及其他会计资料等会计核算的专业材料,它是记录和反映经济业务的重要史料和证据,是总结经验,进行决策所需利用的重要资料,也是进行会计财务检查、审计检查的重要资料。建立会计档案可以防止资料散失,有利于会计资料的保存和查阅,对于总结、分析过去的工作,研究经济活动发展规律,制定经济发展规划都具有重要意义。

10. 会计档案是重要的经济档案材料,为保证其安全完整,必须妥善保管。

① 会计档案的归档:各单位每年形成的会计档案,应当由会计机构按照归档的要求,负责整理立卷,装订成册,并编制会计档案保管清册。当年形成的会计档案,在会计年度终了后,可暂由会计机构保管一年,期满后由会计机构编造清册,移交本单位档案机构统一保管。单位未设立档案机构的,应当在会计机构内部指定专人保管,出纳人员不得兼管会计档案。

② 会计档案的使用及借阅:各单位保存的会计档案不得借出。如有特殊需要,经本单位负责人批准,可以提供查阅或复制,并办理登记手续。查阅或复制会计档案的人员,严禁在会计档案上涂画、拆封和抽换。

各单位应当建立健全会计档案查阅、复制登记制度。

③ 会计档案的保管期限:会计档案的保管期限分为永久、定期两类。定期保管期限分为3年、5年、10年、15年和25年共5类,保管期限从会计年度终了后的第一天算起。

④ 会计档案的销毁:对于定期保管的会计档案,保管期满后,如符合可以销毁条件的,应当按照规定程序报经批准后,按规定程序进行销毁。

11. 财政部于2002年12月29日发布实施的《企业会计制度》,是会计中国特色的重要体现,从制度所依存的法律环境、形式、内容等诸多方面进行考察,它是符合我国现阶段实际情况的。

《会计法》第八条规定:"国家实行统一的会计制度。国家统一的会计制度由国务院财政部门根据本法制定并公布。国务院有关部门可以依照本法和国家统一的会计制度制定对会计核算和会计监督有特殊要求的行业实施国家统一的会计制度的具体办法或者补充规定,报国务院财政部门审核批准。中国人民解放军总后勤部可以依照本法和国家统一的会计制度制定军队实施国家统一的会计制度的具体办法,报国务院财政部门备案。"因此,《企业会计制度》作为会计核算的重要规范,由财政部制定下发,而不是由某个事业单位或民间社会团体制定公布,这与中国的法律环境和法规体系是相适应的。

在我国,《企业会计制度》及《企业会计准则》都是国家统一的会计核算制度,其定位属于行政法规性的规范性文件,而不是公认会计原则。行政法规具有强制性的特点,有关企业必须执行;公认会计原则不具有法规性和强制性,而是作为公众普遍接受和认可的会计原则或惯例。《企业会计制度》与《企业会计准则》对同一问题的规定如果不一致,应遵循前法否定后法的原则进行处理。二者并不是主从关系。

12. 我国企业会计核算的规范体系是以《中华人民共和国会计法》为主法形成的一个比较完整的会计法规体系,另外有《企业会计准则》和《企业会计制度》等会计核算方面的法规。《中华人民共和国会计法》是我国会计工作的根本大法，也是我国进行会计工作的基本依据，是包括企业会计核算法规在内的我国所有的会计法规制定的基本依据。《中华人民共和国会计法》就我国会计工作的主要方面作出规定，涉及到我国会计工作所有领域；其他会计法规分别从不同方面，从不同角度对会计工作做出规定，进行规范。其中，《企业会计准则》和《企业会计制度》主要从企业会计核算工作方面做出规定，为企业的会计核算工作提供规范，可以说是《会计法》中有关会计核算方面规定的具体化。

13. 会计工作是一项综合性很强的经济管理工作，它的每一个环节都离不开周密细致的安排和组织。科学地组织会计工作，使会计工作按照预先规定的手续和处理程序有条不紊地进行，对于全面完成会计工作的任务，充分发挥会计在经济管理中的作用具有重要的意义。

从会计核算的角度看，会计为经营管理所提供的会计信息，要经过从会计凭证到会计账簿、再到会计报表这样一个周而复始的循环过程，在这个过程中，会计核算通常是借助于一系列专门的方法及相应的手续和程序对数据进行记录、计算、分类、汇总、分析、检查等来完成的。

上述会计数据的传输和加工，在各种手续、各个步骤之间存在着密切的联系，客观上要求会计部门内部要进行科学设计、合理分工和严密组织。科学地组织会计工作，可以有效防止手续遗漏、工作程序脱节和数字差错。一旦出现上述问题，也能尽快查出和纠正。而各会计管理环节之间也需要有效的组织和协调，所以合理组织会计工作，使会计工作按照会计管理的内在规律和设计流程按部就班地运行，才能真正发挥会计管理在企业管理中的中枢作用，才能提高会计工作的质量和效率，实现会计目标。

14. 会计人员职业道德，是会计人员从事会计工作应当遵循的道德规范。根据《会计基础工作规范》的规定，会计人员职业道德包括6个方面的内容。

① 敬业爱岗：热爱本职工作是做好一切工作的前提。会计人员只有热爱本职工作，才会勤奋、努力钻研业务技术，从而适应会计工作的需要，做好本职工作。

② 熟悉法规：现代市场经济从一定意义上讲实际上就是法制经济。会计工作不仅仅是单纯的记账、算账和报账工作，经常会在工作时涉及执法守规问题。因此，会计人员应当熟悉财经法规和会计制度，通过认真学习，不仅做到知法依法，有章可循，严把关口，不谋私利，同时还要积极主动宣传会计法规，使有关人员了解、掌握有关规定，从而更好地理解和支持会计工作，防止不轨行为发生。

③ 依法办事：依法办事是做好会计工作的保障。会计人员应当按照会计法律、法规、规章规定的程序和要求进行会计工作，保证所提供的会计信息合法、真实、准确、及时、完整。会计人员要树立自己的职业形象和人格尊严，敢于同违法乱纪行为作斗争。

④ 客观公正：会计人员在办理会计事务中，应当实事求是、客观公正。这是一种工作态度，更是会计人员应当追求的一种境界。会计人员的位置比较特殊，承担着处理各种利益关系的重任，因此要做好会计工作，不仅需要熟练的专业知识和过硬的专业技能，更需要会计人员具有实事求是的精神和客观公正的态度。

⑤ 搞好服务：会计工作的特点，决定了会计人员应熟悉本单位的生产经营和业务管理情况，运用所掌握的会计信息和会计方法，为改善内部管理，提高经济效益服务。同时，会计人员也应端正工作态度，不刁难任何服务对象，避免"吃拿卡要"现象的发生，热心搞好服务。

⑥ 保守秘密：由于会计人员所处的特殊位置，有机会了解到单位的各种重要机密。会计人员应当保守本单位的商业秘密，除法律规定和单位领导同意外，不得私自向外界提供或泄露单位的会计信息。

15. 会计工作交接完成后，移交人员所移交的会计凭证、会计账簿、财务会计报告和其他会计资料是在其经办会计工作期间内发生的，应当对这些会计资料的真实性、完整性负责，即便接替人员在交接时因疏忽没有发现所接会计资料在真实性、完整性方面的问题，如事后发现应由原移交人员负责，原移交人员不应以会计资料已移交而推脱责任。

七、讨论及网络题（略）。

第 13 章

会计电算化概述

复习提要

1. 理解国内外会计电算化的发展状况及计算机基本知识；
2. 理解会计电算化的意义和会计软件的基本功能及内容；
3. 掌握会计电算化对传统会计的影响和计算机在会计中的应用。

13.1 会计电算化的意义及其发展

1. 会计电算化的意义

会计电算化是在会计工作中应用计算机技术的简称。它融系统工程学、计算机技术等学科与会计理论和方法为一体，运用最新科技成果，以现代化计算机工作取代传统手工操作，实现了会计工作方式的变革和人的解放，是会计发展史的一场重大革命。

会计电算化的意义可概括为以下 5 个方面：

① 它可以加强经济管理，提供准确、及时的会计数据资料；
② 它可以减轻劳动强度，提高工作效率；
③ 它可以更好地发挥会计人员的作用；
④ 它为整个管理工作现代化奠定了基础；
⑤ 它可以促进会计工作本身的不断发展。

2. 会计电算化的发展

（1）国外会计电算化的发展

会计电算化是在 20 世纪 50 年代第二代计算机时期开始的。20 世纪 70 年代以后，计算机硬件的性能进一步得到改进，特别是计算机网络技术的发展，给会计电算化开辟了广阔的天地，呈现出普及化的趋势。

会计电算化普及和发展的重要标志是会计软件产业的发展，美国商品化会计软件的应用非常普及。日本会计电算化的起步比较早、发展比较快。在吸收美国经验的基础上，日本的商品化会计软件形成了自己的风格。

(2) 我国会计电算化的发展

在我国，会计电算化的发展，大体经历了 3 个阶段。

首先，是缓慢发展阶段。这一阶段从 1957 年我国第一台计算机诞生到 1983 年。这一阶段由于会计电算化的专业人才奇缺，设备缺乏，也没有得到各级领导对会计电算化的重视，我国会计电算化主要还是进行理论研究和实验准备工作。

第二，是自发发展阶段。这一阶段从 1983 年国务院成立电子振兴小组到 1987 年。由于应用电子计算机的经验不足，理论准备与人才培训不够，跟不上客观形势的发展的需要，在会计电算化的过程中因组织管理工作的滞后，造成了许多盲目的低水平重复开发，浪费了许多人力、物力和财力。会计软件的规范化、标准化程度低，商品化受到限制。

第三，是稳步发展阶段。这一阶段从 1987 年以后。在这一阶段，会计电算化的理论研究开始取得成果，有关学术会议召开，有关学术论文不断发表。软件的发展方向已从"核算型"过渡到"管理型"，向着"决策型"发展。所有这些都标志着我国会计电算化事业进入了稳步发展的阶段。

3. 会计电算化对会计工作的影响

电子计算机应用于会计工作以后，给会计工作的许多方面带来了很大的变化。会计电算化对会计工作的影响主要表现在以下几个方面：

① 对会计工作组织和结构的影响；

② 对会计核算形式的影响；

③ 对会计信息存储介质和存取方式的影响；

④ 对内部控制系统的影响。

总而言之，会计电算化比手工处理更快地提供有价值的信息数据，提高了数据的及时性与准确性，扩展了会计数据产生及应用的领域，使数学方法在财会工作中得到越来越广泛的应用，为充分发挥会计人员的职能作用创造了有利条件。

13.2 会计电算化基础

计算机是目前采用的效能最高的数据处理工具。它由软件和硬件两部分组成。

1. 硬件

硬件是指组成计算机系统中的一切机械的、磁性的、电子的实体装置或部件。主要由 4 部分组成。

(1) 输入设备

它可以用来把原始数据（原始凭证所记载的经济事项）和计算程序（命令计算机进行操作的指令）转化为计算机可以接受的信息，输入主机的内存储器中。

（2）中央处理器

中央处理器通称为计算机的主机部分。它包括内存储器、运算器和控制器。

（3）输出设备

它运用输出设备，如打字机、绘图机等，把运算的结果用文字数字或图表的形式打印在纸上再输送出来，以满足管理的需要。

（4）外存储器

外存储器可用来保存程序，保存大量的数据，及时记录中间结果，以及保存处理结果等。例如磁带、磁盘、磁鼓等。

2. 软件

软件是指计算机系统中为了便于计算机系统的使用，或提高计算机系统的效率，或扩展硬件功能，由人设计制作的、为用户共同使用的一组程序。

3. 计算机在会计工作中的应用

计算机在会计工作中的应用，为会计工作开拓了一个新的领域，虽然不会改变会计的理论和原则，但将会使会计工作本身发生一些新的变化。

（1）核算程序

在手工操作的条件下，核算程序为：

原始凭证——→记账凭证——→明细分类账——→总分类账——→会计报表

在电子计算机处理的条件下，核算程序为：

原始凭证——→输入媒体——→业务文件——→分录文件——→会计报表

（2）会计科目

应用计算机后，根据计算机运算速度快的特点，会计科目可以按照管理的需要划分得再细一些，以提供较为详细的指标。

（3）会计凭证、会计账簿和会计报表

① 原始凭证经过标准化、规格化整顿以后，可以直接输入计算机，代替记账凭证的功能。

② 总分类账、明细分类账、日记账的记录已纳入计算机的各种存储设备（磁带或磁盘），根据输入数据随时更新，并按照需要定期输出各种报表。

③ 定期的财务报表，可以根据计算建立的平衡表科目文件直接汇总，定期编制，随时编制。

（4）会计检查和审计工作

随着传统工作方法的改变，会计检查需要按照数据处理的流程，在输入、运算、输出几个环节上合理分工，明确责权，建立严格的责任制度和检查制度。

13.3　会计软件

1. 会计软件的基本含义

会计软件是一种专门用于会计工作的计算机软件，它是实行会计电算化的前提条件。会计软件采用计算机语言或数据库编写而成,在计算机上运行,通过对人工输入的会计凭证进行处理,自动生成会计账簿、会计报表及其他相关会计资料。

会计软件的开发过程主要分为总体设计和编写程序这两个阶段。

2. 会计软件的功能

会计软件的功能是指会计软件完成会计工作的方式和能力。会计软件的功能一般包括:填制会计凭证、登记会计账簿、成本计算、编制会计报表和其他辅助功能。

3. 会计软件的主要功能

对于企业适用的会计软件来说,近几年逐渐形成了较为固定的模式,它主要包括:账务处理、工资核算、固定资产核算、材料核算、成本核算、销售核算、存货核算、往来款项核算、会计报表的编制等模块。

应该指出,不同的会计软件,上述各个模块所包括的具体内容有所不同。但是,不论什么样的会计软件都应该包括凭证处理、凭证输入、运算、汇总、增加、删除、修改、查询、检查、稽核、打印等基本内容,以满足会计电算化的总体要求。

☞ 练习题

一、名词解释

1. 会计电算化　　　　2. 计算机硬件
3. 计算机软件　　　　4. 会计软件

二、填空题

1. 会计信息大约占企业管理信息的_____。
2. 会计电算化普及与发展的重要标志是_____的发展。
3. 计算机一般由_____和_____两部分组成。
4. 原始凭证经过标准化、规格化后,可以直接输入计算机代替_____。

三、判断题

1. 实现会计电算化后,全部的会计数据都由计算机来完成。(　　)
2. 实行会计电算化以后,原有的核算组织取消,代之以新的工作单元。(　　)
3. 会计电算化对会计核算形式不会产生影响。(　　)
4. 会计电算化会改变会计理论和会计原则。(　　)
5. 随着计算机应用工作的开展,还需建立对程序正确性的检查方法和审计程序。(　　)
6. 会计软件只能进行数据计算,不能进行会计数据的分析。(　　)
7. 对于不同的会计软件,其对会计凭证的填制功能是不同的。(　　)
8. 会计软件的记账功能的登记过程与手工记账过程完全不同。(　　)
9. 所有会计软件的各个模块其具体内容都完全一致。(　　)

四、单项选择题

1. 在_____，我国会计电算化处于理论研究和实验准备阶段。
   A. 1957 年到 1983 年　　　　B. 1983 年到 1987 年
   C. 1987 年至今　　　　　　　D. 20 世纪 70 年代

2. 会计软件的功能是指会计软件完成会计工作的_____。
   A. 速度　　　　　　　　　　B. 准确性
   C. 全面性　　　　　　　　　D. 方式和能力

五、多项选择题

1. 计算机硬件是由_____组成。
   A. 输入设备　　　　　　　　B. 操作系统
   C. 中央处理机　　　　　　　D. 输出设备
   E. 外存储器

2. 会计电算化后，数据处理结果是否准确，取决于_____。
   A. 财会人员水平　　　　　　B. 计算机硬件
   C. 软件系统　　　　　　　　D. 操作运行
   E. 处理流程

3. 实行会计电算化的缺点是_____。
   A. 分工过细　　　　　　　　B. 处理环节过多
   C. 防范措施复杂　　　　　　D. 灵活性差
   E. 容易出现系统性错误

4. 计算机的系统软件包括_____。
   A. 通信软件　　　　　　　　B. 编译程序
   C. 诊断程序　　　　　　　　D. 翻译程序
   E. 操作系统

5. 会计软件的开发过程分为_____。
   A. 总体设计　　　　　　　　B. 系统分析
   C. 设计系统软件　　　　　　D. 编写程序
   E. 系统设计

6. 会计软件的功能包括_____。
   A. 填制会计凭证　　　　　　B. 原始凭证审核
   C. 登记账簿　　　　　　　　D. 成本计算
   E. 编制会计报表

7. 会计软件的主要内容应该包括_____。
   A. 账务处理　　　　　　　　B. 工资核算
   C. 存货核算　　　　　　　　D. 固定资产核算

E. 往来款核算

六、简答题

1. 实行会计电算化有哪些意义？
2. 我国会计电算化的发展经历了哪几个阶段？
3. 会计电算化对会计工作有哪些影响？
4. 会计电算化的优缺点有哪些？
5. 什么是会计软件？它有哪些功能？
6. 会计电算化后，如何填制记账凭证？
7. 会计软件的主要内容有哪些？

练习题答案

一、名词解释

1. 会计电算化就是会计工作中应用计算机技术的简称。
2. 计算机硬件是指电子计算机系统中的一切机械的、磁性的、电子的实体装置或部件。
3. 计算机软件是指计算机系统中，为便于使用或提高效率或扩展硬件功能，由人设计制作的，为用户共同使用的一组程序。它是管理、操纵和应用计算机所需各种程序的总称。
4. 会计软件是一种专门用于会计工作的计算机软件。

二、填空题

1. 60%～70%
2. 会计软件产业
3. 软件　　硬件
4. 记账凭证功能

三、判断题

1. ×　　2. √　　3. ×　　4. ×　　5. √
6. ×　　7. √　　8. ×　　9. ×

四、单项选择题

1. C　　2. A

五、多项选择题

1. A C D E　　2. A B C D E　　3. D E　　4. A B C D E
5. A D　　6. A C D E　　7. A B C D E

六、简答题

1. 会计电算化具有的重要意义。

首先，可以加强经济管理，提供准确、及时的会计数据资料。

计算机具有运算速度快、精确度高的特点，保证会计数据处理的及时性和准确性；计算机还具有逻辑判断的能力，能代替人脑的部分思维，进行逻辑运算和推理判断。因而，它能执行各种各样的复杂程序，对数据进行分析、比较、选择、归类、排列及最佳方案的选择等。有利于促进管理现代化和加强经营管理。

其次，可以减轻劳动强度、提高工作效率。

实现会计电算化以后，大量的数据计算和处理工作都由计算机完成，财会人员可以从繁杂、单调的事务中解脱出来，既减轻了劳动强度，又提高了工作效率。

第三，可以更好地发挥会计人员的作用。

应用计算机处理会计数据，可以大大地提高会计工作的效率，使会计人员从记账、编表等抄写的繁重的手工劳动中解放出来，走出办公室，深入生产第一线，把主要精力用于加强会计分析和会计监督，参与经营决策，加强经营管理工作。

第四，为整个管理工作现代化奠定了基础。

会计信息大约占企业管理信息的 60%～70%，它提供的指标综合性较强。会计工作实现了现代化，就为企业管理手段现代化奠定了重要基础，它可以带动甚至加速企业管理现代化的实现。行业、地区实现会计电算化以后，大量的经济信息资源可以得到共享，通过计算机网络可以迅速了解到各种经济技术指标，极大地提高经济信息的利用效率。

第五，促进会计工作本身的不断发展。

会计电算化不仅仅是会计核算手段的变革，还必将对会计核算的方式、内容、方法，会计核算资料的保存，以及会计理论等方面产生极大的影响，使其进入更高的发展阶段。

2. 我国，会计电算化的发展，大体经历了 3 个阶段。

首先，是缓慢发展阶段。

这一阶段从 1957 年我国第一台计算机诞生到 1983 年。这一阶段由于会计电算化的专业人才奇缺，设备缺乏，也没有得到各级领导对会计电算化的重视，我国会计电算化主要还是进行理论研究和实验准备工作。

第二，是自发发展阶段。

这一阶段从 1983 年到 1987 年。微型计算机在国民经济各个部门都开始得到广泛应用。但是，由于应用计算机的经验不足，理论准备与人才培训不够，跟不上客观形势的发展的需要，在会计电算化的过程中因组织管理工作的滞后，造成了许多盲目的低水平重复开发，浪费了许多人力、物力和财力。在这一阶段，会计软件的开发多为专用定点开发，通用会计软件开发的研究不够，会计软件的规范化、标准化程度低，商品化受到限制。

第三，是稳步发展阶段。

这一阶段从 1987 年以后，经过几年的摸索，会计电算化初步走上了正轨。开始有组织、有计划地稳步发展。会计软件的开发向通用化、规范化、专业化和商品化方向发展。在这一阶段，会计电算化的理论研究开始取得成果，有关学术会议召开，有关学术论文不断发表。而且，急于求成的思想逐渐被克服。所有这些都标志着我国会计电算化事业进入了稳步发展的阶段。

3.（1）对会计工作组织和结构的影响

传统的会计工作组织内部一般将会计工作分为材料核算组、固定资产核算组、工资核算组、货币资金核算组、成本核算组和决算在等若干类，以达到分类核算的目的。在实行会计电算化以后，由于计算机处理信息具有综合性的特点，使原有的会计工作组织发生了变化，即上述会计核算组不复存在，代之以一些新的工作单元，如编码组、系统开发组、操作组等。

（2）对会计核算形式的影响

实行会计电算化以后，可以以记账凭证为依据同时更新总账文件和明细账文件，进而生成会计报表。

（3）对会计信息存储介质和存取方式的影响

实行会计电算化以后，会计信息多数是以代码存储在计算机存储器上，肉眼看不到，不易直接读懂。需要取用会计信息时，必须通过操作计算机才能转换为易懂的文字显示出来。

（4）对内部控制系统的影响

实行会计电算化以后，数据处理集中由计算机自动地完成，改变了账务处理程序，摆脱了会计人员的直接干涉，从而使许多原有的内部控制职能丧失，传统账务处理下总账和各种明细账分别处理、互相制约的勾稽核对关系消失。在这种情况下，需要根据变革后出现的情况和提出的问题，重新制定会计电算化的内部控制系统。例如，计算机操作的控制制度、应用和修改的控制制度等。

4. 实行会计电算化以后，会计数据处理结果是否真实可靠，不仅取决于财会人员的业务水平和工作态度等因素，而且还取决于数据处理过程中所使用的计算机的硬件、软件系统、应用软件是否准确可靠；操作运行、处理流程是否符合要求等因素。这些方面的内容复杂，技术性高，可借以进行舞弊的技巧和途径比较多，工作中不易防止和检查。

实行会计电算化以后，避免了手工操作方式下的分工过细、处理环节过多、防范措施繁杂的弊端。但是同时也带来了灵活性差、容易出现系统性错误等缺陷。

总而言之，会计电算化比手工处理能更快地提供有价值的信息数据，提高了数据的及时性与准确性，扩展了会计数据产生及应用的领域，使数学方法在财会工作中得到越来越广泛的应用，为充分发挥会计人员的职能作用创造了有利条件。

5. 会计软件的功能是指会计软件完成会计工作的方式和能力。会计软件一般应包括的功能包括：填制会计凭证、登记会计账簿、成本计算、编制会计报表和其他辅助功能。

6. 对于填制会计凭证，不同的会计软件的功能有所区别。有的会计软件要求会计人员将审核过的原始凭证编制好记账凭证后，再由操作员输入计算机；有的会计软件要求会计人员根据原始凭证在计算机屏幕上直接编制记账凭证；有的会计软件要求会计人员在计算机屏幕上直接输入原始凭证，由计算机直接生成记账凭证。

7. 对企业适用的会计软件来说，近几年逐渐形成了较为固定的模式，它主要包括：账务处理、工资核算、固定资产核算、材料核算、成本核算、销售核算、存货核算、往来款项核算、会计报表的编制等模块。

应该指出，不同的会计软件，上述各个模块所包括的具体内容有所不同。但是，不论什么样的会计软件都应该包括凭证处理、凭证输入、运算、汇总、增加、删除、修改、查询、检查、稽核、打印等基本内容，以满足会计电算化的总体要求。